Kohlhammer
Urban
-Taschenbücher

W0109212

Band 467

Gerhard Wirth

ATTILA

Das Hunnenreich und Europa

Verlag W. Kohlhammer

Die Deutsche Bibliothek – CIP-Einheitsaufnahme

Wirth, Gerhard:
Attila : das Hunnenreich und Europa /
Gerhard Wirth. - Stuttgart ;
Berlin ; Köln : Kohlhammer, 1999
   (Kohlhammer-Urban-Taschenbücher ; Bd. 467)
   ISBN 3-17-014232-1

In Erinnerung an
Alfons Rösger
(1940 – 1999)

Umschlag: Hunnischer Reiter (Aus: Attila e gli Unni, „L'ERMA"
di Bretschneider, Rom)

Alle Rechte vorbehalten
© 1999 W. Kohlhammer GmbH
Stuttgart Berlin Köln
Verlagsort: Stuttgart
Umschlag: Data Images GmbH, Stuttgart
Gesamtherstellung:
W. Kohlhammer Druckerei GmbH + Co. Stuttgart
Printed in Germany

Inhalt

Vorbemerkung

Attila, der König der Hunnen, hat nur kurze Zeit regiert. Aber diese wenigen Jahre, 445 bzw. 435 bis 453, machen einen wesentlichen Abschnitt der Weltgeschichte aus. Nicht, daß durch Attila viel bewegt werden konnte, was von Dauer blieb. Die Völker, die unter seinen Einfluß gerieten oder durch ihn in Schrecken versetzt wurden, haben diesen schnell wieder überwunden. Indirekt aber tat sein Auftreten das Seine, das Ende der Antike wenn nicht herbeizuführen, so doch zu beschleunigen, und schon wenige Jahre nach seinem Tode hat das römische Imperium im Westen aufgehört zu bestehen. Nicht lange danach kam die Völkerwanderung zum Abschluß, und das Mittelalter begann, während sich die östliche Hälfte des Imperiums in einer Abkapselung die Voraussetzung für ein Überleben von fast einem Jahrtausend verschaffte. Zeitgenossen und auch Spätere haben sich darauf kapriziert, Attila als einen Räuber zu sehen, dem jede weiterführende Konzeption fehlte und dessen einziges Ziel der Raub und die Plünderung blühender Länder[1], dazu die Unterjochung und Vernichtung Einzelner oder ganzer Völker war. In der Tat mochte die Grausamkeit hunnischer Kriegführung, die ständige Drohung mit Brutalität und Zynismus, in der Überlieferung auf das Heer, das Volk wie den Herrscher bezogen und gleichsam verselbständigt, einen falschen Eindruck erwecken, der sich nicht zuletzt aus einer Unkenntnis ethnischer Hintergründe und einer Verständnislosigkeit für die Lebensumstände der eurasischen Nomadenwelt mit erklärt. Zugleich macht Attila die Formel von der Geißel Gottes[2], nach alttestamentlichen Vorstellungen auf ihn selbst wie sein Volk angewandt, zu einer apokalyptischen Größe und vermittelt ihm so wohl schon bei Lebzeiten eine heilsgeschichtliche Funktion. Dabei ist es unwichtig, wie weit man zu einer Zeichnung die Kriterien der antiken, längst schon entwickelten Barbarentopik verwendet[3] oder aber diese eigens zu diesem Zwecke noch einmal erweitert. Was wir kennen, ist allein diese, d.h. die griechische und römische Perspektive: Eine andere, gleichsam hunnische, gibt es nicht, und auch Quellen etwa von chinesischer Seite helfen nicht weiter. Für Autoren, die in der östlichen Imperiumshälfte in ihrer nationalen Sprache schreiben, ist das Phänomen schon wegen der räumlichen Entfernung nicht interessant genug. Doch das, was ein Ammian, danach die Kirchenväter[4] und die Chroniken der westlichen Hälfte, was ein Claudian oder Sidonius Apollinaris zu berichten wissen, ist überall das Ergebnis des Schreckens vor dem Unvorhergesehenen, nicht Kalkulierbaren und daher Überwältigenden in jeder Hinsicht, das über die eigene Welt hereinbrach und trotz aller Versuche nicht unter einem Nenner zu subsumieren war. Dieser Schrecken aber blieb, dies trotz etwa eines Priscus, des einzigen Historikers unter den Zeitgenossen, der sich in besserer Kenntnis bemühte, das Hunnenproblem zu verstehen und verständlich zu machen. Es ist bezeichnend, daß bei ihm Attila, die Schreckensgestalt, eigenartig zurückzutreten scheint und sein Bild Züge gewinnt, die ihn und sein Auftreten in der Welt zumindest als plausibel erscheinen lassen. Spätere, etwa Historiker der Neuzeit, damit nicht mehr zufrieden, suchen nach Erklärungsmöglichkeiten, die außerhalb des Historischen oder des Biographischen liegen, beeindruckt nicht zuletzt durch die Kenntnis des Mittelalters mit seinen Katastrophen und den verheerenden Kriegszügen der asiatischen Gewaltherrscher Generationen hindurch, hinter denen das Bild der Hunnen und auch Attilas verblaßt. Man kehrt zur Ethnographie zurück, zur Anthropologie und zu den Steppennomaden. Alles freilich läßt sich aus der Herkunft nicht erklären, und so bleibt allein, nach anderen Kriterien zu suchen, auch wenn diese dann doch auch wieder Spekulation bleiben müssen.

Vorläufer und Voraussetzungen

Daß das Auftreten Attilas eine Entwicklung zum Abschluß bringt, die Generationen vor ihm bereits begonnen hatte, ist bekannt. Und er selbst steht damit in einer gleichsam doppelten Tradition, einer steppennomadischen, die auf die Ursprünge verweist, und einer kürzeren, die erst mit dem Auftreten der Hunnen in Europa beginnt. Beide miteinander zu verbinden aber muß er selbst als seine Aufgabe gesehen haben. Sie bestand darin, unter anderen Voraussetzungen dennoch das eigene Überleben zu sichern. Analogien zu einer solchen Zielsetzung gab es nicht, zumindest nicht in entsprechenden Dimensionen, und auch nicht im Bereich der europäischen Geschichte bis auf diesen Zeitpunkt, fehlte dazu bisher doch auch die Notwendigkeit. Insofern mag sie denn als welthistorisch zu bezeichnen sein. Einiges zum Verständnis ist vorwegzunehmen. Zu fragen bleibt, ob das nomadische Volk der Hunnen den westlichen Nachbarn wirklich so fremd war, wie es Ammian und Spätere glauben machen wollen, und der Einbruch in deren Welt ganz unvorhergesehen kam. Wie immer sich aber dieser Einbruch von früheren unterschied, man wird nach Gründen zu suchen haben. Die Welt, auf die der Stoß 376 n. Chr. traf, das östliche Europa, war eben erst selbst einigermaßen zur Ruhe gekommen. Hatten Wanderzüge und Landnahmeprozesse seit dem 1. Jahrhundert die Ostgermanen in die Gebiete von der Ostsee bis ans Schwarze Meer, nach Osten zu aber vielleicht sogar bis zu Dnjepr und Don gebracht und dabei auch das römische Imperium immer wieder heimgesucht, so muß eine allgemeine Erschöpfung zu Beginn des 4. Jahrhunderts doch zu einer allgemeinen Beruhigung geführt haben. Stammesbildung[5], Zu- und Abstrom einzelner Elemente, Gefolgschaftswesen, kriegerische Unternehmungen und offensichtlich eine Bevölkerungsexplosion angesichts bisher unbekannter Expansionsmöglichkeiten lassen eine genaue Scheidung von Herkunft, Entwicklung oder Zugehörigkeit einzelner dieser Gruppen nicht mehr zu. Daß insbesondere das Imperium an seinen nördlichen und nordöstlichen Grenzen bis nach Kleinasien in Mitleidenschaft gezogen wurde, war nicht zu vermeiden, bildete dieses Imperium doch seit der Zeit der Kimbern und Teutonen ein Eldorado, in das eines Tages zu gelangen und an ihm teilzuhaben stets das Ziel dieser Züge war, und dies selbst auf Kosten der eigenen, stets freilich rudimentären politischen Existenz. Die Berührung dieser Germanen auf ihrer wechselvollen Wanderschaft mit anderen Ethnien, mit ihnen zwar der weiteren Herkunft nach verwandt, aber seit Jahrtausenden bereits andere Wege gegangen, war unvermeidlich. Doch was sich mit dem Namen der Skythen umschreibt, reichte bis tief nach Mittelasien hinein. Dazu aber kamen auch slavische Stämme im heutigen östlichen Polen. Enge Beziehungen zu ihnen und möglicherweise selbst schon ethnische Vermischung waren natürlich, unsere Kenntnis der Tscherniachow- und dann der Sintana-Mureş-Kultur läßt sich als Beweis verwenden[6].

Die erwähnte Ermüdung nun muß eine Tendenz zur Seßhaftigkeit und zugleich wohl die Bemühung um eine politische Stabilität gefördert haben, die im Vorfeld des eigenen Imperiums denn auch im Sinne Roms gewesen sein wird. So entsteht nördlich der unteren Donau die Foederation der Westgoten, östlich davon das Reich der Ostgoten, mit anderen Gruppen im Hintergrunde, Gepiden, Vandalen, Rugiern, Skiren, Herulern. In Ungarn bilden seit dem 1. Jahrhundert Sarmaten eine eigene Einheit, doch nicht ohne Verbindung und Zivilisationsaustausch mit den Germanen in Böhmen und der Slowakei. Sie erhalten im 3. Jahrhundert neuen Zustrom. 332 realisiert Constantin mit Hilfe der Westgoten das Modell[7] eines Foederatenreiches als römischer Bundesstaat in gleichsam neuer Form mit einer repräsentativen Führung, mit enger Beziehung zum Imperium, mit Handelsaustausch und der Stellung von Bundestruppen, dazu auch den Möglichkeiten christlicher Mission, auf die es dem Kaiser besonders angekommen sein muß. Constantins Nachfolger setzen dies fort: Kontroversen mit dem an der westgotischen Spitze amtierenden *iudex* und selbst ein Krieg 367-369 betreffen das Wesen dieses Verhältnisses im Grunde nicht, eine vorübergehende Schwächung der Autorität dieses iudex ließ sich leicht kompensieren[8]. Anders sind die Bedingungen des ostgotischen Reiches, das monarchisch regiert wurde[9]. Wir wissen von diesem wenig über die ethnische Zusammensetzung, Lebensformen und seinen sozialen Aufbau, und ähnliches gilt für den Einfluß Roms in diesem Falle. Überliefert aber ist die Ausdehnung dieses Reiches über weite Räume, über eine große Zahl von Völkerschaften und Stämmen bis hin zu Ostsee und Ural[10], was denn auf eine Berührung mit diesen und ihren Zivilisationsformen schließen läßt, die bis nach Mittelasien reichen. Schwer freilich ist die Art dieser ostgotischen Herrschaft und die Kontrolle einer Vielfalt verschiedener Ethnien mittels eines an Zahl zweifellos sehr geringen eigenen Substrates vorzustellen. Sie kann nur eine lockere gewesen sein, was die Kontakte mit den Völkern außerhalb der eigenen Grenzen auch seinerseits förderte. Beziehungen müssen sich insbesondere zu den Alanen ergeben haben, die, indogermanischer Herkunft, als ein Teil der Skythen ähnlich den Sarmaten sich seit geraumer Zeit in einer Verlagerung nach Westen befanden und zwischen Sibirien und der Ukraine ein teilweise nomadisches, teilweise halbnomadisches[11] Dasein führten. Gegliedert ebenfalls in einzelne Stämme, lassen diese Alanen eine zentrale Herrschaft nicht erkennen. Sie standen aber in Verbindung untereinander, was jede Art von Durchlässigkeit und Bewegung nach vielen Richtungen erlaubte. Kriegerische Auseinandersetzungen mit den Goten sind nicht bekannt, es könnte aber sein, daß die gotische Expansion auf ein Modell mit zurückgeht, das ihnen diese Nachbarn lieferten[12].

Diese Prämissen sind nötig, um die Entwicklung zu verstehen, die man für die folgende Zeit als Völkerwanderung zu bezeichnen gewohnt ist. Der Begriff ist nicht neu. In der Humanistenzeit erstmals durch Wolfgang Lazius verwendet[13], umschreibt er eine Bewegung, die 375 beginnend vom Rhein bis nach Südrußland die germanischen Völker in Bewegung bringt. Hintergründe und tiefere Ursache wurden bereits angedeutet. Daß diese Bewegung viel früher begann, ja bis auf die Zeit des Hellenismus zurückgeht und danach in der römischen Kaiserzeit verschiedene Phasen durchlief[14], ist bekannt, Gründe sind hier unwichtig. Nicht zu übersehen zugleich jedoch ist eine östliche, asiatische Komponente. Sie blieb der Antike stets merkwürdig fremd. So ist das antike Interesse für die Räume jenseits des bosporanischen Reiches nie groß gewesen: Für einen Herodot beginnt jenseits von diesem bald das Reich der Fabelwesen, um irgendwo an einem Ozean zu enden, China vollends und Mittelasien blieben auch der hellenistischen Historiographie mit ihrer Fülle von Erkenntnissen als Folge des Alexanderzuges und der Ausdehnung der Nachfolgereiche bis tief nach Turkmenistan trotz allem so gut wie fremd: Daß Herodot bereits einmal einen Mongolen gesehen haben mag[15], widerspricht dem nicht. Und dies trotz vieler Handelskontakte und trotz einer Fülle von Gräbern mit ihrem Inhalt, die einen intensiven Austausch zwischen Ost- oder Mittelasien und Europa bereits seit frühester Zeit beweisen. Die antike Ethnographie zwar hatte längst ihre Kriterien entwickelt und Völkerpsychologie, Lebensweisen und Verhaltensformen mit einbezogen, so gut sie dies vermochte. Die Nomadendarstellung gehört dazu[16], aber ganz jene Phänomene abzudecken, die sich in weiter entfernte Räume erstrecken, ist deren Schematismus nicht in der Lage. Dies wird erklären, daß etwa das Hunnenbild des

Ammian nur ein Provisorium sein kann, von Vorurteilen und falschen Voraussetzungen bestimmt, und was er bringt, das ließ sich danach auch durch Augenzeugen nicht mehr korrigieren.

Den Hunnennamen indes scheint die Antike seit der Kaiserzeit sehr wohl zu kennen. Indes, was er für diese genau besagt, ist schwer zu umreißen, und später wird dies der Anlaß zu Irrtümern auch in der Forschung. Textfehler, Verschreibungen und Interpolationen in den Quellen tun das Ihre, die Verwirrung weiter zu treiben. So kennt der Geograph Claudius Ptolemaios im 2. Jahrhundert n. Chr. ein Volk namens χοῦνοι im östlichen Europa[17], allerdings ohne eine genaue Umschreibung zu geben. Andere bereits vor ihm lokalisieren ein Volk der οὔννοι am Rande des graecobaktrischen Reiches unweit China. In einem solchen Zusammenhang stehen Jordanes Get. 230, der die Nähe der Hunnen zum Hindukusch eigens betont, wie bereits Plinius, der in seiner Naturalis Historia 6,55 *Phruni* zwischen Indien und dem Skythengebiet lokalisiert, vielleicht auf Strabo oder den gleichen Quellen fußend wie er. Orosius 1, 2, 45 nimmt als Beginn der Völkerwanderung den Ausbruch der Hunnen aus einem Gebirge an, Ammian in der Fortführung jenes herodoteischen Weltbildes wiederum hält die Gebiete um ein nördliches Eismeer für die Heimat[18]. Die alttestamentlichen Gog- und Magogvorstellungen[19] und etwa die von Socrates überlieferten Prophezeihungen als die Folge eigener leidvoller Erfahrung wiederum und der Heimsuchungsgedanke, der sich mit ihnen verbindet, ließen sich wohl von der historischen Wirklichkeit abstrahieren[20]: Klare geographische Vorstellungen waren mit diesem nie zu verbinden, und so ergibt sich denn auch für die Lokalisierungsfrage nichts.

Ein Bogen zu Attila auf jeden Fall spannt sich von hier noch nicht. Sind die antike Historiographie wie auch die Ethnographie an einer Präzisierung ihrer Termini kaum interessiert, so daß jede Umschreibung in die Irre führt (Germanen-Kelten, Skythen-Massageten-Saken-Daher), so mag es sich in dem kaiserzeitlichen Hunnenbegriff um eine Sammelbezeichnung[21] handeln für Völkerschaften, die, im einzelnen unbekannt bleibend, sich durch eine gemeinsame Lebensweise auszeichnen. Es ist dies die von Reiternomaden[22]: Die Tatsache, daß diese sich von Fall zu Fall in einem Übergang zu anderen befinden, tut wenig zur Sache und ist für die antiken Ethnographen ohne Belang. Herkunft und frühe Verwendung des Hunnennamens sind unbekannt. Doch es liegt nahe, daß er im Osten entstand und von da aus in den Sprachgebrauch des Westens gelangte. Sprachgeschichtliche oder sachliche Erklärungsversuche haben bis jetzt zu nichts geführt. Das Wort paßte am ehesten für die Bezeichnung

eines Totemtieres[23], das zu einer herrschenden, andere unterwerfen-
den Gruppe gehörte und sich von dieser her ausbreitete. Eine Nachricht aus der Sogdiana aus der Zeit um 312, ein Volk[24] solchen
Namens sei in China eingefallen und habe sich der Hauptstadt Lo
yang bemächtigt, könnte dies bestätigen. Trifft das Ereignis zu,
dann setzt dies die Verwendung des Namens als Terminus auch in
China voraus: Ein ethnographischer Schluß daraus ist aber dennoch
nicht möglich. Nicht weiter helfen denn auch die wenigen sprachli-
chen Zeugnisse[25], die noch für die Attilazeit auf die Verwendung tür-
kischer oder wenigstens turksprachlicher Elemente bei diesen Hunnen schließen lassen, was denn auch für die archäologischen gilt, die
nur das Ergebnis von Akkulturation und ständigem Sichdurchdringen sein können, auf ein bestimmtes Volk zwischen der Mongolei
und Mitteleuropa aber nicht zu beziehen sind[26]. Die Verwendung
des Hunnennamens nach Attila und seiner Zeit wiederum für
andere, näher oder weiter verwandte Völkerschaften im Weichbild
Ostroms, für Bulgaren, Avaren, Hephthaliten und später selbst
Petschenegen erklärt sich hingegen eher aus einer Verlegenheit, und
trotz inzwischen verbesserter Kenntnis nach wie vor aus einer
Gleichgültigkeit im einzelnen, die ihre Tradition hatte[27]. Wie die
jeweils Gemeinten sich bezeichneten, ist nicht mehr zu erkennen, es
bleibt zu fragen, wie weit in einer nomadischen Welt es überhaupt
zu einer Namengebung auf Dauer kam[28]. Denn auch staatliche
Gebilde hielten nie lange, Wanderungen bringen immer wieder die
Bildung von neuen Stämmen zustande. Die ethnische Zusammensetzung wechselte, und auch dort, wo es dann zu einer gewissen Seßhaftigkeit kam, blieben die entsprechenden Voraussetzungen stets
fraglich.

Lebensformen, Sprache und ethnische Verhältnisse freilich sind
niemals anders als in einem dauernden Wechselverhältnis zueinander
zu sehen. Völkerwanderungen und Züge einzelner Gruppen mit
ihren natürlichen Folgen haben den eurasischen Raum stets gleichsam in Bewegung gehalten und immer wieder zu analogen neuen
Phänomenen geführt. Dabei bleiben Wanderzüge auf weite Entfernung eher wirkungslos, und nur das Sichvorschieben in kleineren
Etappen löst wirkliche Entwicklungen aus[29]. Bei all dem ist eine
westliche Initiative nicht zu übersehen. So muß eine frühe, längere
Zeit anhaltende Wanderbewegung indoiranische Elemente wohl
noch in der jüngeren Steinzeit bis in die Mandschurei geführt
haben, eine zweite Welle, als tocharisch bezeichnet[30], schloß sich im
2. Jahrtausend v. Chr. an. Die Verbindung mit angetroffenen Völkerschaften anderer Herkunft, Mongolen, Turkvölkern ergab sich

gleichsam von selbst. Eine bald danach, im 1. Jahrtausend einsetzende, sichtlich rückläufige Bewegung wieder nach Westen setzt neben einer anhaltenden Akkulturation auch ethnische Vermischung voraus[31]. Geht man von einer Historizität dessen aus, was mit dem Skythennamen umschrieben ist, so müßte dieser sich auf ein Konglomerat aus vielen Stämmen und Völkerschaften beziehen, in dem die überlieferten Namen jeweils für das Ganze stehen können, eine Herkunft aber nicht mehr sichtbar machen und demnach als Zeugnis eher für deren Heterogenität[32] zu deuten sind. Charakteristisch aber ist, den Bedingungen nach von Fall zu Fall verschieden und für die westlichen Räume noch mehr ausgeprägt als für die östlichen, ein Übergang zu Transhumanz, Ackerbau und frühen Formen von Seßhaftigkeit, ohne daß dies mit dem vollständigen Ende von Nomadismus Hand in Hand zu gehen braucht. Angenommen wird, daß die Zuwanderung aus dem Westen in Verbindung steht mit dem Beginn der Pferdezähmung bei den berührten Völkern, dies auch unter Verwendung einheimischer[33] Rassen, der Benutzung von Wagen zum Transport und wohl erst von da an auch der Aktivierung des Handels auf den später bekannten Routen. Der Streitwagen ist im Westen und in Ägypten bekannt wie auch in China, in Mittelasien scheint er nie benutzt worden zu sein. Paläanthropologische Erkenntnisse allerdings helfen bei all dem kaum weiter, und Schlüsse auf Schädelformen, Körperbau und Gesichtsausdruck[34], die sich aus Knochenfunden oder Abbildungen ergeben, führen allzu leicht in die Spekulation. Dies gilt auch für den Einfluß der Lebensweise auf die Herausbildung solcher Kriterien. Die Hunnenschilderungen etwa bei Ammian wie bei späteren Zeitgenossen erlauben bezüglich einer westlichen und einer östlichen Komponente jeden Schluß. Europoide Schädelformen finden sich in der westlichen Mandschurei, entsprechende Abbildungen in den Gräbern von Noin Ula in der Mongolei, wo sich überdies Zeugnisse chinesischen Handwerks wie auch westlicher Herkunft neben einheimischen[35] finden, dies mit Vorläufern bereits in den Ordosgräbern nahe der chinesischen Mauer. In Gräbern von Kenkol westlich des Tarimbeckens liegen Mongolide und Europide nebeneinander, letztere offensichtlich als Untertanen oder in dienender Funktion.

Wichtiger indes scheint die Entstehung einer Nomadenzivilisation mit einander überall verwandten Strukturen[36] im Politischen und einem Aufbau, der sich naturgemäß immer wieder ähnelt, aber auch mit der Herausbildung von reichen Oberschichten, die einen politischen Zerfall jeweils leicht überlebten, nachweisbar in den Kurganen als Begräbnisform von China bis nach Europa[37]. Räumliche Mobilität und das Fehlen fester Grenzen sind die Voraussetzung auch für die Formen künstlerischer Selbstdarstellung, die von China, von Persien und dem bosporanischen Reich her beeinflußt wird. Die angenommenen Entwicklungsstufen etwa des sibirischen Tierstils lassen sich nicht anders als aus einer solchen Verbindung und verschiedenen Einflüssen erklären. Frühe Deutung nun sucht eine Beziehung zwischen dem seit dem 4. Jahrhundert v. Chr.[38] an der nordwestlichen Grenze Chinas auftretenden Volke der *Hiung nu* zu den späteren Hunnen Attilas im Sinne einer direkten Abstammung herzustellen. Von der Forschung wurde dies seither verworfen. Diese Hiung nu errichteten ein nomadisches Imperium mit den typischen Kennzeichen, wie sie auch für die spätere Zeit noch gelten mögen[39], einem Kernstamm unter einem Herrscher mit absoluter Macht, *tan yu*, und eine fast immer zeitlich begrenzte Foederation mit anderen, ethnisch nicht unbedingt immer eng verwandten Stämmen. Die aus der Antike überkommenen Termini wie *gens, natio, populus, regnum* oder *imperium* freilich reichen zu einer Definition solcher Formen auch des politischen Zusammenlebens kaum aus, denn neben erwähnten, durch Exogamie verschwägerten Stämmen stehen andere, demnach niederen Ranges, doch in dem Gefüge mit fester Funktion, nachdem sie im Zuge von Expansion und Unterwerfung angegliedert, bei gutwilliger Unterordnung in ihrer bisherigen Herrschaftstruktur aber belassen worden waren. Der Sklavenbegriff paßt zur Umschreibung eines solchen Zustandes nur teilweise: Einem Attila freilich kam er später leicht über die Lippen, als er die oströmische Tributpflicht und die Position des Kaisers in deren Rahmen glossierte. Dazu kommt die Festlegung von Interessengebieten und gelegentlich die Zweiteilung der Herrschaft innerhalb einer Dynastie, zu erklären wohl am ehesten aus der Großräumigkeit und als eine Gliederungshilfe bei weit auseinander lebenden oder operierenden Elementen. Es ist denn diese Großräumigkeit, die leicht auch wieder zum Zerfall führt. Attila selbst steht noch in dieser Tradition, doch macht die bewußte Überwindung solcher Bedingungen das Wesen seiner Herrschaft mit aus. Die Auseinandersetzung dieser Hiung nu mit dem chinesischen Reich muß sich für dieses als eine Kette von Überfällen, Invasionen und Katastrophen einschließlich der Unterwerfung größerer Landstriche ereignet haben, Abwehrmaßnahmen einzelner Kaiser, soweit berichtet, sind imposant, bewirkten aber wenig, bis militärisch sich China ganz auf den Gegner und seine Taktiken einstellte. Hand in Hand aber geht die Expansion dieser Hiung nu in andere Gebiete mit ähnlich strukturierter nomadischer Gesellschaft ihrer Bewohner, in die

Mongolei, die Mandschurei und wohl nicht weniger auch nach dem Westen. Bezeichnend zugleich auch ist das Heiratsangebot des bedeutendsten dieser Herrscher, Mao tun (200–173 v. Chr.)[40], an die chinesische Kaiserin, das zwar abgelehnt wird, zugleich aber die Tendenzen erkennen läßt, die unter diesen nomadischen Völkern sich bei Berührung mit anderen von reicher Zivilisation und stabilen Voraussetzungen ihrer Kultur ganz natürlich ergaben.

Für die weitere Entwicklung im Westen nun aber scheint, daß gerade unter Mao tun Stammesgruppen, in chinesischen Quellen als *Yue tschi* bezeichnet, sich dessen Zugriff entziehen und von der westlichen Mongolei in das Gebiet des Tarimbeckens abwandern und bis in das Umfeld des Altai gelangen[41]. Die mit ihnen ziehenden *Wu sun* trennen sich, um Gebiete nördlich davon zu suchen. 138 v. Chr. trifft der Reisende Chang kien diese Yuetschi in der Sogdiana, 128 sind sie über den Jaxartes in das indische Gebiet gelangt. Der Versuch einer ethnischen Definition führte zur These selbst einer indoiranischen[42] Herkunft, doch liegt am nächsten die Vermutung, es handelte sich um eine Verbindung ebenfalls wieder aus heterogenen Elementen mit dennoch bereits entwickelter Eigenheit, die nun in den Prozeß einer weiteren Akkulturierung geraten. Der Zerfall danach wieder in einzelne Gruppen läßt sich wohl schon als Folge solcher Ausbreitung verstehen. Zu erklären ist diese Auflösung aber nicht zuletzt wohl auch mit dem Einfluß nunmehr nicht nur nomadischer sondern anderer Lebensformen und einer Eingliederung in neue Gruppierungen und Ethnien[43]. Weitere Wanderbewegungen für Mittelasien in der unmittelbar folgenden Zeit sind zu vermuten. Unklar freilich ist, ob bei dieser Jahrhunderte anhaltenden allgemeinen Drift nach Westen neben der Suche nach neuen Weideplätzen zugleich auch bereits ein Prozeß von Vermischung und Akkulturierung mit einer Tendenz zu Formen von Seßhaftigkeit angenommen werden muß. Die Intensität, mit der man die Tierzucht betrieb, und die Art der Tiere mögen dabei ein Faktor sein. Zu dieser Bewegung gehört die Verschiebung der als Alanen bezeichneten Gruppe vom oberen Jenissei bis in die südliche Ukraine und in den Kaukasus, in ihren Spitzen mit den Sarmaten bis in das Vorland von Pannonien. Erfaßt von solchen Bewegungen werden freilich immer nur Teile: Andere dieser Alanen blieben zurück und sind noch viele Jahrhunderte später zwischen Don und Ural nachzuweisen. Daß in einem Ketteneffekt die Wanderung der Yue tschi und der Wu sun auch noch andere Stammesgruppen in Bewegungen brachte, ist anzunehmen. In Mittelasien wird ein solcher Zustrom besonders sichtbar im 1. Jahrhundert v. Chr., als nach der Teilung

der Hiung nu einer der Herrscher, Chi chi (58-36), seinen Herrschaftsbereich über die Gebiete westlich des Tarimbeckens bis an
den Aralsee auszudehnen vermag, freilich in der Sogdiana durch die
ihn verfolgenden Chinesen vernichtet wird[44]. In deren Quellen
wird die Unterstützung des Tan yu durch persische Truppen
erwähnt, deren Taktik auf ein Veteranenheer aus gefangenen
Römern (vielleicht nach der Schlacht von Karrhae 55) schließen
läßt. Die lockere Kontrolle dieser Gebiete durch die Han-Dynastie
in der Folgezeit hat eine allgemeine Ausbreitung längs der Seiden-
straße[45], weiteren Handel, Vermischung von Völkerschaften und
auch die Akkulturation noch weiter gefördert, Zeugnisse überdies
für einen Warenaustausch von China bis zu den Britischen Inseln
fehlen nicht, auch wenn dieser über eine ganze Reihe von Zwischen-
händlern und in vielen Etappen vor sich ging. Geräte, Schmuck,
Waffen lassen bereits für die Kaiserzeit auf eine weit sich ausdeh-
nende Gemeinschaft von Zivilisation und selbst Kultur schließen,
der Kompositbogen als Waffe, schon in der römischen Armee der
Kaiserzeit verwendet, die Schädeldeformation, vom Osten nach
Westen ausgreifend[46], und andererseits die Zeugnisse des Tierstils
und seiner Entwicklung wie seiner Ausbreitung vom bosporanischen Gebiet bis an die chinesische Grenze und die entlegensten
Teile Sibiriens, werden vorwiegend aus diesem verhältnismäßig
ruhigen Allgemeinzustand zu erklären sein, der einige Jahrhunderte
anhielt. Daß die allgemeine Tendenz der Westverlagerung[47] Einflüsse auch auf die benachbarten Slaven wie dann auch auf die Ostgermanen brachte, war nur natürlich. Teile der Alanen, die sich
durch die Kalmückensteppe bis zum Kaukasus ausgedehnt hatten,
mußten 73 n. Chr. und danach 136 durch die Römer zurückgeworfen
werden[48]. Andere Völkerschaften folgten, nahmen Besitz von den
Gebieten um Wolgamündung und Don, mit den Alanen kaum
mehr verwandt und auch als Skythen nicht mehr zu bezeichnen. So
wurden zwar Zeugnisse für ein Auftreten turksprachlicher Söldner
im persischen Heer des 3. Jahrhunderts in Dura-Europos abgelehnt,
οὐϱουγοῦνδοι[49] aber, dem Namen nach mittelasiatischer Herkunft, nahmen um die gleiche Zeit an den germanischen Raids im
Schwarzmeergebiet teil, und Hunnen, unter eigenen Herrschern
auftretend, werden um diese Zeit bereits im Kaukasus von armenischen Quellen erwähnt. All dies freilich, Westverschiebung, Durchlässigkeit, Nomadismus und Verbindungsmöglichkeiten über weite
Räume hin erklärten die Ereignisse von 376 noch keineswegs, eher
im Gegenteil[50]. Eine allgemeine Bevölkerungszunahme in Mittelasien als eine mögliche Ursache ist nicht nachzuweisen.

Eine Vermutung indes könnte weiter helfen. Der erwähnte Name als Sammelbegriff kann sich sehr wohl bereits auf Gruppen beziehen, die aus Mittelasien kommend zur Zeit des Ptolemaios schon in der östlichen Ukraine saßen. Hatte sich indes beim Zerfall des Hiung-nu-Reiches ein nördlicher Teil in die Mongolei zurückgezogen, so war dieser bald danach gezwungen, vor den von Osten her expandierenden *Sien pi* nach Westen[51] auszuweichen. Zusammen mit Teilen dieses mongolischen Volkes müßte man westlich das Baikalsees auf Finno-Ugrier gestoßen sein und in einer natürlichen Kettenbewegung zusammen auch mit diesen und in stetiger Vermischung etwa im 2. Jahrhundert in die Gebiete nördlich des Tien schan gelangt sein. Ethnische Zusammensetzung und Sprache[52] spielten dabei zweifellos eine geringe Rolle, die Anteile der Hiung nu waren sicher bald auf ein kaum mehr wahrnehmbares Minimum geschwunden. Die Härte der Lebensbedingungen in der nördlichen Waldzone freilich muß die Lebensweise und die Verhaltensformen noch weiter ausgeprägt haben, die später Europa in Schrecken versetzten. Die Eigenheiten etwa der hunnischen Pferdezucht mit der Verwendung von Winterweide[53] wurden von den Europäern bewundert und vergebens nachzuahmen versucht. Stärke und politische Struktur auch dieser Zuwanderer lassen sich nicht einmal vermuten[54]. Geht man freilich von den Eigenheiten der nomadischen Lebensform aus, so braucht die Zahl nicht übermäßig groß gewesen zu sein. Wichtiger sind Kriegstaktik[55], Stoßkraft und Rücksichtslosigkeit der Energie, all dies zusammen mit den verfügbaren Räumen zur Ausbreitung, wozu auch die Nähe von Völkerschaften mit anderer Lebensweise gehört, die eine Unterordnung leicht machte. Landnahme und auch Eroberung in Mittelasien und seinen Räumen haben andere Kriterien als die in Europa und im Vorfeld des Imperiums. Bei den Verstößen gegen diese Völkerschaften kann es um eine physische Ausrottung nie gegangen sein[56], und so erklärt sich die Verbindung mit den Alanen, die man nach einer gewissen Zeit des Nebeneinanderlebens dann gleichsam mit sich riß[57], wie dies Ammian darstellt. Anlaß für den Stoß nach Westen könnte nicht zuletzt dabei eine bereits länger anhaltende[58] Klimaverschlechterung sein, die zwischen Pamir und Ukraine die weitere Versorgung zweifelhaft werden ließ: Sie muß freilich die Ostgermanen nicht weniger betroffen haben, auf die man stieß, und die vielleicht politische Konsequenzen hatte, wie die Quellen sie, wenngleich in verwirrter Form, wenigstens andeuten. Geht es um einen Zug, der weiter im Osten seinen Anfang nahm[59], so hätte das ..*leviter nota*.. Ammians in der Tat seinen Sinn. Es wäre demnach die Bewegung, die im Altaigebiet ausgelöst, in der mittleren Ukraine auf die Ostgoten traf. Der Weg durch die Maiotis[60], den die Überlieferung berichtet, kann nur eine Mythifizierung sein oder auf schamanische Deutung zurückgehen. Daß die Gebiete des Kaukasus bereits von verwandten Stämmen in Besitz genommen waren, über die Attila später einen Herrschaftsanspruch erhob, widerspricht dem nicht[61].

Für die Bedrohung des Westens mögen Unruhen im mittleren und westlichen Asien Jahre zuvor bereits ein gewissens Anzeichen gewesen sein[62]. Um die Mitte des Jahrhunderts scheint sich der mongolische Stamm der *Juan Juan* in Mittelasien ausgebreitet und vor allem Tocharistan besetzt zu haben. Bereits um 350 hatte der persische Großkönig Sapor II. seinen Krieg gegen Rom in Mesopotamien abzubrechen und sich im Nordosten seines Reiches mit Völkern herumzuschlagen, die offensichtlich dort in Bewegung geraten waren. Bündnisse mit ihnen, zu denen es kam, hielten offensichtlich nicht sehr lange. Ein Durcheinander unter den Sarmaten zwischen Donau und Karpathen sucht Constantius II. 358 und 359 durch militärische Aktionen zu bewältigen, freilich ohne daß es zu einer Lösung auf Dauer kommt. Um die gleiche Zeit aber hat Tiridates III. von Armenien im Kaukasus mit einem Stamm Krieg zu führen, den die armenischen Quellen deutlich als Hunnen bezeichnen und deren Herrscher, Sanesan, namentlich bekannt ist. 363[63], nach dem Ende Julians, schließt Sapor mit den Römern schnellstens Frieden, der für diese günstiger ausfällt als erwartet: Der Grund ist die gemeinsame Sicherung der Kaukasuspässe, auf die es ihm besonders ankommt. Römische Truppen sind danach in der Tat in Iberien nachzuweisen. Auch die quadische Invasion nach Pannonien in den siebziger Jahren, die 375 den vorzeitigen Tod Valentinians I. mit verursacht, läßt sich vielleicht schon als äußerster Vorläufer einer solchen Bewegung verstehen. Welche Absichten und Ziele dem Stoß von 376 zugrunde lagen, ist nicht zu erkennen. Geht es um ein nomadisches Ausgreifen zur Behebung der eigenen Notlage, so drängt sich eine Analogie zu den Ereignissen Jahrhunderte zuvor an der chinesischen Grenze auf. Die Existenz des römischen Imperiums und seiner Lebensbedingungen war den Angreifern zweifellos bekannt. Dann freilich müßte dieser Vorstoß bereits weit vor der Grenze dieses Imperiums steckengeblieben sein. Die Auseinandersetzungen in den nächsten Jahren freilich lassen eher vermuten, daß es weder ein solches Ziel noch eine zustandegekommene hunnisch-alanische Koalition gegeben hatte, die sich auf ein solches bezog. Unklar ist auch die Verwandtschaft dieser Hunnen zu den Hephthaliten[64], die kurz danach ebenfalls aus dem Altaigebiet nach dem Süden vorstoßen und die Gebiete Turkmenistans und der Sogdiana in Besitz nehmen. Aussehen („Weiße Hunnen") und Lebensform als Ackerbauern lassen andere ethnische Voraussetzungen vermuten, die Selbstbezeichnung der Münzlegenden als HI<O>NO freilich könnte von dem Sammelnamen ausgehen, den man allerorts immer noch verwendete.

Die Welt, auf die man traf

Das römische Imperium, um das es von nun an geht, spielt in der Geschichte seiner Randvölker seit je die Rolle einer Welt, an der in seiner Weise teilzuhaben Jahrhunderte lang Wanderzüge, Kriege und Invasionen ausgelöst hatte, ohne daß man beabsichtigte, dieses Reich zu zerstören. In der Barbarenwelt des Nordens und Ostens war die Nachricht von Zivilisation, Ordnung und Lebensbedingungen wie auch von dem friedlichen Zusammenleben der Reichsbewohner seit je verbreitet gewesen, Aufnahme, Teilhabe und Integration selbst auf Kosten der eigenen, stets rudimentären Staatlichkeit sind ein Ziel, mit dem später auch Attila sich auseinanderzusetzen hatte: Der Weg, den er einschlug, bedeutet die Verbindung der westlichen mit einer östlichen Tradition, die er gekannt haben wird, und wäre demnach nicht zuletzt auch das Ergebnis von Erfahrungen, die die Nomaden hatten machen können[65]. Um mit diesen Dingen fertig zu werden, hatte das Imperium eine Praxis entwickelt, deren Anfänge mit denen Roms zusammenfielen und die, wie natürlich, auch griechische und hellenistische Erfahrungen mit einbezogen. Immer mehr differenziert und den wechselnden Bedingungen angepaßt, wird die römische Barbarenbehandlung in der Selbstdarstellung der Kaiserzeit gefeiert: Die oben angedeutete der Westgoten durch Constantin ist eines der Beispiele dafür. Diese Praxis besteht in der Vermeidung kriegerischer Auseinandersetzungen durch die Förderung stabiler barbarischer Staatswesen vor der Grenze, im Zusammenschluß von kleineren Gruppen und dem Interesse an monarchischen Strukturen zur Kontrolle und zugleich zur Aufrechterhaltung begonnener Bündnisverhältnisse. Dazu kommt aber auch die Ventilation überschüssiger und damit stets gefährlicher Kräfte und ebenso die wechselseitige Hilfe von Fall zu Fall. So sind Münzfunde in den Randgebieten wie auch in deren Hinterland am ehesten von dieser Absicht aus zu verstehen, ich halte selbst die Ausprägung der Sintana-Mureškultur als die Folge einer römischen Förderung für denkbar[66], deren Zeugnisse bezeichnenderweise dann in der zweiten Hälfte des 4. Jahrhunderts aufhören. Im 2. Jahrhundert freilich kommt es neben der Ausbreitung und Landnahme ostgermanischer Stämme als deren Folge zu den Markomannenkriegen unter Mark Aurel mit lawinenartigen Invasionen, die auch seßhaft gewordene Stämme mitreißen und weite Grenzgebiete des Imperiums verwüsten. Nach vorübergehender Beruhigung beginnt ab 232 das gleiche in einer verstärkten Form und zwingt das Imperium drei Generationen hindurch zu schweren Abwehrkämpfen, jetzt stets auf eigenem Territorium, wobei in den betroffenen Räumen, vor allem Illyricum und Thrakien, Raetien, Noricum, das Leben fast zum Erliegen kommt, ja die Kontrolle über die Gebiete nördlich der Alpen so gut wie verloren geht. Und es ist nur die Schwächung und Dezimierung der Angreifenden, daß unter Diokletian analog zu den Severern noch einmal eine Beruhigung eintritt. Als Folge einer solchen Überbeanspruchung freilich wird jetzt erstmals eine Erschöpfung der Ressourcen des Reiches, vor allem der finanziellen, sichtbar, die zu dauernden Notmaßnahmen zwingt und sich fatal auf die Innenpolitik, die wirtschaftlichen Bedingungen und auch die sozialen Verhältnisse auswirkt. Die Bemühungen der Tetrarchie wie auch noch der Nachfolger Constantins, wieder ins Gleichgewicht zu bringen[67], was man als katastrophale Lage empfand, betreffen die Reichseinteilung, Steuer-, Finanz- und Verwaltungswesen, führen zu einer Herrschaftsreform und schließlich selbst zu einer Änderung der kaiserlichen Selbstdarstellung. Eine Festlegung von Löhnen und Höchstpreisen für Waren scheitert bald. Man hat bei all dem freilich den Eindruck, daß eine Überforderung der Imperiumsbevölkerung zu vermeiden gesucht wurde und man sich nach den einschlägigen Gegebenheiten der einzelnen Reichsteile richtete. Die Einrichtung einer zweiten Hauptstadt im Osten 330 durch Constantin erklärt sich aus einer Schwerpunktverlagerung und neuen, unvermeidlich gewordenen Schauplätzen von militärischen oder anderen Aktivitäten. Eine soziale wie politische Komponente schließlich wird man auch an Constantins Wende zum Christentum nicht übersehen dürfen, geeignet, dem Imperium neue Kräfte zuzuführen und diesem die Wahrnehmung auch seiner ethischen Funktionen neben den sozialen zu erleichtern. Aufnahme und Ansiedlung Fremder gingen damit stets Hand in Hand, und auch die Integrationsmöglichkeiten wurden wahrgenommen, in der Spätantike verstärkt, so daß sich auch die Übernahme von Westgoten 376 keineswegs als ein Novum ausnahm. Dabei ist der Status der Aufgenom-

menen unwichtig. Dediticier als Personen ohne einen Rechtsan-
spruch in die Armee oder als Colonen, allein oder als ganze Gruppen
mitsamt ihren Familien ins Imperium aufgenommen[68], erhalten die
Chance eines Aufgehens in der Bevölkerung und auch einer sozialen
Mobilität, die sich entsprechend dem Personalbedarf zweifellos
noch besserte. Insbesondere die Armee war bei dauernder Beanspruchung und Verlusten, die aus der Reichsbevölkerung nicht mehr zu
ersetzen waren, auf solchen Zustrom angewiesen. Zwar hatten die
diokletianischen Reformen, vorbereitet bereits durch Gallienus,
und die Teilung des Heeres in mobile Eingreif- und stationäre
Grenztruppen zu neuen, effektiven Formen von Taktik wie Strategie
geführt: Die Vielzahl der Schauplätze machte eine ständige Ergänzung der Verbände notwendig. Trotz einer Barbarisierung, die
damit unvermeidlich verbunden war, spielte die Armee als Faktor
von Integration und Romanisierung noch lange Zeit eine wichtige
Rolle, wozu kam, daß der Erbzwang auch für diesen Sektor nicht
zuletzt stets Ersatz zu liefern imstande war. Die spätantike Armee ist
der bloßen Zahl nach stark. Die Notitia Dignitatum läßt auf einen
Gesamtbestand von mehr als 600 000 Mann schließen , wobei freilich zu fragen bleibt, ob es sich im Normalfall nicht weitgehend um
Kader handelt, die leicht aufzufüllen waren. Auch werden von bun-
desgenössischen Truppen viele nach ihrer Dienstleistung jeweils in
der römischen Armee verblieben sein: Der Foederatenbegriff
wurde im Laufe der Zeit mehr und mehr Terminus für Teile des stehenden Heeres. In den Provinzen des nördlichen Gallien umschreibt
der Begriff der Laeten bestimmte Gruppen angesiedelter, für den
militärischen Dienst verfügbarer Barbaren unter römischer Verwaltung und damit ein praktiziertes System von Integration und Sicherung zugleich, das zweifellos wirkte, solange ein Träger dieser Integration vorhanden war. Die Zeugnisse für eine Laetenzivilisation
später lassen allerdings darauf schließen, daß in Ermangelung einer
solchen die Angesiedelten zwangsläufig ihre alten Lebensformen
beibehielten und bei einer erneuten Landnahme durch andere, ethnisch verwandte Stämme in diesen schnell aufgingen. Analoges
unter vielleicht anderem Namen wird es in andern Teilen des Imperiums gegeben haben. Die Karrieremöglichkeiten für diese Fremden
waren groß, und noch im 4. Jahrhundert haben wir Beispiele von
Barbaren in den oberen Rängen, bald danach auch von Einheirat in
die höchsten Kreise der Imperiumsaristokratie einschließlich des
Kaiserhauses.

Kriterien für eine Imperiumskrise seit dem 3. Jahrhundert sind
dennoch nicht zu übersehen. Als die Folge einer dauernden Überbe-

lastung beziehen sie sich auf alle Bereiche des Lebens, ein Gegenmittel gab es kaum[69]. Unsere Zeugnisse literarischer Auseinandersetzung mit diesem Zustand durch die Zeitgenossen werden durch archäologische erhärtet. Die Rechtsquellen mögen in der Formulierung der Gesetzestexte diese Tatsache kaschieren: Auf ihre Hintergründe im einzelnen geprüft, sind sie eine weitere Bestätigung. Naturgemäß hatte diese Überlastung das Leben auch dort schwer beeinträchtigt, wo man sich fern von den Kriegsschauplätzen befand. Zum Bevölkerungsrückgang in den betroffenen Gebieten kommen Seuchen, im Laufe der Zeit gleichsam endemisch geworden, Klimaverschiebung mit Schwierigkeiten der Ernährung, dazu als Folge davon die Verschärfung der Bedingungen für den Colonat etwa durch Bodenbindung und Erbzwang, die an sich wohl nicht als Erschwerung oder Diskriminierung gedacht waren, als solche aber empfunden wurden. So erscheint die Besteuerung durch die *annona* als Bodenzins in zwei Arten nebeneinander und den jeweiligen regionalen Bedingungen angepaßt[70], als keineswegs hoch. Dennoch wird früh bereits der Druck von Sonderabgaben und entsprechenden Eintreibungsmethoden die Ursache von privater Resistenz, Steuerflucht und als Folge davon von Arbeitskräftemangel, verödeten Landstrichen und weiterer Belastung. Die Kluft zwischen der Höhe der Forderungen und der Möglichkeit, diese zu erfüllen, führt wiederum zum Ruin des Decurionats, der finanziell besser gestellten Gruppe der Bevölkerung, die im Rahmen der städtischen Selbstverwaltung für die Ablieferung verantwortlich war. Der Staat sucht all dem zu begegnen, so gut dies geht. Einschlägige Gesetze, in den großen beiden antiken Sammlungen erhalten, wie auch die Wiederholung und Variation getroffener Anordnungen spiegeln ein Suchen nach Kompromissen, das die beliebte Formel von einem spätantiken Zwangsstaat eigentlich widerlegt. Die Mittel freilich sind unzureichend[71]. Im übrigen schaffen das Bemühen um ein Gleichgewicht und um Vermeidung allzu großer Härten durch absichernde Institutionen und die Erhaltung zugleich von anderweitig notwendigen Immunitäten ein weiteres Dilemma, das mit Steuernachlässen von Fall zu Fall oder der Förderung von Einzelinitiativen auf kleinstem Raume nicht zu beheben ist. Der Großgrundbesitz als die einzig mögliche Form einer effektiven Ernährungswirtschaft spielt dabei eine besondere Rolle. Er übernimmt zwangsläufig damit auch politische Hilfsfunktionen. An Gesetzen gegen Mißbrauch fehlt es nicht. Indes bleibt all dies wirkungslos nicht zuletzt aus Mangel an Kontrolle wie auch an staatswirtschaftlichen Konzeptionen, die als Richtschnur dienen konnten. So erscheint einem

Salvian im Gallien des 5. Jahrhunderts für die Betroffenen die Flucht zu den Barbaren als das kleinste von allen Übeln, ein Priscus um die gleiche Zeit trifft im Lager Attilas einen ehemaligen Reichsbewohner, der im Vergleich zu früheren Zuständen seine jetzige Lage preist. Die Bewegung der Donatisten und Circumcellionen in Afrika und die der Bagauden in Gallien wie Spanien gehören zu dem Bild einer Situation von verzweifelter Hilflosigkeit auf allen Seiten[72]. Trotz gelegentlicher Erfolge, mehr als eine Protestbewegung aber können sie nicht sein. 358 tut ein Julian alles, um in Gallien geraubte oder freiwillig abgezogene Bevölkerung zurückzuholen, und die Steuern werden verringert.

Eine Generalisierung freilich bleibt dennoch fraglich. Denn als Ganzes ist dieses Imperium lebensfähig und hat an Attraktivität nichts eingebüßt. Auch zu einer Revolution kam es nicht, die allgemeine Entwicklung wurde von den Betroffenen überwiegend passiv zur Kenntnis genommen. Zeiten von Ruhe überdies ermöglichten einzelnen Kaisern sogar finanzielle Rücklagen, die auffallen. Bei all dem muß der Osten die Belastung weniger verspürt haben als der Westen, anders strukturiert und mit anderen Schwerpunkten, im übrigen auch keineswegs so heimgesucht wie die nördlichen Reichsteile oder die Balkangebiete und deshalb funktionsfähig geblieben. Es scheint auch, daß nach Jahrhunderten von Geldverfall durch die Einführung des Goldsolidus unter Constantin zum ersten Male eine Sicherung gegen Finanzkrisen und Preisverfall möglich war. Sicher, neben dem Boden und seinen Erträgen werden auch Handwerk, Manufaktur und Produktion besteuert und vielfältige Zölle erhoben. Binnen- wie Außenhandel[73] aber entwickeln sich weiter, dies auch mit Persien, Handelszentren und Märkte an den Grenzen behalten ihre Wichtigkeit, von beiden Seiten gewünscht, Händlerkollegien sind selbst in Grenzorten nachweisbar. Sicher, die städtischen Siedlungen, besonders in gefährdeten Gebieten aber auch in Italien, verkleinern sich, die Bevölkerung zieht häufig in die aufgelassenen Militärlager, die von den Barbaren meist gemieden werden. Doch in Gallien erweisen sich noch 451 die Städte als Verteidigungszentren an vielen Stellen. Der Bevölkerungsrückgang Roms wird sich aus der Bedeutungslosigkeit der Stadt erklären. Andere Städte wie Mailand, von denen im Osten zu schweigen, behalten ihren Umfang. Und neben den anderen Zentren machen die Zeugnisse für eine Stadt wie Oxyrrhynchos in Ägypten klar, daß dort auch in der Provinz Einbußen nicht zu registrieren waren. Doch auch im Westen setzt das Überleben wenigstens ein Minimum an Prosperität voraus. Trotz dieser Symptome eines allgemeinen Rückganges aber, Außenstehende brauchte dieses Bild keineswegs zu beeinflussen. Allgemeine Versorgungskrisen katastrophalen Umfangs oder von längerer Dauer sind nicht bekannt, die Kornkammern Afrikas und Ägyptens standen zur Verfügung, wirtschaftliche und steuerliche Erleichterungen für Produzenten und Lieferanten, Vorteile und Immunitäten aktivieren auch die Initiativen in den Verbraucherländern wie etwa Italien mit seiner Ablösung der Weidewirtschaft durch Anbau von Getreide[74]. Italien ist zweifellos ein Beispiel von vielen. So mögen Autarkiebestrebungen der ländlichen Großwirtschaft zu einer gewissen Beeinträchtigung der Städte führen: Das Ende für sie und ihre Rolle bedeuten sie nicht. Die soziale Schlechterstellung mancher Schichten durch Bodenbindung und Erbzwang und damit die Angleichung an den Sklavenstand wird durch eine Fülle von Gesetzen zu mildern gesucht. Doch auf der anderen Seite steht auch die entsprechende Verpflichtung der Eigentümer zu Schutz und Sicherung, was für Colonen wie Sklaven zugleich das Überleben sichert[75]. Die erwähnten Prämien zur Verbesserung der Lage durch eigene Initiativen standen auch für sie zur Verfügung. An dem Stand von Aristokratie und Großgrundbesitzern mit ihrer doppelten Aufgabe gegenüber dem Staat und den Colonen, aber zum Teil mit bedeutenden Immunitäten Kritik zu üben ist leicht. Ein großer Spielraum blieb denn auch für sie nicht[76]. Erworbene Reichtümer von teilweise überdimensionalen Ausmaßen sind die Folge einer wohl meist jahrhundertelangen Ausnutzung gegebener günstiger Bedingungen. Beispiele besonderer Rücksichtslosigkeit des Magnatenverhaltens gab es zweifellos: Indes war der Patron doch auf den guten Willen seiner Colonen angewiesen, und Möglichkeiten zur Obstruktion oder passiven Resistenz für diese gab es viele. Für die kaiserlichen Domänen gilt das gleiche. Die Rolle des Sklavenstandes wiederum, durch neue ethische Perspektiven gleichsam ebenfalls mehr und mehr sozialisiert, scheint sich zu neutralisieren. Bei zahlenmäßigem Rückgang ist es denn bezeichnend, daß trotz aller Härte der nach wie vor bestehenden Gesetze auch die Kirche nicht an eine generelle Aufhebung des Standes denkt[77]. In anderen Bereichen stellen Zwangskorporationen für Wirtschaft, Transportwesen, Handel und Produktion die Einordnung in ein Gefüge dar, das in Analogie steht zum öffentlichen und zum militärischen Bereich. Sie sind bei aller Belastung daher zugleich ebenfalls eine Existenzgarantie, die auch hier den Eindruck von unerträglicher Belastung und Kontrolle aufzuheben vermag. Die kaiserlichen Monopolien für bestimmte Zweige (Waffenproduktion, Purpurherstellung, Bergbau, Transportwesen) gehören hierher und vertiefen all dies von ihrer Seite her noch einmal. Privilegien und Steuerimmunitäten besonders für Senatoren und abgestuft für die Inhaber von Staatsämtern haben nicht zuletzt die Aufgabe, die Attraktivität des Ganzen zu erhöhen. Sie betreffen überdies auch andere, wichtige Berufe wie Lehrer, Ärzte, Schiffer und bestimmte Gruppen von Handwerkern[78], wobei freilich die Verpflichtungen spezieller Art von Fall zu Fall einen Ausgleich schaffen. Große Einkünfte einer Reihe von Familien aus diesen Kreisen in Rom wie in der Provinz werden häufig für öffentliche Aufgaben, Bauten, Spiele oder Spenden verwendet und setzen eine alte Tradition fort. Die Kirche, als Erbe ebenfalls im Besitz solcher Reichtümer, gewinnt durch sie eine Basis für ihre caritative Tätigkeit. Dabei mag eine idealisierende Pflege der geistigen Tradition der Antike durch diese obersten Schichten mit ihren Bildungsvoraussetzungen[79] gelegentlich zur Verfälschung der Vergangenheit führen und zugleich als eine Flucht vor der Gegenwart zu verstehen sein. Das Christentum bei den meisten der Vertreter dieser Schichten wurde dennoch nicht beeinträchtigt, und zugleich waren es auch diese, die später den Übergang in die anderen, dem Imperium nachfolgenden Reiche ermöglichten, ohne daß wirkliche Katastrophen zu verzeichnen wären. Trotz allen Zwanges aber muß die Notwendigkeit eines Nachwuchses für unendlich viele Stellen in Verwaltung und Armee die Voraussetzung zugleich einer sozialen Mobilität geschaffen haben, zu deren Regulierung Gesetze nötig waren[80]. Die Schwierigkeiten, ein personelles Gleichgewicht zu halten, waren freilich kaum je ganz zu beheben. Der Dienst in der Kirche kam hinzu und tat das Seine, das Problem auf die Dauer unlösbar zu machen. Nicht zuletzt dieses innenpolitische Dilemma aber ist eine der Ursachen für den Prozeß der Regionalisierung[81], der sich nicht nur in den Grenzgebieten abzeichnet. Zwar ist das Imperium noch ein Ganzes und im 4. Jahrhundert die Tatsache unbegrenzter räumlicher Mobilität unbestritten. Noch findet ein Abstrom etwa von Lehrern und Rhetoren aus Gallien nach dem Osten statt. 383 kann Pannonien seinen Getreideüberschuß nach überallhin liefern[82], 416 vermag das Imperium, dies wohl ebenfalls von allen Seiten her, schnell 600 000 Scheffel Getreide aufzubringen, Reisen von Gallien bis nach Jerusalem sind im 4. und auch noch am Anfang des 5. Jahrhunderts möglich, 406 kann ein gallischer Bischof angesichts einer barbarischen Invasion für seine gefährdeten Nonnen eine Zuflucht in Alexandria ausmachen. Danach hört derartiges auf.

Die Rolle der Kirche als eines stabilisierenden Elementes gehört dazu. Sie entwickelt sich nach der Wende zwar gleichsam zu einem

Staate im Staat mit eigenen Strukturen, aber sie unterstützt das Imperium in einem Wechselverhältnis der Interessen, das sich in Fürsorge, Zuflucht, Verwaltung und Erziehung immer mehr ausgestaltet, zugleich aber auch in der Übernahme selbst juristischer und sozialer Funktionen[83]. Sich erst jetzt wirklich ausbreitend, schafft dies eine Glaubensgemeinschaft, für die trotz eifriger Teilnahme weiter Kreise auch der unteren[84] Schichten die dogmatischen Auseinandersetzungen belanglos bleiben. Und erst mit der Zeit gewinnen die Gegensätze den Charakter einer nationalen Programmatik, vor allem im Osten des Reiches, die dessen Zerfall beschleunigt.

So muß trotz aller Symptome, die eine Katastrophe andeuten könnten, nach außen das Imperium als das erschienen sein, was es immer war. Doch auch am kaiserlichen Hof scheint man 376 in dem Glauben gewesen zu sein, das, was sehr bald zur Völkerwanderung wurde, lasse sich mit den traditionellen Mitteln regeln. Ja, es bleibt zu fragen, wie weit man danach anfangs selbst einen Attila und sein Auftreten je als eine wirkliche Bedrohung empfand. Erst in der Folgezeit wird deutlich, daß auch durch ihn der Zerfall neue Impulse erhielt.

Der Einbruch in die alte Welt

Der Vorstoß der Hunnen und Alanen, der das Ost- und das Westgotenreich zerstörte, kam dennoch und trotz aller Anzeichen überraschend[85], von einem Krieg läßt sich dabei nicht reden. Da er im Vorfeld des Imperiums bereits stecken blieb, ist zu vermuten, daß den Akteuren selbst die Stoßrichtung nicht viel besagte. Daß der Ostgotenkönig die Vorzeichen offensichtlich zu wenig beachtete, erklärt sich aus dem Umfang des Reiches und wohl auch damit, daß er sie den eigenen Erfahrungen entsprechend nicht so ernst nahm, wie sie es verdienten. Die von Jordanes berichtete Expedition gegen den Stamm der Rosomonen und grausame Rache, die Ermanrich dort übte, ließe sich als die Reaktion auf ein Anzeichen der allgemeinen Bewegung mit verstehen[86]. Schwächere Bewegungen im Umfeld des Ostgotenreiches wird es überdies immer gegeben haben. Die Einzelheiten des ostgotischen Zerfalls sind nicht mehr klar zu ermitteln, der Versuch der Westgoten wiederum, sich unter Führung des *iudex* Athanarich durch Wall- und Flußgrenzen gedeckt zu einer Verteidigung einzurichten, hatte das gleiche Ergebnis und wird in die

Zeit nicht lange nach der ostgotischen Katastrophe fallen. Bei den sporadischen und nebulösen Nachrichten, wie sie auf uns gekommen sind, ist freilich weder eine Reihenfolge der Ereignisse im einzelnen mehr zu erkennen noch eine Chronologie zu erstellen. Die Quellen, die alles auf ein Jahr zusammenzuschieben pflegen, erwekken wenig Vertrauen, und auch ein Durcheinander von Namen und möglichen Assoziationen zu diesen ist nicht mehr zu durchdringen[87]. So scheint das Ende des mehr als hundertjährigen Ermanrich früh zum Gegenstand romanhafter Ausmalung geworden zu sein. Indes, daß die Ostgoten ohne Ausnahme in ihrer Panik das Land verließen, wird nirgends gesagt, ob einzelne Teile in andere Richtungen auswanderten, etwa nach Nordosten oder zur Krim, ist im einzelnen nicht mehr auszumachen. Ermanrichs Nachfolger Vidimer unternahm einen Zug gegen die wohl nördlich oder nordöstlich anzusetzenden Anten[88], zusammen bereits wieder mit Alanen, die kurz vorher noch die Angreifer gewesen waren: Die Gründe dieser Expedition sind nicht bekannt, es könnte sein, daß auch dieser Stamm auszuweichen suchte und sich der gotischen Botmäßigkeit entzog. Doch nach einem grausamen Strafgericht, analog etwa zu dem des Ermanrich zuvor, wird Vidimer von einem Hunnenfürsten namens Balamber getötet. Sein minderjähriger Sohn aber wird von zwei Unterführern, Alatheus und Safrac, letzterer müßte ein Alane gewesen sein, über die Donau[89] gebracht, um dann aus der Geschichte zu verschwinden. Nimmt man für diesen Bericht wenigstens einen historischen Kern an, so müßte sich das Ende des Ostgotenreiches über eine ganze Reihe von Jahren hingezogen haben. Eine in sich geschlossene, entsprechend handelnde Kriegsmacht freilich bilden die Angreifer auch jetzt nicht. Balamber, der nach Jordanes eine Gotin heiratet, bleibt an der Spitze der Hunnen eine obskure Existenz, und auch von einem wirklichen Heer ist nicht die Rede. Vielmehr überschreiten hunnische Gruppen sofort die Donau, tun sich mit Goten wie Alanen zusammen und greifen so in die Kämpfe der folgenden Jahre auf Imperiumsterritorium ein: Einmal, 378, ziehen sie gegenüber den sarazenischen Bundesgenossen des Kaisers den kürzeren. Von Gratian werden solche vermischte Gruppen später (380) in Pannonien angesiedelt[90] und bald danach bereits von Theodosius I. in den Kämpfen gegen die Usurpatoren im Westen verwendet. Der Großteil der Ostgoten aber, der seine Wohnsitze östlich der Karpathen beibehielt, geriet unter eine hunnische Herrschaft, die sich erst mit der Zeit wirklich etablierte, um sich später dann unter dieser wohl weiter nach dem Westen vorzuschieben. Von einer Bedrückung aber lassen unsere Nachrichten, im wesentlichen wieder

Jordanes, kaum sprechen. Noch um 422 muß ein Mitglied der herrschenden Amalerdynastie[91] mit seinem Anhang nach dem Westen abgewandert sein. Doch für die achtziger und neunziger Jahre noch berichtet Zosimos von einem lebhaften Hin und Her über die untere Donau[92], an dem sich Germanen und Hunnen beteiligten, von römischer Seite eine Zeitlang vielleicht sogar gerne gesehen und erst später von Theodosius durch die Errichtung einer Sperre eingedämmt. Ob es von Fall zu Fall zu wirklichen Vertragsverhältnissen Roms mit diesen Gruppierungen von kaum dauerhafter Existenz kam, ist fraglich, als Dediticier aber wird man die Fremden stets gerne aufgenommen haben.

Der Zerfall hingegen ist die Folge einer Panik[93], der sich Athanarich vergebens entgegensetzte. Von den Hunnen leicht ausmanövriert, zog er sich ins westliche Siebenbürgen zurück, um später, 381, von Theodosius ehrenvoll aufgenommen zu werden, die Masse des Volkes unter seinem Gegner Fritigern war schnell auf römisches Gebiet übergetreten, um freilich danach erst unter schweren Mißhelligkeiten sich durchzusetzen. Nach der Vernichtung des Kaisers bei Adrianopel 378, wohl selbst schwer dezimiert, wurde es erst 382 durch Theodosius als Dediticier in Moesien und Thrakien angesiedelt[94], blieb offensichtlich aber in den folgenden Jahren durch diesen in einer menschenfreundlichen Weise weitgehend von größeren Belastungen verschont. Erst 395, nach dem Tode des Kaisers, verlassen diese Westgoten, verstärkt durch andere zusammengeströmte Elemente, das Land, um nunmehr als selbständiges Volk unter Alarich als König und als potentieller Partner des Reiches aufzutreten. Ab 397 Bundesgenosse Ost-, dann, ab 402 Westroms mit der Hoffnung auf Neuansiedlung, jetzt als Bundesgenosse von Stilicho, gelangen diese Westgoten nach vergeblichen Verhandlungen mit Honorius 408–409 und der Plünderung selbst Roms 410 schließlich nach dem südwestlichen Gallien, wo sie sich nach endgültiger Ansiedlung 418 zu einem Reiche entwickeln, das bald zu expandieren beginnt. War das Gebiet nördlich der unteren Donau und die Kontrolle über die Stämme schon unter Theodosius verloren gegangen, es mag die Fortdauer der alten Panik sein, die den Abzug unter Alarich mit bewirkte. Es muß indes die gleiche Panik sein, die – bei freilich sich allmählich verändernden Konstellationen – auch danach immer wieder den Aufbruch größerer Gruppen bewirkt, um diese dann nach Italien oder dem Westen zu treiben. Früher einmal Angesiedelte in Pannonien werden sich diesen Bewegungen angeschlossen haben. Das Leben im Grenzgebiet freilich geht weiter[95], wie archäologische Zeugnisse erweisen: Das Aufhören einer römischen

Goldprägung in Siscia etwa erscheint durch den gleichzeitig wachsenden Ausstoß der Münzstätte von Sirmium als lediglich verlagert. Pannonien freilich war unter Theodosius durch die Usurpationen im Westen 388 und dann 392 mehrfach vorübergehend zu einem Niemandsland geworden. Dies könnte erklären, daß in der Notitia Dignitatum um die Jahrhundertwende Zeugnisse für eine zivile Verwaltung fehlen[96].

Die hunnische Bedrohung freilich scheint vorerst schnell aufgearbeitet worden zu sein. Zwar erscheinen größere hunnische Verbände in den Listen der römischen Armee um diese Zeit nicht. Panegyriker freilich zu Ehren des Theodosius sprechen begeistert von einer hunnischen Integration[97], und dies nicht nur im militärischen Bereich, sondern auch im zivilen Leben, vielleicht eine Zukunftshoffnung, die dann doch getrogen hat, denn wirklich integrierbar in die antike Welt sind die Hunnen nie gewesen. Erwähnt werden selbst hunnische Häuptlinge im römischen Dienst (φύλαρχοι)[98], die dann wieder in die Heimat zurückgekehrt sein müßten, was dort neue Unruhe schuf. Kleinere Gruppen etwa als Leibgarde einzelner Machthaber wie Rufinus (ermordet 395), Stilicho (sie wurde mit ihm 408 zusammen vernichtet) oder als Schutzwache wie die 40 *Unnigardi* in Kyrene, die Synesius erwähnt, bleiben im römischen Heer[99]. Es scheinen freilich die undurchschaubaren Verhältnisse jenseits der unteren Donau und eine allmähliche Konsolidation der Kräfte dort, die jenen *hostilis metus* unter der Reichsbevölkerung nicht zur Ruhe kommen ließen[100]. Grund dafür gab es in der Tat. Unmittelbar nach dem Aufbruch der Westgoten im Winter 395/6 muß ein Plünderzug über die vereiste Donau Thrakien verwüstet und bewirkt haben, daß Byzanz Alarich mit seinem Volk in Dienst nahm. Mit Intrigen oder einer gegenseitigen Aufhetzung durch die beiden Gegner Rufinus und Stilicho kann dies nichts zu tun haben, denn um die gleiche Zeit bricht eine andere Invasionswelle über den Kaukasus in die östlichen Imperiumsgebiete, nach Armenien und selbst nach Persien herein[101]. Zwar ist fraglich, ob es sich um eine hunnische Gemeinsamkeit bei diesen Aktionen handelt, einige Quellen allerdings geben als Anlaß die Abwesenheit der römischen Armee an, von der die östlichen Hunnenstämme gewußt haben müßten. Naturkatastrophen als Hintergrund sind darüberhinaus denkbar, und erklären auch die Wiederholung der Angriffe mindestens in einem der folgenden Jahre. Zwar gelingt es von persischer Seite wie von römischer, mit der Bedrohung fertig zu werden. Daß es der Kämmerer Eutropius, ein Eunuche und Hofbeamter war, der, wohl mit Hilfe der 395 wieder zurückgeführten östlichen

Armee, darunter gotischen Teilen und dem Magister Militum Gainas, die Katastrophe verhindert, ist bezeichnend dafür, mit welchen Provisorien man zu arbeiten hatte. Der Eindruck einer Bedrohung Antiochias, ja selbst Jerusalems und Ägyptens aber muß geblieben sein[102].

Nach dem Tode des Theodosius hatten dessen beide Söhne, Arkadius im Osten und Honorius im Westen, die Herrschaft übernommen. Daß beide ihren Aufgaben nicht gewachsen waren, ist die Meinung bereits der Zeitgenossen. Es waren aber gerade die Bedrohungen an der Grenze, die bewirkten, daß Zerwürfnisse immer mehr Platz greifen und von nun an, gleichsam verkörpert in Persönlichkeiten wie Stilicho, Rufinus, Gainas oder Alarich und der Rolle, die sie spielten, die beiden Reichshälften auseinanderzudriften beginnen. Die Gedichte eines Claudian mögen dies übertreiben, ein historischer Kern ist nicht zu ignorieren. Es sind diese Gegensätze, die 397 in Afrika den Aufstand des Gildo mit hervorrufen und die bewirken, daß man die Truppen in Britannien oder am Rhein abzieht: Die Gebiete müssen sich selbst überlassen werden, die Hauptstadt des Westens wird in dieser Zeit von Trier nach Arles verlegt. In Gallien treten, wohl ebenfalls als die Folge davon, neue Usurpatoren auf[103]. Für die Gebiete jenseits der unteren Donau sind wir davon ausgegangen, daß bei allem Zusammenbruch der ostgermanischen Welt dort die hunnisch-alanische Koalition doch nur eine vorübergehende war, man eine Herrschaft auf Dauer und deren Festigung aber nicht anstrebte. So zerfiel diese, der erwähnte Herrscher Balamber verschwindet schnell wieder. Einzelne Gruppen von neu Angekommenen lebten mit germanischen zusammen, und auch die Konsolidierung der Goten mit der Herausbildung einer gotischen Herrscherdynastie wurde nicht behindert. Nun aber, etwa um die Jahrhundertwende, scheinen sich die Dinge zu ändern. So hatte ein Aufstand gotischer Truppenverbände in Kleinasien, vielleicht als Folge ungerechter Behandlung nach ihrer Bewährung an der östlichen Front, 399 Byzanz in Schwierigkeiten gebracht, da sich Gainas, Magister militum und selbst ein Gote, diesem anschloß und Forderungen durchsetzte, die die Tötung des Eutropius und die Einsetzung gotenfreundlicher Personen an den höchsten Stellen erzwangen. Durch einen Aufstand gegen ihn aus Constantinopel vertrieben, zog Gainas sich in die Gebiete nördlich der Donau zurück. Er wurde aber bald durch einen hunnischen Herrscher getötet. Der Kopf des Gainas, durch Uldin nach Byzanz geschickt, bewirkte nun erstmals ein hunnisch-römisches Vertragsverhältnis[104]. Wir kennen zwar dessen Bedingungen nicht: Wichtig aber ist, daß von nun an offensichtlich eine Persönlichkeit vorhanden scheint, die in das Durcheinander hunnischer Gruppen und Einzelstämme etwas wie eine Ordnung bringt und diese einer Führung unterwirft, die Dauer verspricht, damit aber zugleich auch unter seiner Autorität alle Kräfte zusammenfaßt und, als ein Herrscher welcher Art auch immer, die Rolle eines potentiellen Kontrahenten und Vertragspartners zum Imperium zu übernehmen vermag. Dies hat Uldin konsequent und schnell getan. Seine Stärke freilich ist nur schwer abzuschätzen, und dies gilt letztlich auch für die Ausdehnung seiner Macht über andere Hunnen und die mit ihnen verbundenen Stämme. Nachrichten über ein Ausgreifen etwa nach Osten oder neuen Zustrom hunnischer und verwandter Elemente von dort her fehlen. Möglich aber wäre, daß unter Uldin in den ersten Jahren des Jahrhunderts ein hunnisches Vorrücken bis an die mittlere Donau und an die pannonische Grenze begann. Andererseits – es könnte bereits die Konzentration bedrohlicher Kräfte in nächster Nähe sein, die einem Alarich schon 401 nahe legte[105], mit seinen Goten das östliche Illyricum zu verlassen, dabei selbst die Stellung eines oströmischen Magister Militum aufzugeben und für sein Volk Plätze zu suchen, die mehr Sicherheit boten. Die antigermanische Stimmung in Byzanz, die dort mit der Gainasaffäre begann und eine Zeitlang die Politik bestimmte, kam hinzu. Nach einem Einfall in Italien wird Alarich von Stilicho 402 bei Pollentia und dann nochmals bei Verona geschlagen. Dann aber wird er in einem Vertrag zum Magister Militum für das weströmische Illyricum ernannt und bleibt demgemäß im weiteren Vorfeld Ravennas stehen. Den Affront gegen Byzanz um der eigenen Sicherung willen hat Stilicho in Kauf genommen. Später bezeichnenderweise sucht Alarich nach Afrika überzusetzen, für seine Nachfolger bedeuten Südwestgallien und Spanien nicht zuletzt eine Zuflucht, auch jetzt denkbar weit von der hunnischen Bedrohung entfernt. Bereits 395 aber waren Markomannen aus Böhmen nach Pannonien gezogen, was sich ebenfalls am ehesten als ein Ausweichen verstehen läßt, 401 begibt sich ein Teil der Vandalen aus dem Gebiet um die nordwestlichen Karpathen ebenfalls auf römisches Territorium[106]. Um 405 aber bricht ein Riesenhaufe von Germanen aller Stämme aus den Gegenden um das nördliche Donauknie unter einem Häuptling Radagais nach Italien auf und kann nicht ohne Schwierigkeiten bei Fiesole eingeschlossen und vernichtet[107] werden. Plünderei, die berichtet werden, waren sicher nicht die Absicht, sondern gehörten zum Überleben. Handelt es sich bei all dem stets um Völkerzüge, nicht nur militärische Unternehmungen, so kann es auch jetzt bei diesem

Exodus sich nur um ein Suchen nach Schutz und Zuflucht gehandelt haben. Man mag auch jetzt Naturkatastrophen oder Ernährungsschwierigkeiten als einen Anlaß vermuten: Solche indes hatte man öfter bereits überwunden. So bleibt zur Erklärung in erster Linie wieder die Furcht vor einer Bedrohung, und auch diesmal kann es sich nur um die hunnische Konsolidation als deren Ursache gehandelt haben. Auf ihre ethnische Zusammensetzung sind diese Wanderzüge hin nicht zu analysieren, einige ihrer Bestandteile hatten sich vielleicht bereits unter hunnischer Vorherrschaft befunden, der sie sich nun entzogen. Und es könnte andererseits wiederum das Vakuum in den Heimatgebieten dieser Zuwanderer sein, das ein weiteres hunnisches Vorrücken nach Westen erst anregte. Man mochte sich an das Aussehen der Hunnen gewöhnt haben, das die Quellen mit Abscheu registrieren: Was Furcht erregte, waren eher wohl Kampfesweise, Unterwerfungspraktiken und ein Terror des Vorgehens dabei, dem sich alles in allem wohl auch selbst von seiten der hunnischen Führung nicht immer steuern ließ. Hatte man sich mit diesen Hunnen bisher vertragen, so lange sie vereinzelt oder in kleinen Gruppen auftraten, und vielleicht sogar Seite an Seite mit ihnen gekämpft, was die Panik auslöste, war nach gemachten Erfahrungen jetzt die Unterwerfung großen Stils, die sich als neues Ziel abzeichnete. All dies freilich galt für Außenstehende: Andere, bereits unterworfene Stämme wie die Ostgoten oder die Skiren waren davon vielleicht weniger berührt.

Für Rom wiederum erbrachten die Siege Stilichos ein letztes Mal den Zustrom billigen Menschen- und vor allem Sklavenmaterials[108]. Eine Stabilisierung an der Grenze freilich war unmöglich geworden. So setzt sich um Weihnachten 406 erneut eine Masse von Vandalen aus Schlesien und der Slowakei, dazu aus anderen Stämmen, unter ihnen selbst Alanen[109], nach dem Westen in Bewegung. Auch diesmal, soweit ersichtlich, ohne Plan und Ziel ergießt sie sich donauaufwärts bis nach Gallien hinein. Unterwegs reißt man Teile der Burgunder mit sich, die um die Mainmündung siedeln, danach löst sie sich auf. Teile geraten mit den Franken im nördlichen Gallien aneinander, andere, Vandalen, Alanen und Sueben, gelangen nach einer Irrfahrt unter Kämpfen mit den Einheimischen bis an die Pyrenäen und finden, begünstigt durch die gallischen Usurpationen um diese Zeit, vorerst eine Zuflucht in Spanien. Die Liste der dabei zerstörten Städte, die Hieronymus gibt, mag übertrieben sein, und die Nachricht, es sei Stilicho[110] gewesen, dessen Intrigen die ganze Bewegung ausgelöst hätten, eine Verleumdung. Aber es hat den Anschein, die Furcht vor der hunnischen Macht im Hintergrunde habe sich mit den Jahren noch potenziert. Am Ende gewinnen die Vandalen 429 das bereits von Alarich angestrebte Afrika als neue Heimstatt: Daß man dennoch mit den in der Heimat zurückgebliebenen, nun den Hunnen unterworfenen Stammesgenossen Verbindung hielt, mag auffallen. Der erwähnten Panik widerspricht dies nicht. Als letzter der Germanen zieht dann Athaulf[111], ein Verwandter Alarichs, 409 mit einer großen Schar Germanen, darunter kaum nur Westgoten, aus Pannonien nach Italien und verstärkt das Volk Alarichs, dem er 411 in der Herrschaft folgt. Erwähnt wird, unter seinen Anhängern hätten sich selbst Hunnen befunden, was eine immer noch unvollkommene Geschlossenheit des hunnischen Reiches, vielleicht schon wieder einen Zerfall von Uldins Herrschaft andeuten könnte.

Die Reaktion auf diese Zerstörung römischer Autorität und Stabilität an der Nordgrenze, dann in Gallien und in Spanien war keineswegs energisch, und auch die in Gallien auftretenden Usurpatoren konnten erst nach einigen Jahren effektiv bekämpft werden. Und erst nach der erwähnten Gotenansiedlung 418 ließen sich, wenngleich nicht ohne militärische Aktion, für eine Zeitlang wieder beruhigte Verhältnisse schaffen, um die römische Herrschaft zu sichern. Im übrigen hatte man 405 gegen Radagais Uldin selbst als Bundesgenossen gewinnen können, der sich in eigener Person an den Kämpfen beteiligte. Später, 408, scheint eine hunnische Armee den Kaiser in Italien gegen die Westgoten unterstützt zu haben: Ihre Zahl, 10 000 Mann, mag übertrieben sein. Die Nachricht aber läßt vermuten, daß eine solche Streitmacht nur von einer Zentrale aus mobilisiert werden konnte. Verpflegt wurde sie, wie überliefert, aus römischen Magazinen. Daß die zentrale Stelle überdies denn auch die römischen Gelder für diese Hilfe kassierte, war sicher. So wird auch zutreffen, daß um diese Zeit ein Aetius, der spätere Patricius Westroms und erst Freund, dann Gegner Attilas, für einige Jahre an den hunnischen Hof als Geisel geschickt worden war[112], wo er mit dem etwa gleichaltrigen Attila persönliche Kontakte knüpfen konnte. Die erkannte Gefahr aber mochte es andererseits auch sein, die es erklärt, wenn Rom die Provinzen an der hunnischen Grenze, Noricum, Pannonia I, durch die Zusammenfassung von eigenen Streitkräften unter dem Kommando des nicht weiter bekannten Magister Militum Generid sichert und diesem, zumindest für eine Zeitlang, die Vollmacht zu selbständigen Aktionen erteilt. Zwar hatte Uldin sich 401 und dann 405 als ein Bundesgenosse für beide Imperiumshälften erwiesen. Man war sich wohl darüber im klaren, daß dies nicht so zu bleiben brauchte. So beginnt in Byzanz als Folge der Gainasaffäre der Aufbau einer Armee, die sich im wesentlichen bis in die höchsten Spitzen vorerst aus Imperiumsbewohnern zusammensetzte und nur noch wenige Barbaren verwendete. Barbarische Heerführer spielen ebenfalls erst nach geraumer Zeit wieder eine Rolle. Mit einer analogen Aushebungskampagne muß um 400 im Westen ebenfalls begonnen worden sein[113], 409 kommt es in beiden Imperiumshälften erneut zu Rekrutierung in großem Umfang, was sich nach dem byzantinischen Modell für den Versuch einer systematischen Ablösung der nie ganz zuverlässigen Verbündeten durch Reichsbewohner erklärt: Der Westen hatte eigene Erfahrungen dabei einzubringen, die einen solchen Schritt rechtfertigten, Aushebungs- und Rüstungsmaßnahmen auch bereits 406, wohl in Zusammenhang mit den vorausgehenden Ereignissen, beziehen sogar eine Mobilisierung von Sklaven mit ein, und eine Reihe von Anordnungen seit 400 behandelt neben anderen einschlägigen Bestimmungen auch die Frage von Deserteuren und Marodeuren. Gelegentlich wird die Neuaktivierung von Veteranen und die Heranziehung von Veteranensöhnen angeschnitten[114]. All dies mag im Osten von Erfolg gewesen sein: Fraglich bleibt, ob der Westen in einer besonders schwierigen Lage, Italien von den Barbaren so gut wie besetzt, Gallien abgefallen, Spanien ohne wirklich noch funktionierende Verbindung mit Ravenna, derartige Verbesserungen noch durchzuführen in der Lage war, von den Mitteln dazu zu schweigen. Wie sehr solche Rüstungen berechtigt waren, zeigen in der Tat dann die Ereignisse 409[115]. Zwar müssen sich um diese Zeit hunnische Verbände zur Unterstützung Westroms noch in Italien befunden haben. Um die gleiche Zeit aber wird von einem Einfall des Uldin nach Thrakien berichtet, zusammen mit skirischen Verbündeten, während überdies sich dort auch noch Plünderer anderer Art herumtrieben, die sich als Hunnen ausgaben, was denn ein bezeichnendes Licht auch auf die Wirkung der hunnischen Anwesenheit in der Nähe des Imperiums wirft. Auf eine Plünderung des Landes freilich folgt schnell ein Sieg der oströmischen Armee, der nur dadurch zustande kam, daß es gelang, Uldins Unterführer zu bestechen, so daß das Heer auseinanderlief und ein Teil in Gefangenschaft geriet[116]. Gesten Uldins und Aussagen, die aus dieser Zeit überliefert sind, lassen nunmehr bereits auf eine Ziellosigkeit seiner Herrschaftsansprüche und auf eine Verstiegenheit schließen, die der Überlieferung nach pathologische Züge hat. Als das Ergebnis bisheriger Erfolge mochte sie selbst die Untertanen abstoßen, und es ist bezeichnend, daß Uldin von da an von der Bildfläche verschwindet. Byzanz freilich, soweit ersichtlich keineswegs unvorbereitet, zieht aus dieser Lage jenseits seiner Grenzen die Konsequenzen. So hatte man bereits 408 sich um die Befestigung Thrakiens bemüht[117], 411, nach Uldins Invasion, wird die Sicherungsflotte auf der Donau neu organisiert und verstärkt. 413 aber beginnt man mit dem Bau einer Landmauer für Constantinopel ein Befestigungswerk von riesigen Dimensionen[118], all dies ein Zeichen dafür, daß man trotz des Sieges von 409 die Bedrohung noch keineswegs für beendet hielt, eher im Gegenteil. Bei all dem wäre es möglich, daß Uldin über Spannungen zwischen Ost- und Westrom informiert war, nachdem der Versuch Stilichos, beim Tode des Arkadius 408 im Osten einzugreifen und eine Vormundschaft über den kaum sechsjährigen Theodosius II. zu erzwingen, an Honorius gescheitert war und zu Stilichos Untergang geführt hatte. Trotz einer geringfügigen Hilfe aus Byzanz gegen die Westgoten waren Kontroversen geblieben. Hunnische Verbände befanden sich 409 wohl noch in Italien, wie lange, ist unbekannt: Daß Uldin indes mit seiner Invasion 409 eine Hilfsaktion für Westrom beabsichtigte[119], ist aber kaum zu glauben. Näher liegt, es müsse immer noch die erwähnte Verlagerung nach Westen gewesen sein, die anhielt und nach wie vor einen Bedarf an Lebensmitteln, Zivilisationsgütern und Hilfe aller Art zur eigenen Subsistenz nicht nur für die Hunnen selbst, sondern auch für die sich nach Westen vorschiebenden Bundesgenossen hervorrief, und die Fortdauer einer hunnischen Herrschaft, zumindest einer Vormundschaft über sie davon abhing, wie der Herrscher dieser Not abzuhelfen vermochte. Eine zeitweilige Ventilation überschüssiger Kräfte durch den Kriegsdienst in Italien reichte dazu nicht aus. So blieben als einziger Weg in der Tat nur Gewaltaktionen und Raubkriege, daß Uldin danach verschwindet, mag mit seinem Scheitern gerade in diesen Dingen zu tun haben. Ist aber von da an der Westen allein auf sich gestellt und nicht mehr in der Lage, mit Alarich und den Westgoten fertigzuwerden oder die Besetzung Roms 410 zu verhindern, das Vakuum in der hunnischen Führung, das mit dem Verschwinden Uldins entstand, kann nicht lange gedauert haben, so wie sich die Dinge dort entwickelt hatten. Zwar scheint Ostrom sich in den folgenden Jahren an vielen Stellen in die hunnischen Verhältnisse eingemischt und, seinerseits nun gleichsam offensiv, mit einzelnen regionalen Herrschern Kontakt aufgenommen zu haben, die schwer zu lokalisieren sind. Gelegentlich scheint es als Folge davon sogar zu politischen Umwälzungen gekommen zu sein. Ein wirksamer, dauerhafter Einfluß freilich kam nicht zustande, und auch der Rang der erwähnten Häuptlinge, ihre Stärke und das Ansehen, das sie genossen, sind im einzelnen schwer zu bestimmen. Auf jeden Fall war von ihnen keiner in der Lage, bezüglich der Gesamtheit der Hunnen viel zu bewirken. Titel wie τῶν ῥηγῶν πρῶτος besagen wenig, und auch der latinisierte Name eines aus diesem Kreise, Donatus, läßt sich am ehesten als eine Version Olympiodors verstehen, eines oströmischen Diplomaten von einigem Einblick, dessen Geschichtswerk, in wenigen Fragmenten erhalten, die einzige ins Detail gehende Beschreibung dieser Sachlage bietet. Byzanz mochte alle Mühe darauf verwenden, mäßigend zu wirken und so eine neue Bedrohung wie die 409 durch Uldin zu verhindern. Mit diplomatischen Mitteln allein indes war es dabei nicht getan, der Mangel an eben einer Stelle, die alle Interessen unter diesen Hunnen zu koordinieren vermochte, und ein Nebeneinander von vielen kleinen Stämmen machten alle Bemühungen zwecklos. Geleistete Unterstützung wäre zwar dennoch möglich, ist aber nicht überliefert. Ließ sich denn auch eine weitere Expansion dieser Hunnen, einmal begonnen, kaum aufhalten, so war eine Macht zur allgemeinen Stabilisierung und deren Inhaber nunmehr unvermeidlich geworden, sollte es nicht zum Zerfall und damit einer neuen Katastrophe kommen. Traditionelle Vorstellungen aus der mittelasischen Nomadenzeit mögen bei all dem noch eine Rolle gespielt haben: Den Ausschlag gaben sie sicher nicht.

Rua und die Konsequenzen

So ist die Barbarenpolitik der beiden Seiten an der hunnischen Grenze im ersten Jahrzehnt des 5. Jahrhunderts von Leitlinien bestimmt, die sich zwangsläufig unterscheiden. Denn während der Osten nach dem Verschwinden Uldins neben Maßnahmen zur eigenen Sicherung offensiv in die inneren Verhältnisse des hunnischen Stammesgefüges einzugreifen sucht und sich um Ersatzlösungen bemüht, ist nach dem Untergange Stilichos der Westen angesichts der germanischen Invasionen auf eigenem Territorium und der Usurpationen in Gallien, verbunden mit ausgreifender Landnahme durch germanische Völkerschaften, zu einem eigenen Vorgehen nach wie vor gar nicht in der Lage. Er bleibt von fremder Hilfe abhängiger als es der Osten bisher je gewesen war. So muß man von beiden Seiten erkannt haben, wie notwendig es war, das Vakuum zu füllen, das das Ausscheiden Uldins bedeutete, und dies allein schon, um unkontrollierbaren Eventualitäten vorzubeugen. Man mochte es im Westen begrüßen, daß es schließlich Constantius III., vorerst

Patricius, seit 417 Gatte der Galla Placidia und Schwager des Honorius, 421 für weniger als ein Jahr selbst Mitkaiser, gelang, Gallien wieder an das Imperium anzuschließen und die weltlichen wie die geistlichen Kräfte dort zu koordinieren. Letztere hatten im Verlaufe der turbulenten Ereignisse zu Anfang des Jahrhunderts besonders gelitten, es gab personelle Probleme: Ihre Rolle aber war gerade jetzt angesichts einer katastrophalen allgemeinen Lage von besonderer Wichtigkeit. Dabei mochten sich die unter der Regie des Constantius in Aquitanien angesiedelten Westgoten ruhig verhalten, bis sie nach dem Tode des Kaisers unter ihrem König Theoderich I. mit ihrer Expansion begannen. In Spanien gelang es weder Constantius noch den Nachfolgern im Amte, die Kontrolle durch das Imperium ganz wieder zu erneuern. Die eigenen Kräfte waren zu schwach, und auch nach dem Abzug der Vandalen nach Afrika 429 änderte sich daran nichts. Ähnliches gilt für das nördliche Gallien, wo die konsequente Landnahme der Franken dem Imperium mehr und mehr an Land entzog, während am oberen Rhein sich die Burgunden auszubreiten begannen. England war für Rom schon einige Jahrzehnte verloren. Zwar kam es an der mittleren Donau kaum zu neuen Bewegungen. Doch wäre möglich, daß um diese Zeit Hunnen zum ersten Male den Fluß überschritten und sich, dies keineswegs in feindseliger Absicht und auch ohne bestimmten Plan, in Pannonien ausbreiteten. Wie lange das Sicherungssystem des Generid aufrecht erhalten wurde, wissen wir nicht: Gegen Einsickerungsbewegungen kleiner Gruppen bot ein solches an sich zweifellos wenig Schutz, an eine lückenlose Absperrung ist sowieso nicht zu denken. Es liegt nahe, daß man es nach einiger Zeit aufhob, schon um die benötigten Kräfte anderweitig zu verwenden. Man mochte sich dabei auf die Alpen als eine Barriere beschränken, die ausreichte. So lassen sich Zeugnisse hunnischer Anwesenheit in einzelnen römischen Militärlagern an der Donau um diese Zeit wie auch später von hier aus verstehen, sie erwecken den archäologischen Zeugnissen nach aber nicht den Eindruck einer gewaltsamen Eroberung, und soweit ersichtlich, ging auf dem Lande das Leben weiter wie zuvor. Unklar ist bei all dem, ob in der Tat alle römischen Grenzgarnisonen bereits aufgelassen worden waren. Byzanz freilich, mehr gefährdet, setzt die erwähnten Maßnahmen fort. So kommt es 419 zu dem Verbot[120], den nördlichen Nachbarn beim Bau von Schiffen Hilfe zu leisten: Man hatte dies getan, doch eine Intervention des Bischofs von der Chersones hatte eine Bestrafung der Betroffenen verhindert. Indes scheint das neuerliche Verbot auf eine Verschärfung der Bestimmungen abzuzielen. Um die gleiche Zeit auch wird ein

Ausfuhrverbot für Waren .. *ad barbaros* .. erlassen, die einer militärischen Rüstung dienen können. Die Flotte, die die Kontrolle auszuüben hat, erhält bereits 412 eine großangelegte neue Basis. Erklärt werden können solche Maßnahmen in der Tat denn am ehesten mit einem neuen Kräfteaufschwung unter den Barbaren um diese Zeit, der mit neuem Bedarf an Material, mit Austausch und der Ausnutzung der Verbindungswege in das Imperium verbunden war, der aber zugleich wieder auch die Gefahr einer Wiederholung dessen heraufbeschwor, was man 409 versucht, aber nicht erreicht hatte. Man mochte in Byzanz eine neue politische Stabilisierung im Norden begrüßen: Als wirklich gefestigt freilich ließ sich die Lage der unteren Donau wohl keineswegs betrachten. Zwar mochte jede von beiden Seiten aus dem Scheitern des Uldin gelernt haben. Für ein friedliches Nebeneinander indes fehlten vorerst die Voraussetzungen. Eine neue Strategie zeichnet sich bald ab. Hatte 409 Byzanz schnell ein Mittel gefunden, die Bedrohung zu paralysieren, jetzt geht man von hunnischer Seite anders vor. Ein Konflikt zwischen Byzanz und Persien führt 422 zum Krieg[121]. Anlaß ist neben der leidlichen Armenienfrage zugleich eine Christenverfolgung durch den Großkönig Jezdegerd II., die Reaktion auf die Großzügigkeit und Toleranz des gleichnamigen Vorgängers, und zugleich von der iranischen Priesterschaft geschürt. Die Haltung des Theodosius zusammen mit seiner Schwester und Mitregentin Pulcheria erklärt sich demnach nicht allein aus der Religiosität beider, sondern hat politische Gründe. Der Krieg indes dauert nicht lange und endet trotz eindeutiger römischer Überlegenheit mit dem Status quo. Wichtiger aber ist, daß während der Abwesenheit der römischen Armee im Osten eine neue hunnische Invasion Thrakien und die anderen Grenzgebiete heimsuchte[122], das Land brandschatzte und ausplünderte. Einzelheiten sind nicht bekannt, auch nicht die Dauer dieser Aktionen. Es scheint indes, daß die Armee schnell aus dem Osten zurückgeführt werden konnte und im Herbst wieder in Europa zur Verfügung stand. So weist ein Gesetz bereits vom 5. März dieses Jahres den Truppen für die Zeit nach ihrer Rückkehr als Unterkunft Teile der Befestigungen der Hauptstadt zu, die bisher offensichtlich anders genutzt worden waren, ein Zeichen dafür, daß man mit neuen Gefahren rechnete und eine Truppenkonzentration im Vorfeld plante, die dann für eine Gegenoffensive zur Verfügung stand. Es scheint indes bald danach zu einem Friedensschluß gekommen zu sein. Man gewährte den Hunnen unter anderem jetzt eine Subvention von jährlich 350 Pfund Gold (ca. 26000 Solidi)[123]. In der herkömmlichen Deutung nomadischer Völker war dies ein Tribut: In

Byzanz, wo derartiges zur üblichen Praxis im Umgang mit Barbaren gehörte, weil es der Stabilisierung und einer gewissen materiellen Sicherung vor allem der etablierten Herrschaft diente, sah man dies zweifellos anders. Im übrigen waren die Kosten, die damit entstanden, so gering, daß sie für die eigene Finanzwirtschaft nicht ins Gewicht fielen. Als wichtiger freilich mochte man ansehen, daß man in der Tat nunmehr wieder eine Kraft an der Spitze der Hunnen fördern konnte, die in der Lage war, das unkontrollierbare Durcheinander der Stämme neu zu ordnen und so etwas wie ein zwischenstaatliches Verhältnis zu garantieren. Angesichts der eigenen Flexibilität ließ sich hinnehmen, daß diese neue hunnische Führung andere, raffiniertere Methoden anwendete als man sie bisher gewohnt war: Daß die eigentlichen Hintergründe die gleichen blieben wie die zuvor, ließ sich unschwer erkennen. Handelte es sich dabei aber nach wie vor nicht um die bloße Freude an Plünderei, die zur Invasion trieb, sondern um die materielle Not und die Voraussetzungen weniger der politischen als der bloßen physischen Existenz, dann war in der Tat die Unterstützung, die man jetzt gewährte, die probateste Weise, Aggressivität abzubauen. Ein Herrscher, der in der Lage war, künftig auf friedlichem Wege die benötigten Mittel zur Subsistenz des Volkes zu beschaffen, durfte der Zustimmung der Untertanen sicher sein. Freilich, ein Allheilmittel konnte all dies dennoch nicht sein, und man war sich in Byzanz zweifellos im klaren darüber, daß das Hunnenproblem damit noch nicht gelöst war. So blieb abzuwarten. Einzelheiten sind unbekannt. Wir haben weder Nachrichten über die schnelle Machtübernahme durch einen Nachfolger Uldins noch etwa für eine dynastische Kontinuität. Die Jahre nach Uldins Verschwinden sind für uns merkwürdig dunkel, es ist nicht einmal klar, wer es war, der 422 den Krieg gegen Byzanz führte. Bekannt danach freilich ist der Name eines neuen Herrschers, Rua[124], der von nun an für mehr als ein Jahrzehnt erfolgreich an der Spitze zumindest der europäischen Hunnen stand, unterstützt offensichtlich von drei Brüdern, Octar, Mundzuc und Oebarsius, wobei als politisch agierend nur der erste bekannt ist. Läßt sich demnach vermuten, es müsse bereits die neue Ära sein, die 419 zu Sicherungsmaßnahmen und Handelsrestriktionen führte, so wäre zu folgern, um diese Zeit sei andererseits die Machtübernahme bereits vollzogen gewesen, so daß Byzanz sich nunmehr in einem neuen Zwiespalt befand und neben der erwünschten Konsolidation zugleich auf die Sicherung eigener Interessen bedacht sein mußte. Nahe liegt, daß die Herrschaft Ruas nicht nur über den eigenen Stamm, die βασίλειοι, gesichert war, sondern sich ihm die anderen im näheren und weiteren Umfeld angeschlossen hatten, und gleicherweise müßten sich schnell auch die anderen nichthunnischen Verbündeten in dieses neue Gefüge eingeordnet haben: Den Abzug des Ostgoten Beremud zu den Westgoten erkläre ich mir aus der anderweitigen Beanspruchung des Rua 422, als an eine Verfolgung nicht zu denken war[125]. Ob an den hunnischen Aktionen in Thrakien überdies auch Ostgoten oder wie 409 noch andere Stämme als Verbündete beteiligt waren, ist nicht bekannt. Und auch eine Ansiedlung von Goten in Thrakien, wie sie Theophanes berichtete, läßt sich kaum beweisen. Der Versuch einer hunnischen Vorfeldgewinnung auf solchem Wege wäre ohne Erfolg geblieben und auch später ist von Goten in diesem Gebiet nicht mehr die Rede. Näher liegt, es handelt sich um eine Verwechslung mit den Ereignissen von 382 oder aber von 455. Daß Rua mit Byzanz Frieden schloß, solange dies noch mit Gewinn geschehen konnte, ist bezeichnend. Es läßt eine Routine im Umgang mit der Großmacht erkennen, die auffällt, setzt aber zugleich vorausgegangene Absprachen, Verhandlungen und Verständnismöglichkeiten voraus, die darauf schließen lassen, daß die Beziehungen nie ganz abgerissen waren.

Die nächste Stufe im Prozeß läßt nicht auf sich warten. Alles Berichtete bezieht sich auf Ostrom, von den Beziehungen Ravennas zu den Hunnen unter Honorius wird wenig berichtet, zu kriegerischen Auseinandersetzungen an dieser Seite des Imperiums kam es offenkundig nicht. Hatte freilich der Friede 423 mit seinen Subventionen Rua einige Aussicht auf weitere innere Festigung seiner Herrschaft gebracht, eine Gelegenheit auch im Westen sich Vorteile zu verschaffen, ergab sich bald. Der Tod des Honorius 423 und die Usurpation des Johannes bedeuten dort das Ende der Dynastie, zumindest für einige Zeit. Die Schwester des Kaisers, Galla Placidia, die Witwe des Constantius, hatte sich bereits zuvor mit ihren Kindern nach Byzanz begeben und wurde nunmehr, 425, durch die Armee des Theodosius zurückgeführt, was ohne allzu großen Widerstand gelang. Valentinian, der Sohn der Galla, übernahm unter der Vormundschaft seiner Mutter die Herrschaft. Wir wissen zwar von einer offiziellen hunnischen Reaktion auf diese Ereignisse nichts. Was freilich auffällt, ist jetzt eine, wie überliefert, massive Unterstützung des Usurpators. Sie ist verbunden mit der Person des Aetius[126], der nunmehr bereits mit einem Rang am Hofe, zu den Hunnnen geschickt wird, um eine möglichst große Zahl von Hilfstruppen anzuheuern. Es bleibt zu fragen, wie weit es Aetius gelang, Beziehungen aus früherer Zeit zu nutzen. Die Zahl von 60 000 Mann, mit denen er eintraf, scheint unverhältnismäßig groß, auch unter der Voraussetzung, daß es sich dabei nicht nur um Hunnen gehandelt hat. Von einem besonders starken Verband als historischem Kern der Nachricht indes wird man ausgehen können. In jedem Falle aber, für Aushebung, Aufstellung und Absendung einer solchen Streitmacht kommt wieder nur ein Herrscher mit zentraler Funktion in Frage, und dies kann nur Rua gewesen sein, der nach dem Erfolg von 422 im Osten nun die Chance sah, auch im Westen Einfluß zu gewinnen, zumindest auch dort sich Hilfsquellen zu eröffnen: Vorteile, die sich aus den Beziehungen zu dem Usurpator ergeben, ließen sich eigens vielleicht noch gegenüber Byzanz ausnützen. Sie konnten überdies dem hunnischen Herrscher eine Rolle sichern, die von beiden Seiten respektiert wurde. Über die dynastischen Probleme innerhalb des Imperiums dürfte Rua genügend informiert gewesen sein.

Zu einer Realisierung des neuen Bündnisses kam es nicht mehr. Aetius traf erst kurz nach der Vernichtung des Johannes in Italien ein: Daß es ihm jedoch gelang, und dies offenkundig ohne große Einbußen für das Imperium, wenngleich vielleicht nicht ohne neue Kosten, das Hunnenkontingent wieder nach Hause zu schicken, wird sich allein aus den persönlichen Beziehungen zur hunnischen Führung erklären, ohne die dies kaum möglich gewesen wäre[127]. Er müßte sich aber damit zugleich wohl auch ein gewisses Wohlwollen der Kaiserin verschafft haben, auch wenn diese das Mißtrauen gegen ihn nie mehr ganz los wurde, wie sich dies nicht lange danach gefährlich offenbarte. Die weitere Rolle des Aetius ist denn vorerst von diesen Beziehungen zu den Hunnen mit bestimmt. Die Kämpfe, die er bald danach zur Beruhigung der gallischen Verhältnisse gegen Westgoten, Franken wie Juthungen zu führen hatte, sind bei der Schwäche Roms nicht ohne die Hilfe hunnischer Verbündeter zu denken, und gleiches gilt später dann nach der Rückkehr 433. Hunnische Truppen übrigens sind auch Ende der zwanziger Jahre an den Aktionen gegen den scheinbar abtrünnigen Bonifatius in Afrika beteiligt[128]. Daß auch dies im Sinne Ruas war, ist anzunehmen. Nicht nur, daß ihm nach dem Erreichen der Imperiumsgrenze in Pannonien bereits durch die Vorgänger nunmehr eine gewinnbringende, wenngleich vielleicht nur vorübergehende Ventilierung überschüssiger Kräfte gelang. Gerade der unblutige Ausgang der Ereignisse 425 war andererseits geeignet, den Prozeß der weiteren Konsolidierung im eigenen Reich zu fördern. Man wird annehmen können, daß die Gelder, die an Rua für seine Truppenstellung gezahlt wurden, reichlich waren. Ein Ausgreifen in andere Richtungen blieb ihm unbenommen, und es lag nahe, daß er diese Chance nutzte. Einiges fällt auf. Wir haben reich ausgestattete Gräber in Polen wie in Schlesien[129], die der Art der Funde nach auf eine Anwesenheit hunnischer Magnaten oder Häuptlinge schließen lassen. Ohne entsprechenden Anhang indes werden sie nicht in diese Gebiete, vom eigenen Zentrum ziemlich weit entfernt, gekommen sein. Die Absicht nun, die sich mit einer solchen Niederlassung verband, ist schwer zu erkennen. Am ehesten aber ließe diese sich damit erklären, daß man ein solches Ausgreifen in das weitere eigene Umfeld offiziell unternahm und in großem Stil betrieb. Eine genaue zeitliche Fixierung dieser Funde zwar ist nicht möglich. Daß ein Attila diese Bemühungen später noch intensivierte, widerspricht der Vermutung nicht, daß bereits ein Rua damit begann, der alles in allem dazu noch mehr Zeit hatte als dieser.

Anderes hingegen verwirrt. So berichten Jordanes wie Marcellinus Comes von einer Räumung Pannoniens durch die Hunnen 427[130], und dies nach einem 50jährigen Aufenthalt, Jordanes spricht gar von einer Vertreibung durch die Goten. Die Stelle ist auch insofern rätselhaft, als eine genauere Spezifizierung nicht gegeben wird. Indes, geht es in dem *..Pannoniam..* um mindestens vier Provinzen, die die Diözese umfaßt, so müßten sich die Hunnen dort überall aufgehalten haben. Die 50 Jahre wiederum verweisen auf den Beginn der Völkerwanderung oder besser auf 380, als Alatheus und Safrac zusammen mit Hunnen und Goten von Gratian dort angesiedelt wurden. Diese Hunnen werden zwar in den Kriegen der folgenden Jahre mit aufgeboten und dezimiert worden sein: Daß sie dennoch nicht ganz verschwanden, zeigt die Nachricht, auch bei den später abgewanderten Germanen hätten sich noch Hunnen befunden. Ebensowenig ist denn in Pannonien auch eine hunnische Oberherrschaft bekannt, die demnach 427 zu Ende gegangen sein müßte. Und noch fragwürdiger sind die Goten, denen eine Vertreibung zugeschrieben wird. Nicht zu entscheiden ist auch, ob es sich bei dieser Räumung um eine politische oder diplomatische Aktion handelt, das *..receptae..* des Marcellinus ist eine mehr als vage Umschreibung. Am wenigsten aber wird man an eine gewaltsame Aktion von seiten Roms denken dürfen, Byzanz kam dafür ohnehin nicht in Frage. Gehören indes aber beide Nachrichten dennoch zusammen, so wäre möglich, daß Jordanes sich in seiner Vorliebe für die Goten auf ein anderes Ereignis bezieht, für das dann nur die Zeit nach 455 in Frage kam, als in der Tat die letzten Hunnen vertrieben wurden und nach Osten abwanderten. Als ein historischer Kern bliebe dann, daß ab 427 die bereits vorhandenen Hunnen das pannonische Gebiet wieder geräumt hatten und Rom in der Lage war, über das

Land die Kontrolle auszuüben. In welcher Weise dies geschah oder aber, ob man wieder die in der Notitia Dignitatum fehlende zivile Verwaltung einrichtete, ist unbekannt. Daß Rua bei all dem stille hielt, ließe sich am ehesten daraus erklären, daß er nach wie vor an einer weiteren territorialen Ausweitung vorerst nicht interessiert war und es vorzog, die jetzt verfügbaren Mittel für den notwendigen Ausbau in anderen Gebieten, auch denen östlich von Pannonien, zu verwenden: Eine neue Expansion hätte zweifellos wenig erbracht. Die Wahrung des friedlichen Verhältnisses zum Westreich, das man 425 ausgehandelt hatte, kam hinzu[131]. Ob ein Rest von pannonischen Hunnen, wie angedeutet, über die Donau zu seinen Stammesgenossen zurückging, ist nicht bekannt, es wäre denkbar, daß man einen Brückenkopf behielt. Die erwähnte Expansion in andere Richtungen bot überdies Verwendungsmöglichkeiten genug für diesen Kreis, dessen Lebensformen zweifellos noch genug an Flexibilität garantierten. Anderes an Ereignissen aus der Zeit unmittelbar danach nimmt sich wie eine natürliche Alternative dazu aus. Wir wissen von einer regionalen Aufteilung des hunnischen Gebietes nichts, das sich jetzt von der Ukraine bis an die pannonische Grenze erstreckte, und gleiches gilt für das Verhältnis des Rua zu seinen Brüdern oder deren Rolle als Mitherrscher. Um 430 nun aber unternahm Octar, einer von diesen, einen Zug gegen die östlich des Rheines gebliebenen Burgunder und kam auf diesem um[132]. Der Bericht hierüber, allein in der Kirchengeschichte des Socrates überliefert, ist eine Bekehrungserzählung erbaulichen Charakters, wonach diese Burgunder, vor den anrückenden Hunnen in Panik geraten, sich zum Christentum bekehren, um danach in geringer Zahl eine überlegene Übermacht zu schlagen. Der Häuptling selbst wiederum sei an Gluttonie buchstäblich zerplatzt[133]. Die Erzählung wirkt im Zusammenhang des Werkes merkwürdig: Historischer Kern aber könnte die Selbständigkeit des Octar sein, die ihm Züge in fern gelegene Gebiete erlaubte: Von der üblichen Zweiteilung der Herrschaft zwar verlautet nichts, eine solche aber wäre dennoch denkbar. Im übrigen könnte derartiges gut auch den Absichten des Rua entsprochen haben, es ließe sich sogar an eine Gemeinsamkeit der Strategie denken, der gemäß die Aktion Octars den Zweck hatte, dem in Gallien operierenden Aetius zu Hilfe zu kommen, waren doch die linksrheinischen Burgunder dabei, sich in das Gebiet der Belgica auszudehnen und damit zweifellos für das Imperium zu einem Störfaktor geworden.

Es könnte sein, daß Rua den Verzicht auf das landwirtschaftlich nutzbare pannonische Vorfeld dennoch bald wieder als einen Nachteil empfand. Die Möglichkeiten einer Korrektur freilich ergaben sich bald. Offenkundig war die Regierung Galla Placidias für den vorerst noch unmündigen Valentinian III. von Emotionen begleitet, die sich politisch zum Nachteil des Imperiums auswirkten. Trotz aller Erfolge in Gallien ließen sich die Gegensätze zu Aetius und vielleicht auch das Mißtrauen gegen ihn nicht beheben: Wie weit es eine Intrige von seiner Seite gewesen war, die bald nach der Rückkehr der Dynastie den von der Kaiserin favorisierten Bonifatius davon abhielt, aus Afrika an den Hof zu kommen, wird sich nicht mehr klären lassen, die Folge war bekanntlich die Einladung an Geiserich durch Bonifatius, mit den Vandalen aus Spanien nach Afrika überzusetzen[134]. Diese Einladung wurde zwar danach widerrufen, doch kam dieser Widerruf zu spät. Das Ergebnis war die vandalische Landung 429, ein mehrjähriger Krieg und schließlich 435 der Verlust großer Teile Afrikas an die Germanen. Schließlich doch zurückgeholt, verstrickten die Rivalitäten Bonifatius in bürgerkriegsähnliche Zustände. Er siegte zwar in einer Schlacht bei Rimini über Aetius, starb aber an den Folgen einer Verwundung: Sein Erbe und Schwiegersohn Sebastianus konnte die Position nicht halten und endete einige Zeit später als Abenteurer. Aetius aber, der auch nach dem Tode seines Gegners um sein Leben fürchtete, floh von Italien über Dalmatien zu den Hunnen, durch deren Intervention es ihm gelang, Amnestie zu erhalten und in seine alte Position wieder eingesetzt zu werden. Mochte die Kaiserin einsehen, daß man auf Aetius nicht verzichten konnte, die Verhandlungen zwischen ihr, Aetius und Rua müssen sich einige Zeit hingezogen haben[135]. Das Ergebnis war die Rückkehr des Aetius, für die es angesichts neuer Verwicklungen in Gallien und besonders erneuter westgotischer Expansion höchste Zeit wurde, auf der anderen Seite aber die Abtretung nunmehr wieder Pannoniens an die Hunnen. Die Formulierung des Aktes freilich ist in den Quellen mehrdeutig, die unangefochtene Berechtigung der Barbaren zur Nutzung Pannoniens als Interessengebiet bedeutet sie indes auf jeden Fall. Geht es dabei nun um ein *foedus*, so braucht analog früherer Abmachungen analoger Art die Zession an die Bundesgenossen für Rom ein Rechtsproblem nicht bedeutet zu haben. Die einheimische Bevölkerung wird geblieben sein, von einer Evakuierung wie auch von einem freiwilligen Exodus ist nirgends die Rede. Unklar ist auch die Ausdehnung des abgetretenen Territoriums. Von den vier Provinzen war, einem Hinweis bei Priscus nach[136], Savia betroffen, Fundkomplexe von archäologischen Zeugnissen an der norischen Grenze in Niederösterreich lassen annehmen, auch Pannonia I habe dazu gehört, was auf jeden Fall für Valeria unmittelbar an der Donau zutraf. Unklar ist, wie weit dies auch für Pannonia II gilt: Hunnische Invasionen, die später dort Städte an der Donau heimsuchten, lassen vermuten, sie seien vorerst ausgespart gewesen, müßten dem Vertrag nach dann aber an Byzanz überstellt worden sein, das räumlich näher lag und wohl auch eher an ihnen interessiert war. Anzunehmen ist auch, daß die zurückbleibenden Bewohner für den Unterhalt der Hunnen und der hunnischen Garnisonen zu sorgen hatten, deren Umfang wir nicht kennen. Der Stamm der Sadagen, den später die Ostgoten bekämpften, wurde wohl nicht früher in der Gegend um den Plattensee mit Wohnsitzen versehen. Die Zahl hunnischer Grabfunde in Pannonien hält sich bisher in Grenzen: Hunnische Gefäße vor allem in den ehemals römischen Grenzbefestigungen von Aquincum lassen vermuten, man habe es fürs erste bei einer Besetzung der militärischen Anlagen belassen, alles weitere sei eine Frage der eigenen numerischen Stärke und des Bedarfs an neuem Land gewesen. Wichtiger bei all dem indes war, es boten sich neue Aussichten auf eine friedliche, gedeihliche Entwicklung. Eine solche aber brauchte Rua ebenso gut wie das weströmische Reich. Und es ist bezeichnend, daß im Gegensatz zu 422 und dann 440 die Abwesenheit oströmischer Streitkräfte in Afrika für einige Jahre, 432–435, diesmal nicht zu einer hunnischen Invasion geführt hat. Für Westrom wiederum mochte die Wiedergewinnung des Aetius den Verlust aufwiegen. Wie weit es diesem gelang, von nun an das Mißtrauen der Kaiserin abzubauen, ist nicht bekannt. Es scheint aber, daß in Rom die Auseinandersetzung um die Person des Patricius nicht zum wenigsten die Sache des Senats war, aus dessen Reihen wichtige Mitglieder der feindlichen Fraktion zugleich sich besonderer Beziehungen zu Byzanz erfreuten. Ein fortwährender Wechsel in den höchsten Ämtern zwischen diesen Gruppierungen wird zwar die Aktionsfreiheit des Heerführers nicht weiter eingeschränkt haben: Zu berücksichtigen aber hatte Aetius die jeweilige Konstellation auf jeden Fall. Es war für ihn und seine Rolle indes von Vorteil, daß er, und auch dies ist ein Vertragspunkt, sich wieder hunnischer Truppen bedienen durfte, die seine Aktionen in Gallien zumindest über mehrere Jahre hinweg unterstützten, und die der Rolle nach, die sie spielten, wohl die überwiegende Masse seines Heeres ausmachten. Ihr Status, Foederate oder Söldner, ist unklar, aber im Vergleich zu dem Nutzen, den sie für ihn bedeuteten, spielt dies kaum eine Rolle. Waren die Westgoten zwischen 428 und 430 schon einmal vor Arles zurückgeschlagen worden, 434, wohl als Folge der Schwäche Ravennas, belagerten sie Narbonne. 435 konnte sie der Unterfeldherr Litorius mit

Hilfe hunnischer Truppen wieder vertreiben, doch um die gleiche Zeit hatte Aetius mit den Burgundern fertigzuwerden[137], deren Expansion vom Rhein aus gefährliche Formen angenommen hatte und das Gleichgewicht im Norden zu zerstören drohte. Zwar kommt es zwischen ihm und dem König Gundekar zu einem Vertrag, der wohl die räumliche Begrenzung des burgundischen Gebietes zum Inhalt hatte. Ein hunnischer Überfall 436 jedoch vernichtet den größten Teil des Volkes, der König fällt. Es bleibt unklar, ob es sich um eine militärische Aktion handelte oder um einen unkontrollierten Überfall, ohne daß der Feldherr in der Lage war, einzuschreiten. Man hat selbst eine spontane Rache für die Hunnenvernichtung 430 vermutet. Den Rest des Volkes konnte Aetius 443 dann südlich des Genfer Sees ansiedeln, wo er sich schnell erholte. Die Burgunder, die östlich des Rheines geblieben waren, begegnen 451 dann als Verbündete Attilas[138].

Weitere Klauseln des Vertrages von 433 sind nicht bekannt. Es wäre möglich, daß man Sirmium ausnahm und an Ostrom überwies, denn einige Jahre später wird es von Attila gebrandschatzt und danach zerstört. Trifft zu, daß später, 437, bei der Eheschließung Valentinians mit der Tochter des Theodosius, ganz Illyricum an Byzanz überging[139], so bedeutet dies, angesichts der bereits erwähnten Vorstellungen von Zession römischen Territoriums an Bundesgenossen wenig. Die Ostgoten holen sich nach 454 ihre Erlaubnis zur Landnahme in Pannonien von Byzanz, die Versuche des weströmischen Kaisers Avitus, die Herrschaft über Illyricum 455 wiederzugewinnen, sind vorübergehender Natur. Der heilige Severin aber kommt in den sechziger Jahren nach Noricum aus dem Osten. War es somit Aetius gelungen, mit hunnischer Hilfe seine Stellung in Westrom wieder zu sichern, so ist anzunehmen, daß es der hunnische Hintergrund war, der ihm half, diese nicht nur gleichsam an der Front, in Gallien, auszubauen, sondern auch dazu, sich in Ravenna wie in Rom eine Überlegenheit zu verschaffen, für die es kein Äquivalent gab. Wie weit man dabei auch noch persönliche Verbindungen annehmen darf, ist ungewiß, aber es wird in diese Zeit fallen, wenn Carpilio[140], der Sohn des Aetius, für einige Zeit zu den Hunnen als Geisel geschickt wird, was ihm später eine andere Mission erleichtert. In den Augen zeitgenössischer Autoren, auch des Priscus, muß Aetius in der Hunnenpolitik neben dem kaiserlichen Hofe mit großer Selbständigkeit agiert haben[141]. Es ist er, der dem Hunnenkönig mehrmals die Sekretäre vermittelt, die dessen amtlichen Schriftverkehr leiten, für den überwiegend demnach die lateinische Sprache verwendet worden sein muß. Andererseits erhält er persönliche

Geschenke durch den König, darunter selbst den Hofzwerg des Bleda, mochte er dies auch als eine zweideutige Geste ansehen. Wie weit Aetius die Zession Illyricums 437 an Byzanz billigt, läßt sich nicht erkennen: Es liegt indes nahe, daß er in ihr einen Kompromiß sah, wie er ihn in Gallien mehrfach hatte schließen müssen[142]. Der Zustand, den er 439 mit hunnischer Hilfe dort erreicht hatte, mochte vorerst die Aussicht auf eine Zeit beruhigter Verhältnisse gewähren. Wenn er sich die folgenden Jahre, soweit ersichtlich, vorwiegend in Italien aufhielt, dann konnte dies der weiteren Sicherung seiner Stellung am Hof und im Senat dienlich sein, und noch die Ereignisse 451 lassen darauf schließen, daß es für ihn notwendig war, in der Nähe der zentralen Stellen zu bleiben. Bezüglich der Entwicklung seines persönlichen Verhältnisses zu den Hunnen und dem Herrscher in dieser Zeit bleiben nur Spekulationen.

Der Übergang

Der Vertrag von 433 ließ sich von hunnischer Seite als eine Bestätigung des bisherigen Verhaltens gegenüber den beiden Imperiumshälften ansehen und bedeutete zugleich die Anregung, in entsprechender Weise fortzufahren. Erstmals griff ein hunnischer Herrscher als Vertragspartner in die inneren Belange Roms ein und konnte durch seine Intervention dort eine Krise beenden. Es war zu erwarten, daß Aetius, diesem Herrscher verpflichtet, die Rolle eines Mittelsmannes in Westrom weiter spielen würde. Das Fehlen eines solchen Mittelsmannes in Ostrom aber bereitete keine Schwierigkeiten. Denn neben der anderen räumlichen Lage stand dort ein ganz anders ausgeprägter diplomatischer Dienst zur Verfügung, mit dessen Hilfe sich die Verbindung nicht weniger gut aufrechterhalten ließ. Bedeutete Pannonien einen Gewinn für Rua auch angesichts einer allgemeinen Versorgungslage, so war dieser umso willkommener, als für 432[143] eine allgemeine Hungersnot berichtet wird, die neben dem Imperium sicherlich auch die Gebiete in dessen Vorfeld in Mitleidenschaft zog, ja sich bei den schlechteren klimatischen wie agrarischen Verhältnissen dort verheerend auswirken konnte, was denn für die Hunnen wie die Völkerschaften in deren Nähe gleichermaßen gilt. Dazu kommen Seuchen, die eine Zeitlang angehalten haben werden und die bezeichnenderweise auch in Zusammenhang mit dem plötzlichen Tode Ruas erwähnt sind. So ist es, neben den neuen Expansionsmöglichkeiten, die die Gewinnung Pannoniens bot, zugleich vielleicht auch eine Dezimierung und damit ein Bedarf an neuen Untertanen, der es erklären könnte, wenn durch eine Gesandtschaft[144] nach Byzanz wohl im nächsten Jahre, 434, Rua die Auslieferung von Hunnen verlangen läßt, die noch in einer Verbindung mit dem oströmischen Reiche stehen. Der Leiter dieser Gesandtschaft, Esla, wohl einer der engen Vertrauten des Herrschers, tut dies mit allem Nachdruck und spart auch mit Drohungen nicht. Einiges bei diesen Forderungen freilich bleibt unklar. Entweder es geht darum, so wie auch später, Mitglieder vor allem aus dem Stamm des Herrschers selbst wieder auf hunnisches Territorium zu bringen, oder aber es handelt sich um Untertanen aus dem ganzen hunnischen Interessenbereich, die zur Ethnie in einem weiteren Sinne gehören. Gründe gäbe es für beides, wie spätere Ereignisse zeigen. Die Nennung von Namen einzelner Stämme freilich läßt eher auf die zweite Alternative schließen und damit auf die Absicht, durch eine Einordnung größerer Gruppen in das Gefüge der eigenen Botmäßigkeit an Verstärkung zu gewinnen, was immer möglich war. Die Namen der Stämme sind sonst nicht bekannt und werden später nicht mehr erwähnt. Unbekannt sind auch Aufenthaltsgebiet und Rechtslage, die im Augenblick der Forderung galt. So sagt das προσοικοῦσι τὸν Ἴστρον nichts aus über eine Ansiedlung nördlich oder südlich der Donau, während das ..ὸμαιχμίαν.. des Priscusfragments nicht erkennen läßt, ob es sich um ein bloßes Bündnis oder um ein Unterordnungsverhältnis anderer Art unter Ostrom handelt. Auf jeden Fall aber hat der Verzicht Ostroms auf die Fortführung eines solchen Verhältnisses, durch Kriegsdrohungen forciert, die Unterordnung unter die hunnische Herrschaft zum Ziel, und damit die Gewinnung neuer Untertanen, die sich leicht sehr wohl ebenfalls in einen Prozeß neuer räumlicher Expansion eingliedern ließen. Über Beziehungen zum Osten oder östliche Nachbarn und weiteren Zustrom verwandter Elemente von dort berichten für die Herrschaft Ruas die Quellen nichts, die Überlieferung, auch die für die spätere Zeit, läßt vermuten, daß in der Tat dort ein Vakuum entstanden war, das sich erst allmählich wieder füllte. Bei einer personellen Lücke indes, wie sie jetzt sichtbar wurde, wäre denkbar, daß man auch auf andere, nicht hunnische Stämme zurückgriff und sie in einer Intensivierung der Beziehungen ebenfalls an dem Prozeß der Expansion teilnehmen ließ. Von engerer Verbindung, Vermischung und zumindest einer Integration brauchte dabei vorerst nicht die Rede zu sein, waren die Gegensätze in der Lebensform zweifellos doch noch zu groß, um Entsprechendes analog den Praktiken in Mittelasien zu versuchen.

Mit einer Förderung dieser Stämme germanischer Herkunft mit ihren herrschenden Dynastien und deren Rolle im hunnischen Reichsgefüge hat dies nichts zu tun, und auch Zwischenheiraten innerhalb der obersten Schicht als Politicum sind kein Beweis. Als wichtiger muß vorerst in der Tat die Stärkung des hunnischen Anteils der Bevölkerung gegolten haben, und erwies sich das Nebeneinander als effektiv, das man aufrecht erhielt. Erst nach dem Tode Attilas brechen Gegensätze auf, aber diese sind anderen Ursprungs. Noch 439 aber ist bezeichnend, daß von da an die hunnischen Bundestruppen in Gallien nicht mehr erwähnt werden. Zu erklären ist dies nur damit, daß auch sie nach Hause beordert worden sind, um für andere Aufgaben verwendet zu werden. Die Ergebnisse der Gesandtschaft des Esla wie auch Angaben über die Reaktion in Ostrom sind im Bericht des Priscus nicht erhalten. Trifft indes die Nachricht zu, Rua sei bald danach auf einem Kriegszug gestorben, so ist anzunehmen, daß die erwähnten Stämme mit Gewalt unterworfen werden mußten, was wiederum auf eine Weigerung Ostroms schließen läßt, die bestehenden Bündnisse aufzuheben: Möglich wäre, daß man eine Entscheidung einfach hinauszuschieben suchte, was den Hunnen zwang, aktiv zu werden. Der Tod Ruas durch einen Blitzschlag auf diesem Feldzuge mag Legende sein, die sich in einer Analogie zum Tode Octars schnell herausbildete. Auch die Vermutung, Rua sei an einer Seuche gestorben, hat einiges für sich, beweisen läßt sie sich nicht. Dennoch müßten in der folgenden Zeit, d.h. zwischen 434 und 435, die Verhandlungen zwischen Ostrom und den Hunnen weitergegangen sein, wobei diesmal freilich andere Fragen im Mittelpunkt standen. Gegensätze am Hof in Byzanz werden berichtet. So ist schwer zu durchschauen, weshalb der römische Magister Militum Plinthas[145], ein Gote, sich den Hunnen als Unterhändler förmlich aufdrängt und dabei auch den Erfolg hat, daß der für diese Rolle vorgesehene Zivilbeamte Epigenes dann in der Tat an zweiter Stelle fungiert. Persönlicher Ehrgeiz, bessere Kenntnis der Verhältnisse oder aber ein Kompetenzbewußtsein anderer Art brauchen einander nicht auszuschließen. Bisherige militärische Verdienste des Plinthas sind nicht bekannt. Eine Zusammenkunft zwischen Oströmern und Hunnen kam schließlich doch zustande, der Bericht, den Priscus diesmal gibt, freilich hat einige Merkwürdigkeiten an sich. Unverkennbar aber ist, daß mit diesen Verhandlungen wohl 435 ein neuer Abschnitt in den hunnisch-oströmischen Beziehungen begann[146]. So lag der Verhandlungsort, Margus, an der Donau, und zwar im Grenzgebiet, nicht weit von Sirmium entfernt und in gleicher Entfernung etwa auch zu Byzanz wie der Residenz des hunnischen Herrschers, wie dies später Priscus beschrieb. Die Gesandten hielten es für angezeigt, nach hunnischer Sitte die Verhandlungen zu Pferde zu führen. Noch mehr aber sind es die ausgehandelten Bedingungen, die auffallen müssen. Vereinbart wurde eine Verdoppelung der Subventionen aus Byzanz, die sich nunmehr auf 700 Pfund Gold pro Jahr beliefen. Dazu kam ein Lösegeld für Gefangene von 8 Solidi, d.h. dem doppelten Jahreseinkommen eines Soldaten, dies zugleich unter der Bedingung, daß der Betrag im nachhinein auch für solche entrichtet werden mußte, die bereits geflohen waren. Neu aber ist, es wird nunmehr die Auslieferung sämtlicher Hunnen verlangt, die sich noch auf Imperiumsterritorium befinden und zwar nicht mehr nur ein besonderer Kreis, sondern alle, Gefangene, Flüchtlinge oder Personen, die in anderer Absicht gekommen waren. Von Hunnen im römischen Kriegsdienst ist zwar nicht die Rede, aber daß auch sie dazu gehören, liegt nahe. Unklar allerdings bleibt, ob sich die Forderung etwa auch auf die germanischen Bundesgenossen bezog. Die Gründe sind nicht zu übersehen: Es muß auch jetzt ein Personalbedarf sein, dem man in rigoroserer Weise als zuvor zu begegnen suchte. Ob Ruas Unternehmen erfolgreich gewesen war, ist nicht bekannt. Aber dazu kommt noch ein anderes. Die Römer, konzessionsbereit, liefern zwei Kinder aus, die offenkundig dem Stamm der herrschenden Dynastie angehören[147]. Diese nun werden, noch vor den Augen der Gesandten, sofort hingerichtet. Man mochte derartiges aus den Umständen des Wechsels kurz zuvor erklären, aus den in der Tat vorerst noch ungeklärten Verhältnissen an der Spitze oder aus Machtkämpfen, die sich nicht anders bereinigen ließen, und nicht erwähnt wird auch, wie die beiden Jugendlichen auf römisches Gebiet gekommen waren. Die Demonstration auf jeden Fall hätte drastischer nicht sein können, und so verwundert es denn nicht, daß man zugleich Byzanz jetzt auch die Aufnahme von Bündnissen mit barbarischen Stämmen verbot[148], die mit den Hunnen im Krieg lagen. Es mag die aus der griechischen Geschichte sattsam bekannte Formel sein, die Priscus bewußt hier anwendet: Das Programm eines zielbewußten weiteren Ausbaus der hunnischen Position angesichts einer Überlegenheit, die zumindest den eigenen Vorstellungen nach nicht zu bezweifeln war, ist nicht zu übersehen. Die rüde Verhandlungsweise, die man an den Tag legte, blieb nicht ohne Effekt.

Wie weit solche Formen des Umganges und auch die Ergebnisse, die sie zeitigten, noch im Sinne eines Rua waren, ist nicht mehr festzustellen. Denn sie fallen erst in die Zeit nach dessen Tod, als sich die Machtübernahme durch die Nachfolger bereits vollzogen hatte.

Daß diese andere Wege gingen und besonders am Anfang alles daran setzten, sich selbst durch ein entsprechendes Verhalten erst einmal zu beweisen, liegt in der Natur der Sache. Verhindern ließ sich die Verschärfung nicht, die weitere Entwicklung aber war abzuwarten. Treffen überdies unsere Nachrichten zu, so starb in der Tat Rua im Unmut gegen Byzanz. Seine Epoche war die Fortführung dessen gewesen, was unter Uldin begonnen hatte. Und mehr noch als unter diesem müssen seine Verhaltensweisen als die verstanden worden sein, die sich als zeitlose Kriterien der Auseinandersetzung zwischen Nomadenstaat und anderen mit seßhafter, hochentwickelter Zivilisation erklärten. Ihm gerecht wurde man auf diese Weise nur zum Teil. Zweifellos hatte sich unter Rua die monarchische Spitze eines Bundesgefüges aus Foederaten verschiedener Kategorie, aber mit deutlicher Abhängigkeit aller, aus Hunnen, Germanen und anderen, weiter gefestigt, durch Erfolge begünstigt, und war von allen Betroffenen als unabdingbar anerkannt worden. Nahe liegt auch, daß bei all dem unter Rua auch mit den Ansätzen einer dauerhaften Organisation begonnen wurde, mit Verwaltung, Kontrolle und wohl auch einem Zentrum, das vielleicht mit dem überkommenen *Ordu* zu vergleichen war, im Grunde aber andere Funktionen zu erfüllen hatte. Die Doppelherrschaft als das Zeichen einer nomadischen Staatlichkeit und demgemäß auch die Teilung der Stämme zwar scheint man in Europa von vornherein aufgegeben zu haben. Uldin hatte allein geherrscht, nach dem Tode spätestens Octars auch Rua: Der Machtwechsel, der nunmehr wieder zu einer Doppelherrschaft hinführt, ließe sich schon deshalb als ein Programm verstehen. Denn an die Spitze der Hunnen treten zwei Brüder, Bleda und Attila, die Söhne des dritten Bruders Mundzuc, der sonst nicht in Erscheinung getreten war, zur Herrschaft berechtigt nach dem Gewohnheitsrecht der *tanistry*, gemäß der die Erbfolge in der herrschenden Familie bleibt und den jeweils dem Alter nach am ehesten Berechtigten zusteht[149]. Als unabdingbar gilt das Doppelkönigtum auch jetzt nicht, und ein Attila etwa hatte nach der Tötung Bledas 445 in der Ausübung der Herrschaft keinen Augenblick Schwierigkeiten, die sich mit dieser Frage begründen ließen. Allgemein wird eine regionale Teilung angenommen, wonach Bleda Sitz und Interessengebiet im Westen, Attila hingegen die Leitung im Osten zustand, dementsprechend man ein Zentrum am Osthang der Karpathen vermutet. Für den Anfang wird in den Quellen öfter Bleda als der ältere der beiden Brüder genannt, und dies meist auch an erster Stelle. Es mag aber auffallen, daß bei aller Wahrung der Ordnungsformen die beiden Brüder, soweit ersichtlich, stets in Eintracht

52

und gemeinsam handeln und entsprechend auch so miteinander auftreten. Die treibende Kraft freilich scheint bei allem, was sie in den folgenden Jahren unternahmen, zweifellos Attila zu sein, dessen Zeitalter damit bereits jetzt beginnt. Die vordringlichen Aufgaben, vor denen beide Herrscher standen, ergaben sich freilich als ein überkommenes Erbe von Anfang an auch für sie gleichsam von selbst. Sie bestanden darin, daß man mit dem fortfuhr, was die Vorgänger begonnen hatten, um die bereits gewonnenen Bedingungen weiter zu stabilisieren. Das aber heißt, man hatte das an neuen Lebensbedingungen, was bereits erreicht war, in den gewonnenen Gebieten weiter zu verbessern und in einen Einklang auch mit den politischen Zuständen zu bringen, indem man sie so aufeinander abstimmte, daß es zu keinem gravierenden Rückschlag in der Ausgestaltung eines entsprechenden Gleichgewichtes kam. Zu erhalten hatte man demnach in erster Linie die günstigen Beziehungen zu West- und Ostrom, die sich in einem längeren Zeitraum und nicht ohne beiderseitige Anstrengung herausgebildet hatten. Auch mußte man alles tun, um die im eigenen Blickwinkel noch fern stehenden Stämme der eigenen Ethnie sich weiter anzugliedern und auch das Verhältnis zu den verbündeten germanischen Untertanen weiter zu intensivieren. Beim Tode Ruas mochte dieses Gleichgewicht eine Tatsache sein. Und auch für dessen weitere Festigung können die Aussichten nicht als schlecht gegolten haben, wenn man sich an die einmal vereinbarten Grenzen hielt. Gefährdet war dieses Gleichgewicht dennoch stets, und dies meist auch gegen den Willen der Beteiligten. Für all das könnte Margus, wie angedeutet, als Verhandlungsort an sich bereits zum Beweise dienen. Denn daß man an der Grenze zusammen kam, läßt vermuten, daß man an einer Überspitzung zumindest der Formalitäten nicht interessiert und die hunnische Führung bereit war, Verhandlungen und Verträge den militärischen Repressalien vorzuziehen, die nur eine allgemeine Verschlechterung der eigenen Lage erbringen konnten. Alles weitere ergab sich demnach vorerst von selbst. Das Interesse der hunnischen Führung an einem guten Verhältnis zu den beiden Imperiumsteilen auch weiterhin um erwähnter Kontinuität willen erklärt sich vielleicht nicht zum wenigsten daraus, daß die finanziellen Subventionen aus Byzanz jeweils ordnungsgemäß eingingen, an entsprechenden Zahlungen aus dem Westen ist zu zweifeln. Münzschätze, die besonders in Ungarn ans Tageslicht kamen, deuten dies an, und sie sind teilweise beträchtlich. Im übrigen hatte man in den Verhandlungen die Einrichtung von Märkten in den Grenzorten vereinbart und hunnischerseits dort einen gesicherten, durch nichts eingeschränkten

Warenaustausch verlangt. Ein solcher braucht sich nicht nur auf Produkte aus dem eigenen Land zu beziehen, in erster Linie wohl solchen aus Jagd, Tier- und Viehzucht. Römische Münzfunde aus dieser Zeit selbst in den Ostseegebieten lassen auf einen Zwischenhandel schließen, an dem Hunnen ebenfalls beteiligt gewesen sein müssen und aus dem dann auch der Herrscher seinen Gewinn abzuschöpfen vermochte[150].

Gerade dies aber hilft vielleicht ein wenig weiter. Denn alles, die hunnischen Verhaltensweisen, die politische Tätigkeit der Herrscher, das Bemühen um materielle Hilfe auf jede Weise und Subventionen, wie nicht zuletzt eine solche Eingliederung in ein allgemeines, die Grenzen überschreitendes Wirtschafts- und Handelsgefüge, gehört zusammen und ist, näher betrachtet, nichts als eine Vielzahl von Perspektiven für ein und dieselbe Tendenz, die all dem erst seinen Sinn gibt. Und diese Tendenz wäre es denn auch, die erklärte, was das hunnische Auftreten in Europa vom ersten Tage an zu charakterisieren scheint, wobei es vorerst unwichtig ist, ob dem ein Zwang der Verhältnisse, der Blick auf äußere Vorteile oder aber beides zugrunde liegt. Es ist dies das Ende der nomadischen und deren Ersatz durch andere Lebensformen, die den europäischen entsprachen und auf diese Weise ein Fortleben des hunnischen Substrates ermöglichten, die mit denen in nichts mehr zu vergleichen waren, unter denen man den Zug nach Westen angetreten hatte. Geht es damit aber um einen Prozeß der Umwandlung nicht so sehr der politischen oder scheinbar politischen Strukturen als vielmehr um eine soziale, wirtschaftliche, vielleicht sogar ethische und auf jeden Fall eine geistige, so bliebe zu fragen, ob man auf der Gegenseite all dem mit den Erfahrungen gerecht zu werden vermochte, die man bisher gesammelt hatte und mit denen das Imperium bisher so gut gefahren war. Denn zu dem Novum, das hier sich abzeichnete, gab es im Grunde Analogien nicht, und schon den Dimensionen nach war ein Vergleich unmöglich. Bezeichnend ist denn, daß die Akteure wechseln und die Initiative zur Staatenbildung diesmal von den Barbaren ausgeht. Die Rolle der Herrscher, die demnach den ersten Schritt in einem Prozeß von einer kaum ganz durchschaubaren Vielfalt der Folgen zu tun hatten, war anderer Art als die der römischen Klientelkönige früherer Zeit, und sie erklärt auch ihr Potential an Macht wie an Intensität, mit dem zurechtzukommen die herkömmlichen Vorstellungen nicht mehr ausreichten. Die Frage freilich blieb von vornherein, wie man in Rom und in Byzanz all dies sah und aus den gewonnenen Erkenntnissen die notwendigen Konsequenzen zu ziehen vermochte. Es blieb denn auch abzuwarten, ob es bei einem solchen, dennoch gleichsam natürlichen Vorhaben auf die Dauer mit den Subventionen getan war, auch wenn diese relativ groß gewesen sein mögen, und gesetzt den Fall, sie wurden stets regelmäßig und in dem vereinbarten Umfang gezahlt. Wenn nicht, etwa weil diese Voraussetzungen, wie erhofft, nicht vorhanden waren oder weil das Imperium nur ein geringes Interesse an der Wohlfahrt solcher Nachbarn und Bundesgenossen aufzubringen vermochte, dann blieb hunnischerseits wieder nur die Zuflucht zu den bekannten Gewaltaktionen als Repressalie, um sich zu verschaffen, was als erste Voraussetzung notwendig war und keinen Aufschub erduldete. Man war sich auf hunnischer Seite aber wohl auch im klaren darüber, daß diese Zuflucht auf der eigenen Seite stets zugleich wieder einen Rückfall in Verhaltensformen bedeutete, die zu überwinden das eigene Anliegen war, von der Gefährdung der Autorität des Herrschers zu schweigen, die sich allzu leicht bei solchen Aktionen etwa als die Folge von getäuschten Hoffnungen bei den Untertanen einstellte. Geht man indes von einer solchen Erkenntnis der Unvermeidlichkeit des Prozesses aus, den diese Umwandlung erforderte, dann freilich waren ohne Übereinstimmung und eine gewisse Harmonie mit dem Umfeld, mit den benachbarten Reichen, Völkern oder Ländern alle Erwartungen aussichtslos. Materielle Hilfe, zumindest bis der Prozeß einer Angleichung erste Erfolge zeitigte, war dann eine Selbstverständlichkeit, und sie zu gewähren in aller Interesse. Zeitlich zu begrenzen allerdings war ein solcher Prozeß nicht, es scheint, daß beim Tode Attilas die ersten Anfangsstufen kaum bereits überschritten waren. Mit dem Willen des Herrschers allein war es in solchen Dingen nicht getan. Die Invasionen aber, die die hunnischen Herrscher in den Jahrzehnten vor Attila und auch während dieser Zeit unternahmen, können unter solchen Voraussetzungen nicht mehr als bloße Räuberei gewertet werden, mochten sie sich auch nicht von dem unterscheiden, was man in kleinerem Rahmen bisher gewohnt war. Sie sind eher die Folge einer stets vorhandenen, mit der Zeit wachsenden Enttäuschung und einer allgemeinen Notlage, die sich aus einem Gegensatz von unabdingbaren Forderungen und dem guten Willen, sie zu erfüllen, immer mehr verschärfte. Die Reaktionen in Byzanz nach dem Tode des Theodosius 450 scheinen dies zu bestätigen. Wir wissen nicht genug über die Konstellationen an den Höfen in Byzanz und in Ravenna, und auch nicht, wie man dort das Problem sah und wieviel an gutem Willen und ernsten Absichten vorhanden war, um aus einschlägigen Kenntnissen, die man zweifellos besaß, die notwendigen Konsequenzen zu ziehen. An entsprechenden Tendenzen zumindest fehlt es weder im Osten noch im Westen. Offenkundig aber sind die Vorbehalte immer stärker gewesen, die es verhinderten, die Grenzen zu überschreiten, die durch die eigene Tradition der Barbarenbehandlung gegeben waren. In dem, was unsere Quellen über die Person Attilas, seine Reaktionen, Äußerungen und selbst die Formen seines Auftretens berichten, scheint denn in der Tat noch etwas von entsprechender Verbitterung und Resignation mit anzuklingen. Priscus etwa zeichnet überdies ein merkwürdiges Hin und Her zwischen Zorn, Drohungen und Großzügigkeit, in dem sich vor den Gesandten eine geradezu verzweifelte Hoffnung Attilas auszudrücken scheint, man möge mit Byzanz doch noch zu einem dauerhaft guten und gedeihlichen Verhältnis einmal kommen.

Sicher, die hunnischen Herrscher konnten bei ihrem Versuch auf Leitbilder und Modelle verschiedener Art zurückgreifen. Von ihnen hatte etwa die nomadische Tradition von vornherein am wenigsten Sinn. Denn auch wenn Erinnerungen etwa an Auseinandersetzungen an der chinesischen Grenze und entsprechende Erkenntnisse noch vorhanden waren, einen Vergleich mit diesen erlaubten jetzt weder die geographischen Bedingungen noch der verfügbare Raum, um den es ging. An die andere Alternative, die römische Erfahrung mit den barbarischen Völkern, Germanen, Kelten, Sarmaten, an eine Kausalität von Ansiedlung, Abhängigkeit und am Ende von Integration ohne große Schwierigkeit scheint ernstlich auf keiner von beiden Seiten gedacht worden zu sein. Eine Ausnahme mochten Einzelne oder kleinste Gruppen bilden: Für größere muß man die Unterschiede in Herkunft, Aussehen und in den Lebensformen als zu schwerwiegend empfunden haben, wie dies ja auch in der literarischen Überlieferung immer wieder und noch zu einer Zeit zur Sprache kommt, als man sich längst an den Anblick der Hunnen gewöhnt hatte. Offenkundig hielt man selbst eine äußere Angleichung für undenkbar, daß es im 5. Jahrhundert keine stehenden hunnischen Verbände in der römischen Armee gab, die als ein Faktor der Integration hätten wirken können, ist bezeichnend. So blieb denn von vornherein nur eine dritte Möglichkeit, die Bildung eines eigenständigen hunnischen Reiches in der Nähe des etablierten römischen, und dies in einer Stärke, die es erlaubte, sich mit der Zeit dennoch in die Welt einzugliedern, die diese Hunnen jetzt umgab, dabei aber die ethnische Eigenständigkeit zu wahren. Die Aufgabe des Herrschers aber war es, diese Hoffnung auf ein hunnisches Fortleben in Eigenständigkeit zu verwirklichen, und dafür alles an Mitteln zu verwenden, das sich bot. Was wir von Uldin, seinem Auftreten, seinem Umgang mit dem Imperium in seiner ganzen Zwiespältigkeit und letztlich auch seiner Herrschaftsdauer wissen, läßt vermuten, seine Herrschaft wie selbst seine Machtergreifung lassen sich allein von einer solchen Notwendigkeit und auch dem Bewußtsein von einer Rolle her erklären, die ihm gleichsam vorgegeben war. Der Nachfolger setzt das fort, was Uldin andeutet, für Attila und Bleda ist der Weg damit vorgezeichnet. Die Rigorosität ihres Auftretens und ihres Vorgehens danach braucht sich von der ihrer Vorgänger nicht zu unterscheiden, sie hat ihre Gründe. Priscus legt Attila einmal das Wort in den Mund, er werde, wenn man seine Wünsche nicht erfülle, bald nicht mehr in der Lage sein[151], seine Anhänger vor Angriffen und Gewaltakten zurückzuhalten. Die Anekdote mag erfunden sein: Den historischen Kern aber trifft sie gut. Freilich, die Zeitgenossen kamen mit einer solchen Ambivalenz nicht zurecht, die der Augenzeuge aufzuzeigen sucht. Spätere, soweit ersichtlich, gaben sich nicht mehr die Mühe, zwischen dem Wüterich und dem Bittsteller zu unterscheiden und beides aus sich heraus zu verstehen. Seither aber ist das Urteil über Attila von einer Simplifikation bestimmt und ignoriert die Fragen, die sich eigentlich von selber aufdrängen.

Die neue Ära

So bedeutet für die Entwicklung des hunnisch-römischen Verhältnisses der Vertrag von Margus den Beginn einer neuen Epoche. Sicher, auf den ersten Blick hat es den Anschein, als ob die Rigorosität der neuen Herrscher die oströmische Politik in ein Hintertreffen geraten ließen, die Forderungen, die Byzanz zu erfüllen hatte, erwecken den Eindruck eines Diktates und sind nicht zuletzt sicher die Folge von Drohungen gewesen, mit denen man hunnischerseits nicht sparte. Und auch der Eindruck, den die Hinrichtung der beiden Flüchtlinge machte, wird eher deprimierend gewesen sein. Eine wirkliche Beeinträchtigung der römischen Politik freilich bedeutet dies alles nicht. Die folgenden Jahre sind auffallend friedlich verlaufen. Es scheint, die beiden neuen Herrscher konzentrierten sich auf die weitere Ausgestaltung ihrer Macht und die Fortführung des Prozesses, der vor den Untertanen die eigene Herrschaft erst wirklich rechtfertigte. Was dabei im einzelnen geleistet wurde, läßt sich kaum klar erkennen, daß vieles von dem Bekannten vielleicht schon auf den Vorgänger zurückgeht oder aber von diesem begonnen wurde, ist bereits angedeutet worden. Zweifellos aber wurde in dem hunnischen Reich und in dessen Zentrale vieles von dem, was Priscus später voller Bewunderung beschreibt, in diesen Jahren weiter entwickelt und ausgestaltet, und auch der Ausbau der Beziehungen zu den Verbündeten wird weiter gefördert worden sein. Die weitere Besetzung und Besiedlung Pannoniens aber bedeutet eine willkommene Zulage. Kam es zu einer regionalen Verschiebung einzelner Gruppen hunnischer wie vielleicht auch germanischer Herkunft, so muß auch diese in einer geregelten, friedlichen Weise vor sich gegangen sein. Die Voraussetzungen für einen hunnischen Übergang zur Seßhaftigkeit und die Anpassung an die europäischen Lebensbedingungen waren gut.

Für Ostrom wiederum mochte der Friede mit Geiserich, 435, im gleichen Jahre ähnlich wie der Vertrag von Margus insofern zu einer Erleichterung werden, als nunmehr Kriegskosten wegfielen und möglicherweise sich sogar Teile der Armee demobilisieren ließen. Im Westen wiederum, wo Aetius die Wiedergewinnung Galliens betrieb, standen hunnische Truppen nach wie vor zur Verfügung und trugen die Hauptlast der Kämpfe mit Westgoten, Franken und Bagauden. Die Effektivität ihres Eingreifens wird durch Exzesse wie den der Burgundenvernichtung kaum beeinträchtigt. Von Kontakten insbesondere des Aetius mit dem hunnischen Hofe wird man ausgehen dürfen, und auch davon, daß solche sich gerade jetzt auch auf seine Stellung bei Kaiser und Senat auswirkten. Beendet wurde dieser Zustand eines gedeihlichen Nebeneinanders gegen Ende 439, als der Vandalenkönig Geiserich in einem Handstreich sich Karthagos bemächtigte und damit erst die uneingeschränkte Herrschaft über Nordafrika gewann. Zwar war dieser Schritt abzusehen gewesen, es scheint, daß man von jeher den Frieden zuvor als ein Provisorium betrachtet hatte. Die kriegerischen Aktionen, die sich daran anschlossen, bedeuten ein Nachstoßen der vandalischen Seite, um die schnell vollendeten Tatsachen zu festigen. Die weströmische Schwäche auch nach notdürftiger Beruhigung Galliens 439 und einem Frieden mit den Westgoten, der diese in ihre Schranken wies, scheint nicht zu übersehen – ein Gesuch nach Byzanz um erneute Hilfe müßte sehr bald dort eingegangen sein. Es mag auffallen: Wurde Karthago am 19. Oktober 439 erobert, bereits im Frühjahr 440 muß ein Flottenkontingent von Byzanz aus in See gegangen sein[152], dessen Stärke ungewöhnlich groß war, ein Zeichen nicht zuletzt auch dafür, daß man in den vorausgegangenen friedlichen Jahren die Rüstung keineswegs versäumt und sich demnach bereits auf neue Schläge eingerichtet hatte, an welcher Front solche auch immer zu erwarten waren. Doch es fällt zugleich auf, daß in den folgenden Jahren diese Verbände wenig Aktivität an den Tag legen, in Sizilien konzentriert bleiben, ein energisches Unternehmen gegen Afrika, das die eigene zahlenmäßige Überlegenheit wohl gerechtfertigt hätte, nicht stattfand und daher offensichtlich nicht ohne Grund die byzantinische Hilfe als eine Belastung empfunden wurde. Ein Vorstoß Geiserichs nach Sizilien und dessen Landung an mehreren Stellen noch vor dem Eintreffen der Streitmacht aus Ostrom mochte entsprechende Schutzvorkehrungen nahelegen. Eine brauchbare Begründung aber ist dies nicht: Es muß noch andere Erwägungen gegeben haben, einen Kampf zu vermeiden und eher die Streitkräfte intakt zu halten. Angriffe Geiserichs in anderer Richtung, nach Sardinien und auch in das östliche Mittelmeer werden auf jeden Fall durch die Anwesenheit der Verbände beeinträchtigt gewesen sein. Wieviel sie ausrichteten, ist nicht bekannt, aber daß sie überhaupt stattfanden, war schlimm genug. Dann, wohl in der zweiten Hälfte 442, kehrt die oströmische Streitmacht wieder nachhause zurück, unverrichteter Dinge: Daß diese Rückkehr in Verbindung mit dem Friedensschluß wohl noch im gleichen Jahre und der endgültigen Etablierung des Vandalenreiches steht[153], darf angenommen werden, und es scheint, daß nicht zuletzt die ständige Bedrohung auch Geiserichs und seines Reiches dabei eine Rolle spielt, selbst wenn nichts weiter geschah.

Zu all dem aber kommt, daß wohl schon 441 zugleich auch ein Krieg mit Persien ausgebrochen war. Die Gründe sind nicht bekannt[154], auch eine genaue chronologische Einordnung ist schwer. Doch wird ein Massenaufgebot von vielen Stämmen berichtet, das, in persischer Botmäßigkeit stehend, auf eine längere Vorbereitung schließen läßt. Das römische Heer wird bei Nisibis angegriffen, das dort ebenfalls bereits konzentriert war, was eine gewisse Planung der Operationen auch von diese Seite voraussetzt. Über den Verlauf der Kämpfe nun gibt es genauere Angaben nicht. Die römische Überlegenheit jedoch wird angedeutet, und spätestens Ende 442 muß Frieden geschlossen worden sein. Anatolios, der römische Befehlshaber, könnte zwar mit den Persern den gegenseitigen Verzicht auf einen weiteren Ausbau von Befestigungsanlagen an der Grenze vereinbart haben: Die Arbeiten an der Festung Theodosiupolis jedoch scheinen weitergeführt worden zu sein. Eine Erklärung für den frühen Abbruch der Kämpfe und für die römische Überlegenheit könnten überdies Nachrichten von einem persischen Engagement an der eigenen östlichen Grenze sein, wo jahrelang Kämpfe gegen die Hephthaliten nötig waren. Auch größere Verluste hatte Byzanz offensichtlich nicht hinzunehmen. Damit aber nicht genug. Neben einer solchen Beanspruchung der römischen Kräfte an fast allen wichtigen Fronten wird überdies nun auch ein hunnischer Angriff in Thrakien und damit das Ende der friedlichen Beziehungen berichtet. Die Invasion muß bereits 441 begonnen haben, traf ein bereits zuvor schwer mitgenommenes Gebiet und wird nicht zuletzt deshalb als eine Katastrophe empfunden worden sein. Auch hier sind Anlaß und tiefere Gründe schwer zu erkennen: Die Überlieferung schweigt sich auffallend aus, wieviel etwa ein Priscus davon berichtete, wissen wir nicht: Das Fehlen eines Auszuges zu den Ereignissen in den späteren Exzerptensammlungen läßt vermuten, daß man Wichtiges in seiner Darstellung der Ereignisse nicht fand. Für die Ursache und die Praxis des Vielfrontenkrieges, den man hunnischerseits in einer Analogie zu dem Ruas 422 inszenierte, gibt es einige Vermutungen. Denkbar ist, daß Byzanz angesichts vielseitiger anderweitiger Beanspruchung und anfallender Kriegskosten außerstande war, die Subventionen zu zahlen, und so im Rückstand blieb. Es könnte aber sehr wohl ein Ausbleiben der Hilfsmittel gewesen sein, das die beiden Herrscher zu Gewaltaktionen zwang, dies schon, um einen Druck zu ventilieren, der innerhalb des Reiches schnell bemerkbar wurde. Behandelt aber Ostrom überdies auch die Frage der Auslieferung dilatorisch, so ergab die Erwägung, auch dadurch werde das Ansehen der Herrscher geschädigt, vielleicht einen ähnlichen Effekt. Dafür freilich, daß Byzanz offenkundig bereits mit einer solchen Konfrontation rechnete, sprechen einige Maßnahmen, die man eigentlich nur als Vorbereitungen für eine erfolgreiche Defensive deuten kann. So waren bereits 439 durch den Präfekten Cyrus von Panopolis[155] die Befestigungen der Hauptstadt ergänzt und dadurch erweitert worden, daß man sie auf die Küste ausdehnte und Mauern auch an der See errichtet wurden, die nunmehr die gesamte Stadt einschlossen. Bei Aufbruch der Flotte nach Sizilien wiederum hatte man den für die Verhältnisse in Europa seit Jahrzehnten wichtigsten Spezialisten, den Magister Militum Aspar, einen Alanen, in der Hauptstadt zurückgelassen, obwohl dieser schon 431 die Expedition nach Afrika geleitet und sich dort ausgezeichnet hatte. Nach Sizilien hatte man Feldherren niederen Ranges geschickt und offensichtlich später noch das Führungspersonal durch Personen ergänzt, die aus dem Osten zurückgekommen waren. Läßt sich daher von einer Überraschung kaum reden, so kommt hinzu, daß die Hunnen selbst ein diplomatisches Vorspiel inszenierten und für ihr Vorgehen einen Vorwand konstruierten. So herbeigeholt dieser denn wirken mag, er läßt vermuten, daß man jetzt bemüht war, sein Verhalten den traditionellen Verfahrensweisen anzupassen und durch eine Argumentation zu vermeiden, was den Eindruck von Raubüberfall und lediglich barbarischer Praxis erweckte. Dem Vorwand gemäß, den man brachte[156], hatte der Bischof von Margus die nahe gelegene hunnische Grenze überschritten, die Grabstätten hunnischer Fürsten geplündert und die Beute zum eigenen Vorteil – nahe liegt, für die Zwecke seiner Kirche – verwendet. Die Auslieferung wurde verlangt, offensichtlich aber verweigert, was schnell zum Kriege führte. Was auffällt ist, daß der Bischof beim Herannahen des Feindes seine Herde verriet, sich mit den Hunnen arrangierte und nach der Auslieferung der Stadt im hunnischen Reiche verschwand. Margus wurde darauf zerstört und im Gegensatz zu anderen Städten der Region auch später durch Justinian nicht mehr wieder aufgebaut.

Die Reihe der weiteren Ereignisse des Krieges ist nicht mehr zu erkennen[157], und dies nicht zuletzt deshalb, weil die Überlieferung sie mit denen eines anderen, 447 ausgebrochenen, zusammenwirft und demnach die Einzelheiten schwer einzuordnen sind. Als sicher darf gelten, daß nunmehr wohl der zurückgelassene Aspar den Oberbefehl auf dem hunnischen Kriegsschauplatz übernahm, offenkundig aber nur mit dem Rest der Armee operieren konnte und mindestens einmal eine Niederlage einstecken mußte. Die mißliche Lage der römischen Armee wird es auch erklären, wenn es unter den Führern zu Unzuträglichkeiten kam, wobei einer von ihnen, Johannes, ein Vandale, durch seinen Kollegen, den Goten Arnegisklus, beseitigt wurde. Berichtet wird auch, daß Aspar, in solcher Weise unterlegen, einen Waffenstillstand abschloß, der ein Jahr dauerte. 442, bei Rückkehr der Truppen aus Sizilien wie auch der aus dem Osten, scheint es zu Kampfhandlungen nicht mehr gekommen zu sein, und bald danach, vielleicht noch im gleichen Jahr, spätestens Anfang 443, kam ein Friedensschluß zustande. Dessen Bedingungen wiederum sind schwer auszumachen, weil ebenfalls mit denen anderer Kriege verwischt. Indes, die Lage Ostroms jetzt, nach einem erfolgreichen Frieden mit Persien und der Beruhigung der Verhältnisse im Westen durch den Vertrag mit Geiserich macht es unwahrscheinlich, daß Attila und Bleda ihre Position falsch einschätzten und überhöhte Forderungen stellten. An die überlieferte Steigerung der Subventionen glaube ich daher für 442 nicht und würde diese eher einem späteren Friedensschluß zuweisen. Verwischung ist wohl auch die Nennung des Anatolios in Zusammenhang mit dem hunnischen Frieden. Anatolios war im Osten um diese Zeit, ein Aufenthalt im Westen, wo er bisher nichts zu tun gehabt hatte, ist unwahrscheinlich. Wenn Attila aber später eine besondere Sympathie neben ihm für den *Magister officiorum* (ab 443) Nomus äußert, so wäre zu vermuten, daß dieser es war, der die Verhandlungen führte. Eine spätere Erwähnung als Sympathisant eines Chrysaphius überdies, läßt von ihm vermuten, daß er für das hunnische Anliegen ein gewisses Verständnis aufbrachte.

Die hunnische Strategie in diesem Krieg scheint klar[158]. Man begann mit der Offensive im Westen, nachdem man die Donau überschritten hatte, und rollte von hier aus die Städte längs des Flusses auf: Viminacium, Margus, Ratiaria, Castra Constantia, Singidunum, Sirmium liegen in einer Reihe: Zu einer Aktion, die zu gleicher Zeit überfallartig alle heimsuchte[159], fehlte den Hunnen aber vielleicht die Stärke, auch wenn man die Bundesgenossen mit heranzog. Der Bischof von Margus scheint einige Zeit gehabt zu haben, sich durch Verhandlungen zu retten, ehe seine Stadt betroffen war. Kämpfe im Binnenland wird es gegeben haben, Näheres indes ist nicht überliefert. So bleibt unklar, ob Naissos, Adrianopel und Marcianopolis in diesem Kriege fielen oder später, und auch, wo die Niederlage Aspars oder die Ermordung des Johannes geschahen, ist nicht auszumachen. Wichtiger aber scheint, es sind in erster Linie die Plätze an der Donau, um die es ging, Orte nicht nur mit Kontakten ins hunnische Gebiet und einer Bevölkerung, die man dort kannte und in ihren Qualitäten abzuschätzen vermochte, sondern wohl auch mit Handelsbeziehungen, Warenlagern und einer Häufung von benötigtem Zivilisationsmaterial, dazu vielleicht auch mit deponierten, leicht zugänglichen reichen Mengen an Bargeld. Beute dieser Art, auf die es nicht zum wenigsten mit ankam, wurde zweifellos zügig abtransportiert, ihre Menge war es möglicherweise, die auf weitere Friedensbedingungen verzichten ließ und hinderte, den Bogen damit zu überspannen. Daß man auch eine große Zahl Menschen mit sich nahm und ins Hunnenreich[160] verpflanzte, war nur natürlich, aber auch, daß man sich auf solche beschränkte, die dort von Nutzen sein konnten. Das Beispiel, das Priscus ausmalt, scheint charakteristisch für deren Rolle, wie sie sicher beabsichtigt war, und für die Absicht, diesen Kreis als Zivilisationsfaktor zu verwenden, auch wenn ein Schicksal wie das berichtete nur die Brauchbarsten hatten. An Handwerkern, Technikern, wohl auch Künstlern und Spezialisten verschiedener Zweige war der Bedarf stets und gerade jetzt besonders groß. So wird anzunehmen sein, in den Augen der Hunnen war der Krieg ein Erfolg, doch auch die Gegenseite hatte es leicht, die Dinge in einem umgekehrten Sinne zu deuten. Die byzantinische Strategie konnte ihre Erfahrung bezüglich der Feldzüge in Thrakien wie auch der gegen die Hunnen erweitern und eines ihrer Ergebnisse dabei war, daß den Belastungen eines längeren Krieges mit Überwinterung, Belagerung und Futtermangel die hunnische Armee kaum mehr gewachsen war als die eigene. Anzunehmen ist denn, daß nach den ersten Erfolgen und reicher Beute der Waffenstillstand, den noch 441 Aspar schloß[161], auch einem Attila nicht unwillkommen war, nachdem man eine Erschöpfung auch bei den hunnischen Streitkräften wird annehmen müssen. Eine physische Überstrapazierung zu vermeiden aber hatte Attila allen Grund. So muß der Krieg 443 beendet gewesen sein. Die Abmachungen erlaubten eine Wiedereinrichtung der römischen Befestigungen an der Donaufront[162], die Flotte, wenn überhaupt in Mitleidenschaft gezogen, wurde neu aufgebaut. Für die künftige hunnische Strategie freilich brauchte Derartiges nicht viel zu bedeuten, denn um erneut mit einem Angriff auf Ostrom zu beginnen, bot Attila der Besitz von Pannonia II und Savia Plätze genug, die sich jederzeit noch einmal als Basis verwenden ließen. Vorerst freilich mochte man auf der hunnischen Seite die friedlichen Zustände als wichtiger ansehen, nachdem man übrigens durch den Krieg zweifellos brauchbare Impulse auch in der Solidarisierung der Elemente des Reiches gewonnen hatte[163], die nicht zum eigentlichen hunnischen Substrat gehörten, wie Kriege für eine solche Solidarisierung stets förderlich gewesen sind. Es mochte auch dies sein, das die eigene Schwächung durch die Einbußen an Gefallenen rechtfertige. Daß man in Byzanz wiederum die schnelle Lösung des Konfliktes ebenfalls begrüßte und bereit war, seinerseits mit der Unterstützung fortzufahren, die man von hunnischer Seite nach wie vor dringend benötigte, ist anzunehmen. Die Mehrzahl von Münzfunden römischer Herkunft im hunnischen Gebiet stammt in der Tat aus den Jahren unmittelbar nach dem Kriege[164]. Im übrigen mochte die Beruhigung an anderen Stellen, in Afrika, im Westen wie im Osten, dem Imperium die Großzügigkeit erleichtern. So konnte Valentinian für die neu gewonnenen Gebiete in Afrika[165] Steuererleichterungen anordnen: Gesetze der Osthälfte aus dieser Zeit zwar lassen einen direkten Bezug auf die politische Situation im einzelnen schwerer erkennen. Das mag Zufall sein, entsprechende Zusammenhänge hat es auch hier gegeben. Unklar bleibt dennoch, wie sich das Verhältnis beider Mächte zueinander nach dem Friedensschluß gestaltete. Wir wissen nichts von Beziehungen etwa zwischen Byzanz und anderen Teilen des hunnischen Reiches oder aber Stämmen, die sich im hunnischen Umfeld befanden. Die entsprechenden Versuche Ostroms nach dem Ende Uldins waren sicher noch in Erinnerung. Nunmehr, bei einer Konzentration im hunnischen Reiche, die sich verstärkte, scheint solches fast unmöglich geworden zu sein. Ein Beispiel hierfür mag der Versuch Ostroms gewesen sein, Verbindung mit den Akatziren aufzunehmen[166], die sich nunmehr vom Kaukasus bis weit in die östliche Ukraine ausgedehnt hatten, bisher offenkundig aber unabhängig geblieben waren. Dem Bericht des Priscus nach bestanden zwischen diesen Akatziren und Attila bereits Kontakte, doch waren diese nicht solcher Art, daß Rom nicht in der Lage war, dort eigene Interessen zu verfolgen. Das Volk selbst war in mehrere Stämme aufgeteilt, was freilich von vornherein jeden Einfluß von außen erschwerte und das Erreichen eines Zieles verhinderte. Römische Gesandtschaften wurden geschickt und Gastgeschenke verteilt. Indes, wir kennen die Geschichte eines der Stammeshäuptlinge, Kuridachos, der sich bei dieser Verteilung für zu wenig beachtet hielt und deshalb Attila auf die Gefahr aufmerksam machte, die offenkundig drohe. Die Erzählung bei Priscus hat zwar einen anekdotenhaften Charakter: Das Ergebnis aber muß eine kriegerische Aktion der Hunnen und danach die Unterwerfung der Akatziren mit Ausnahme des Stammes gewesen sein, an dessen Spitze der genannte Kuridachos stand: Ein gefangener Römer, mit dem Priscus später am Hofe Attilas ins Gespräch kam, verdiente sich auf diesem Feldzug seine Freiheit und die Anerkennung als Mitglied der hunnischen Gesellschaft. Byzanz wiederum gab schnell seine Interessen auf. Die Einrichtung einer Sekundogenitur für den ältesten Sohn Attilas, Ellac, noch vor der römischen Gesandtschaft von 449 läßt vemuten, daß Kuridachos inzwischen verstorben und damit das ganze Gebiet unter die Botmäßigkeit Attilas geraten war. Welchen Nutzen er aus diesem Zuwachs zog, ist unbekannt, Akatziren unter den Truppen Attilas später werden nicht erwähnt. Handelt es sich aber bei dem eingesetzten Herrscher zugleich auch um den potentiellen Nachfolger Attilas, so kann die Amtszeit nicht von Dauer gewesen sein. 449 befindet er sich wieder am Hofe, und auch später ist von einer hunnisch-akatzirischen Verbindung nicht mehr die Rede. Ein ernstes Zerwürfnis mit Byzanz brachte die Affäre nicht. Doch wird aus dem, was folgt, das Prinzip deutlich, das Volk sich anzugliedern und dabei die Herrschaft neu zu ordnen. Die Sekundogenitur des eigenen Sohnes später erscheint dabei als ein Schritt, wie ihn die hunnische Geschichte in Europa bisher noch nicht kannte. Es bleibt zu fragen, ob man dennoch die Einzelstämme als solche bestehen ließ. Dieser Sekundogenitur jedoch könnte noch eine andere Absicht zugrunde liegen. Sie macht dieses Akatzirenreich zu einer Barriere nach Osten, die das Reich Attilas vor weiteren Komplikationen schützte. Nötig war dies vielleicht nicht zuletzt deshalb, weil nach dem Ende des Krieges mit Rom Jezdegerd II. als Großkönig des Sassanidenreiches gezwungen war, längere Zeit hindurch Krieg in der Sogdiana zu führen, um sich der hephthalitischen Landnahme zu erwehren. Die Unruhen, zu denen es demnach in Mittelasien gekommen war, weiteten sich in der Tat später nach dem Westen aus und führten dort noch vor Ende des Jahrhunderts zu neuen Bewegungen. Eine Sicherung des eigenen Reiches aber war umso nötiger, als das Interesse Attilas bereits um diese Zeit wohl in eine andere Richtung zielte.

Bledas Ermordung und die Folgen

In diese Zeit der neu gewonnenen Einträchtigkeit der Interessen und des friedlichen Nebeneinanders nicht lange nach dem Friedensschluß fällt das nächste wichtige Ereignis. Und es ist zu vermuten, daß man es als einen Rückschlag empfand. Zwar betrifft es auf einen ersten Blick nur die herrschende Dynastie und erscheint als eine hunnische Angelegenheit. Ohne die Beziehung auch auf die internationalen Zustände aber ist es dennoch nicht zu verstehen, ja geht von deren Analyse durch die Hunnen und vor allem durch Attila selbst wohl mit aus. Es ist dies die Ermordung des Bleda 445[167]. Dieser hatte, wie oben angenommen, bei der gemeinsamen Machtübernahme 434 den westlichen Teil des Reiches erhalten und als der ältere der beiden Brüder vielleicht besondere Vorrechte, zumindest besonderes Ansehen genossen. Die Kooperation mit dem jüngeren Bruder aber ist unbestritten, dessen Namen von allen Quellen bei Nachrichten von politischen oder kriegerischen Aktionen allein genannt wird. Simplifikation der Darstellung allein kann dies nicht sein. So wird man davon auszugehen haben, daß auch der Krieg 441 gemeinsam geführt und der Friede gemeinsam geschlossen wurde. Wie weit die zweifellos beteiligten Verbündeten dem einen oder dem anderen der beiden Herrscher oder beiden gemeinsam zugehörten, ist nicht überliefert, scheint aber ohne Belang. Veränderungen im Bundesverhältnis als Folge des Ereignisses sind nicht bekannt. Daß in der Akatzirenaffäre nach der Darstellung des Priscus Attila allein eingriff, erklärt sich am ehesten aus der räumlichen Nachbarschaft zu diesen. Persönliche Differenzen, die zur

Ermordung führten, sind nicht bekannt. Mit dem Naturell Bledas etwa, wie dies sich aus einigen Hinweisen folgern läßt, und daraus resultierenden Differenzen, spekuliert man besser nicht, auch nicht mit einer besonderen Freude an Vergnügen und Lebensgenuß, die als Eigenschaft des Ermordeten etwa Gegensätze heraufbeschwor. Trifft aber zu, daß, wie allgemein als selbstverständlich hingestellt, der Tod auf Attila persönlich zurückgeht, so muß dies Gründe haben, die über das Persönliche hinaus reichen und weiter führen. Sie wären demnach wohl eher politischen Charakters, derart, daß dieser Tod für Attila die Beseitigung eines Hindernisses bedeutete und überdies allgemein mit Verständnis registriert wurde: Eine Beschuldigung durch die Untertanen jedenfalls klingt nirgends an, und dies braucht keineswegs nur auf Unterdrückung und Meinungsterror zurückzugehen, an denen es freilich in der Umgebung des Herrschers nicht gefehlt haben wird[168]. Geht es in der Tat um eine Kontroverse unlösbarer Art, so müßte sich diese auf Grundsätzliches bezogen haben. Dies aber kann, geht man von dem aus, was in den folgenden Jahren Wirklichkeit wurde, nur bedeuten, daß Attila neue Ziele ins Auge faßte, die den bisher erreichten Zustand wieder in Frage stellten. Ernsthaft erwogen, konnte es sich dabei dann nur um eine Expansion des hunnischen Reiches handeln, die weitere, bisher kaum erstrebte Räume einbezog, und dies, ehe man in den jetzt eingenommenen wirklich heimisch geworden war. Die Gefahr, die eine solche Konzeption für das Erreichte mit sich brachte, war nicht zu übersehen. Denn nicht nur, daß auf diese Weise das bisher einigermaßen aufrecht erhaltene Gleichgewicht zwischen dem Reiche und den beiden römischen Imperien wieder verlorenging. Eine hunnische Expansion solcher Art konnte von diesen Partnern nur als eine Bedrohung empfunden werden, gegen die man sich mit allen Mitteln und unter Anwendung der eigenen materiellen Überlegenheit zur Wehr zu setzen hatte. Die Folgen aber konnten dann derart sein, daß sie eine hunnische Opposition jetzt wohl rechtfertigten. Denn Zweifel an der eigenen Stärke, diesen Widerstand zu überwinden, wird es gegeben haben, auch in den Führungskreisen um Attila selbst. Die Vermutung drängt sich auf, es müsse Bleda gewesen sein, der diese Zweifel artikulierte und vielleicht sogar Opposition dagegen ankündigte. Nahe liegt, daß der Zug nach Westen, den in der Tat Attila dann 451 antrat, keineswegs das Ergebnis einer spontanen Entscheidung und auch nicht die Folge erst der Wende in der oströmischen Politik nach dem Tode des Theodosius im Sommer 450 war. Der Beginn der Erwägungen muß in frühere Zeit zurückgehen, möglich wäre die Nachricht über die Kämpfe in Gallien unter Aetius vielleicht schon in den dreißiger Jahren, die Attila einen Eindruck von der Schwäche des Imperiums, zugleich aber wohl auch gewisse oberflächliche Kenntnisse von den Verhältnissen dort vermittelten. Einzelheiten über Auseinandersetzungen freilich wissen wir weder für die Zeit vor noch nach der Ermordung. Es mag Gruppen gegeben haben, die einen Ausbau des Gewonnenen einem neuen Unternehmen vorzogen und die man als Anhänger Bledas mundtot zu machen hatte. Zu Recht wurde die Vermutung geäußert, ein Schatzfund bei Szikancs im östlichen Ungarn, nahe wohl der Residenz Bledas, bestehend aus 1439 byzantinischen Goldmünzen, die jüngsten von diesen erst 443 geprägt, ließen sich mit der Ermordung in einen Zusammenhang bringen und müßten von Personen vergraben worden sein, die zweifellos der Oberschicht angehörten und Grund hatten, auf solche Weise ihr Vermögen zu retten. Im Verlaufe dieses Machtwechsels müßte Attila demnach seine Residenz nach dem Westen verlegt haben. Eine Umstrukturierung innerhalb des Macht- und Verwaltungsapparates und dessen Zusammenlegung brauchte Schwierigkeiten oder gar spürbare Rückschläge für die Untertanen keineswegs heraufzubeschwören. Es wäre indes denkbar, daß Attila in der Absicht, jetzt demonstrativ mit aller Rigorosität die personellen Konsequenzen zog. Ob es zu weiteren Opfern kam, ist unbekannt, doch sind die überlaut vorgebrachten Loyalitätsbeweise bald danach, von denen Priscus berichtet, mehr als bezeichnend für die Stimmung, die in der Oberschicht seit dieser Zeit herrschte. Ich halte denn auch den neu vom Zaun gebrochenen Krieg 447 für den Versuch einer Ventilierung von Emotionen, der zu einer allgemeinen Beruhigung nötig war. Formale Bedenken wurden offensichtlich nicht vorgebracht, es sind auch aus Byzanz oder Ravenna Reaktionen nicht bekannt. Daß in Ostrom der Kaiser sich noch Ende 442 auf eine Kleinasienreise begeben konnte, von der er erst am 27. August 443 wieder zurück war, läßt darauf schließen, daß man von nunmehr beruhigten Verhältnissen ausging, die man auf jeden Fall wahren wollte. In der Akatzirenfrage kam es nicht zu einem ernsthaften Konflikt. Dabei blieb es auch in den folgenden Jahren. Oströmische Münzen aus dem Jahre 442 ohne ausreichende Legende werden als die Folge eines vermehrten Geldbedarfs und der auffallenden Kriegskosten zu erklären sein[169], die einen schnellen Ausstoß verlangten: Das entsprechende Gold war zweifellos verfügbar. Doch bereits im folgenden Jahre war dieser Mangel wieder behoben. Wichtiger wohl ist andererseits, daß man 444 eine Steuersenkung durchführen konnte. Sie setzt allgemeine Sicherheit als selbstverständlich voraus und geht zugleich wohl von einer Erwartung friedlicher Zustände auch in den kommenden Jahren aus. Rüstung, Flottenbau und wohl auch die Fortführung von Befestigungsarbeiten in der Hauptstadt wie in anderen bedrohten Gebieten gehören dazu. Über weitere Verhandlungen und die diplomatische Tätigkeit zwar ist nichts bekannt. Doch wird das, was ein paar Jahre später Priscus in Einzelheiten darstellt, seine Vorläufer bereits jetzt gehabt haben. Es wäre sogar möglich, daß man in einem solchen Zusammenhang in Byzanz die Konzentration nunmehr auf einen einzigen Partner als Erleichterung empfand. In den Rahmen solcher auswärtiger Beziehungen gehört wohl auch die Reise des ehemaligen Consuls Fl. Senator an den Hof Attilas (wohl vor 445). Daß der Diplomat diese so weit wie möglich über See (d.h. wohl auf dem Schwarzen Meer) antrat[170], weil er die Gefahren des Landweges fürchtete, wird als Kuriosität vermerkt: Offensichtlich galt dieser als vollkommen sicher. An friedlichen Beziehungen zu Byzanz freilich mußte der hunnischen Seite gerade jetzt alles gelegen sein. Denn was immer die weiteren Pläne Attilas waren, nach dem Rückschlag, den die Beseitigung des Bleda zweifellos für alle Seiten bedeutete, war es notwendiger als je zuvor, im eigenen Reich die Stabilisierung voranzutreiben und damit bald zu einem Abschluß zu gelangen. Die finanzielle Unterstützung aber wurde damit wieder wichtig, und dies könnte es erklären, wenn Attila, wie Priscus dies darstellt, alles an Geldmitteln in seine Hand zu bringen suchte, was möglich war, und zwar auch über die Subventionen hinaus. Er schildert nicht ohne Ironie, wie er Gesandtschaften in großer Zahl nach Byzanz abgehen ließ, für seine Unterhändler Gastgeschenke verlangte, um sie dann zu kassieren. Dies aber hieß, die Festigung des Bündnisverhältnisses machte Fortschritte. Für den Westen wird ähnliches gelten. Dort hatte 442 der Friede mit Geiserich ebenfalls sicher eine Beruhigung erbracht, die sich überall auswirkte, nicht zuletzt auch auf Gallien. So hatte man dort in der Gegend von Orleans um 440 Alanen angesiedelt[171], es wäre denkbar, daß sie die Aufgabe einer Sicherung hatten und damit zugleich die Hunnen ablösten, die das Land verlassen hatten: Woher diese Alanen kamen, ist unbekannt, daß es sich um einen Rest derer handelt, die bereits 406 nach Gallien gekommen waren, ist zu bezweifeln. Bagaudenaufstände wie auch die westgotischen Expansionsversuche scheinen als eine wirkliche Gefahr nicht angesehen worden zu sein. Hingegen erweckt die Ansiedlung der 436 entkommenen Burgunder südlich des Genfer Sees 443 den Eindruck ebenfalls einer Sicherung, die der Verbindung Italiens mit dem Norden und Nordwesten diente. Das Wachstum des burgundischen Reiches, das bald danach beginnt, läßt vermuten, die Zahl der Überlebenden von 436 sei immer noch ansehnlich gewesen. So hatten denn die Zukunftshoffnungen, wie sie in diesen Jahren ein Merobaudes formuliert, in den Augen seiner Zeitgenossen ihre Berechtigung[172].

Im Westen wie im Osten freilich war man sich zweifellos im klaren darüber, daß die Vorhaben Attilas diesen friedlichen Zustand dennoch mit einem anderen Nenner versahen, und bei einiger Kenntnis von den Verhältnissen im hunnischen Reich ergaben sich aus dem Tode Bledas die entsprechenden Folgerungen gleichsam von selbst. Wie die beiden Höfe sich auf die nächste Zukunft demnach einstellten, wird zwar nicht überliefert. Indes, der Friede dauerte nicht lange, 447 fällt Attila erneut in Thrakien ein. Seine Gründe kennen wir nicht. Daß es kein Zweifrontenkrieg Ostroms war, den er auch diesmal nutzen konnte, läßt vermuten, es müsse sich um eben diese Pläne handeln, die, zusammen mit den Zuständen in seinem Reich, es nicht mehr erlaubten, eine günstige Gelegenheit abzuwarten. Als Anlaß kommt vielleicht ein Erdbeben in Frage, das im Januar 447 Teile der östlichen Imperiumshälfte schwer erschütterte und mehrere Monate anhielt[173]. In der Hauptstadt wurden große Teile der Befestigungen zerstört. Byzanz war damit ohne Schutz und die Regierung mit Schwierigkeiten anderer Art überhäuft: Jedoch, in einer Anstrengung ohnegleichen hat im Laufe des Frühjahrs die Bevölkerung diese Befestigungen wiederhergestellt, wobei selbst die Zirkusparteien für eine Zeitlang ihre Feindseligkeiten begruben und sich geschlossen in einer Solidarität an den Arbeiten beteiligten, die selten war, zu vergleichen nur mit der Verteidigung der Stadt 626, als man unter Führung des Patriarchen die Avaren abzuwehren hatte. Man hat den Eindruck, auch 447 sei das Volk gut informiert gewesen, um was es ging. Die hunnischen Spekulationen mit einer allgemeinen Katastrophe im oströmischen Reich können demnach nur für eine kurze Zeit als aussichtsreich gegolten haben. Innere Gründe, die dazu kamen, lassen sich vermuten. Es ist schwer zu glauben, daß die Krise, die die Ermordung Bledas im Reich hervorgerufen hatte, bereits behoben war. Krieg und gemeinsame Aktionen als ein zeitloses Mittel der Solidarisierung aber würden es erklären, wenn Attila nunmehr die Bundesgenossen an der Invasion teilnehmen ließ und sie auch an der Beute beteiligte. Was immer er aber des weiteren für die Zukunft vorhatte, ohne eine solche, neu gewonnene Solidarität war dies undenkbar. Eng verbunden mit all dem ist auch jetzt jene Frage einer Umwandlung der hunnischen Lebensformen und der Prozeß einer Gewöhnung an Seßhaftigkeit, Landwirtschaft und eigene Versorgung, der dem Reich erst seine Stabilität in der neuen Umgebung verschaffte und den Herrscher selbst zu einem europäischen Monarchen werden ließ. An Subventionen, Hilfe und Unterweisung zwar hatten die Hunnen bisher genug erhalten, wie weit sie ausreichten, hunnische Eigeninitiative zu fördern, ist kaum ganz zu erkennen. Kamen dazu jetzt Attilas Pläne für ein weiteres hunnisches Ausgreifen, dann blieb nur, den überkommenen Prozeß der Akkulturierung derart zu forcieren, daß er zu einem Abschluß kam noch ehe man an eine Verwirklichung dieser Pläne ging. Sicher, was in diesen Dingen Abschluß heißt, ist schwer zu umreißen, und es ist unbekannt, weshalb Attila sich nicht mehr Zeit ließ oder nach anderen Lösungen suchte. Mit Reminiszenzen an die Nomadenzeit ist diese Hektik ebenso wenig zu erklären wie mit einer vorübergehenden günstigen Konstellation im römischen Imperium. Indes, Attila ging es vorerst um eine feste, räumlich klar umrissene Basis für alles, was immer er künftig unternehmen wollte, und so mußte deren Ausbau schnell vollendet werden; deshalb war es über die gezahlten Subventionen hinaus notwendig, an benötigten Hilfsmitteln sich alles zu beschaffen, was und auf welche Weise dies irgend möglich war. Sicher, der Krieg bot für all dies eine Lösung auf Dauer nicht. Jetzt vom Zaune gebrochen, zeigt er sogar etwas von einer Hilflosigkeit, mit der Attila der Vielfalt von Belastungen gegenüberstand, die auf ihn jetzt zukamen. Und auch die Vorteile, die er brachte: Beute, neue Subventionen, vielleicht auch das Ende der inneren Spannungen im eigenen Reich – eine wirkliche Verbesserung der äußeren hunnischen Lage oder gar eine Förderung von Attilas Interessen, die schnell bemerkbar wurde, ergab sich nicht. Über die Ziele Attilas war man sich in Rom wie in Byzanz zweifellos im klaren, und wenn es um eine neue hunnische Expansion ging, konnte es auch über deren Richtung keinen Zweifel geben. Zwar erwähnt ein Priscus in seiner Schilderung der Gespräche am hunnischen Hofe 449 von Plänen nichts, die den Westen in das Gefüge einer hunnischen Weltherrschaft einbezogen. Dies mag Täuschung der Leser oder aber eine bewußte Demonstration der Naivität seines weströmischen Gesprächpartners sein. Geht es aber in der Tat um eine neue Expansion, so ist kaum zu bezweifeln, daß deren Anfänge als ein gleichsam überkommenes Prinzip bereits in die Zeit vor Attilas Alleinherrschaft fallen. Bereits an anderer Stelle wurden die Grabfunde in Polen wie in Schlesien erwähnt, die ihrem Schmuck, dem Reichtum und auch den vorhandenen Herrschaftszeichen nach auf hunnische Fürstensitze hinweisen. Sie ließen sich als das Ergebnis eines sporadisch beginnenden Ausgreifens in ein Vorfeld verstehen, das Platz für weitere Machtausdehnung bot.

Eine entsprechende Entwicklung nun braucht durch Attila nicht aufgehalten worden zu sein, wobei denn auch zu fragen bleibt, ob es sich bei all dem um das Ergebnis einer offiziellen oder lediglich privaten Besitznahme handelte: Denkbar wäre selbst, es handle sich um eine Ausweichbewegung einzelner Gruppen als Folge der Ereignisse 445. Näher am Zentrum indes liegen die noch reicheren Fundvorkommen in Niederösterreich[174], d.h. in Pannonien, Noricum und auch links der Donau, und schon die geographische Lage läßt vermuten, hier könne es sich sehr wohl um die Folge einer offiziellen Aktion zur Gewinnung des Vorfeldes in unmittelbarer Nähe handeln. Nun läßt hier ein überwiegender Anteil der Schmuckgegenstände eher an Germanen als Träger denken, die geschlossen, unter ihren eigenen Fürsten an diese Stelle verpflanzt wurden, wo sie die Attraktivität auch der politischen Verhältnisse innerhalb des hunnischen Reiches demonstrierten. Eine genaue zeitliche Festlegung freilich ist auch in diesem Falle nicht möglich. Der Vorstoß des Octar seinerzeit 430 nach Westen bis an den Rhein war eine Einzelaktion gewesen und hatte sich in Gegenden erstreckt, die auf Dauer nicht zu halten waren: Was sich nunmehr abzeichnet, wäre ein langsames Vorschieben ganz im Sinne einer Landnahme und Gewinnung von Interessengebieten, die sich an das Reichsterritorium anschlossen oder noch zu diesem gehörten. Die Gewinnung einer Basis für eine weitere Ausdehnung aber schließt dies nicht aus. Im übrigen hatte der Vorstoß Octars eine Kriegstaktik vorausgesetzt, die auf eine Weiträumigkeit von Operationen abzielte und damit der herkömmlichen nomadischen entsprach. Daß man gerade damit scheiterte, mochte zeigen, daß Derartiges nun unmöglich geworden war. Der Weg aber, den man nunmehr wählte, bedeutet eine grundlegende Änderung und zugleich einen neuen Aspekt für die allgemeine innere Umstrukturierung, die in diese Jahre fällt. Daß etwa, wie eigentlich zu erwarten, im südlichen Pannonien oder in der Savia ähnliche Zeugnisse in entsprechender Massierung vorerst fehlen, muß nichts besagen. Doch fällt spätestens in diese Zeit wohl auch die Ansiedlung der hunnischen Sadagen in Pannonien nahe des Plattensee[175]. Der Getreidereichtum gerade dieser Provinzen war geeignet, die Umwandlung zur Seßhaftigkeit besonders zu fördern, wozu vielleicht auch ein großer Anteil verbliebener Bevölkerung kam, dem jetzt als Untertan des Reiches eine Aufgabe zu Unterweisung und Hilfeleistung zukam, ähnlich der germanischen Verbündeten. Von weiteren, in ähnlicher Weise verpflanzten Stämmen wissen wir nichts, die Geschichte der Ereignisse dort nach 454 kennt keine anderen Namen.

Eine andere Erwägung kommt hinzu. Man hatte nach der Beendigung der Kämpfe in Gallien offensichtlich die hunnischen Truppen zurückgeholt, die in der Heimat das militärische Potential verstärkten und überdies aus ihrem Einsatzgebiet Kenntnisse und Erfahrungen mitbrachten, die sich nutzen ließen. Die militärische Komponente bei all dem ist freilich nicht zu übersehen. Die Hunnen hatten 376 die Gebiete um das Karpathenbecken in ihre Botmäßigkeit gebracht, unter Uldin, wie angenommen, kam die ungarische Tiefebene bis zur mittleren Donau hinzu, und wohl auch nördlich davon standen Gebiete zur Verfügung, die einheimische Bevölkerung ließ sich jeweils dem eigenen Herrschaftsbereich unterordnen. Ging es aber bei all dem um eine Fortführung der nomadischen Lebensweise, um Raum zur Ausdehnung und zu Weidegebieten, so reichte das Gewonnene nicht mehr aus. Sicher: Pferde- wie Tierzucht in einem beschränkten Maße waren möglich. Für die Aufstellung von großen, beweglichen Verbänden an Reiterei mit der Möglichkeit zu weit ausgreifenden Operationen jedoch war der Platz zu klein. Man hat errechnet, daß er nicht ausreichte, um ein Reiterheer von mehr als 10 000 Mann zu ernähren und auszustatten[176]. Nun ist die Stärke dieses hunnischen Bevölkerungsteils unbekannt, der überdies in erwähnten Territorien mit anderen Stämmen germanischer Herkunft zusammenlebte. Die Zahlen, die 451 für das hunnische Heer genannt werden, sind zweifellos Fiktion, und von einem weiteren hunnischen Zustrom aus dem Osten, wie erwähnt, ist nichts bekannt. Die Zahlen verwendbarer Bundesgenossen waren auf jeden Fall ebenfalls begrenzt. Weiter ergab sich, daß das hunnische Heer nicht mehr allein aus Reitern bestehen konnte, so daß sich zwangsläufig der Schrecken der nomadischen Kampfesweise verflüchtigte: Die Konzentration der Kräfte aber hatte in einer solchen Erkenntnis dann vor allem den Zweck, wenigstens die numerische Überlegenheit zu sichern so gut dies ging.

Bei solchen Gründen ist es nicht zu verwundern, wenn diesmal auch eine diplomatische Rechtfertigung des Angriffes auf Ostrom fehlte. Zu dem Zeitpunkt, als sich die Hunnen der Hauptstadt näherten, muß deren Befestigung weitgehend beendet gewesen sein, und die soeben bewährten, militärisch verwendbaren Teile der Bevölkerung standen zu deren Verteidigung bereit. Wie schon für 441 dargelegt, ist eine Analyse der Operationen nicht mehr möglich, und es fehlen Anhaltspunkte, die hunnische Strategie zu erkennen[177]. Entsprechendes gilt auch für die Reihenfolge der Ereignisse. Zu vermuten ist, daß Attila nach der Ausplünderung der Städte am Donauufer schon 441 sich jetzt gezwungen sah, das Hinterland zum Schauplatz zu machen: Serdica, Naissos, Philippopolis und Arcadiopolis wie auch Marcianopolis müßten demnach erst jetzt gefallen sein[178], wobei Byzanz auf eine Verteidigung verzichtete, weil man kräftemäßig dazu nicht in der Lage war, im übrigen sich ein Widerstand dort auch nicht lohnte. Daß auf diese Weise über 70 Städte in feindliche Hand gerieten, mag ein Topos sein, doch hängt dies vielleicht mit dem Überfallscharakter der hunnischen Operationen zusammen. Man drang darüberhinaus bis zu den Thermopylen vor, und es gelang auch in der Nähe von Constantinopel beide Meere, das Ägäische und das Schwarze, zu erreichen. All dies freilich blieb offensichtlich ohne Wirkung, und es fragt sich, ob die weite Ausdehnung des Operationsfeldes die Folge davon ist, daß die Beute geringer ausfiel als man erwartet hatte, man andererseits aber bestrebt war, die Enttäuschung hierüber bei den Truppen nicht um sich greifen zu lassen[179]. So ist nicht bekannt, wieviel diesesmal an Bevölkerung in die Gefangenschaft fortgeschleppt wurde, Naissos etwa scheint 449 noch menschenleer gewesen zu sein. Ein Zustrom an Arbeitskräften im hunnischen Reich war zweifellos bereits als ein Ersatz für die Teile der Bevölkerung gedacht, die sehr bald im Kriege würden verwendet werden müssen. Daß man nicht weiter nach Süden vorstieß, aber ließe sich zugleich wiederum als ein Zeichen numerischer Schwäche verstehen, die ein derartiges Risiko nicht erlaubte. Operationen auch an der Donau freilich fehlen nicht. Man war offensichtlich 442 noch nicht bis zur Mündung vorgedrungen: Daß Attila jetzt Noviodunum kurz vor dem Donaudelta den Skiren zur Einnahme und Plünderung freigibt, erklärt sich am ehesten wohl als eine Konzession, die nötig wurde, um auch die Bundesgenossen in gute Laune zu versetzen, daneben vielleicht, weil diese die besseren Erfahrungen mit der Belagerungstechnik besaßen, die aus früheren Kämpfen mit Rom ihre Tradition hatten. Imposant ist all dies nicht. Wie weit man nach Osten vorstieß, ist nicht bekannt, andere Plätze am Donauufer sind nicht erwähnt, die Schwarzmeerküste scheint man erst an anderer Stelle, weiter südlich, erreicht zu haben. Anderes muß auffallen. Während dieser Operationen, möglicherweise erst auf dem Rückzug, geraten die Hunnen am Utus, einem südlichen Nebenfluß der Donau, und nicht weit von dessen Mündung, mit der byzantinischen Armee aneinander. Diese hatte offensichtlich demnach nicht nur den Platz, nicht weit von der Einschiffung des Gegners ausgesucht, sondern lieferte diesem nunmehr eine Schlacht, die an Härte nichts zu wünschen übrig ließ, vor allem aber den Hunnen schwere Verluste beibrachte. Arnegisklus, jetzt der römische Befehlshaber, fiel im Kampf. Der Widerstand aber, auf den man traf, widerlegte zum erstenmal alle Vorstellungen von hunnischer Unbesiegbarkeit und ließ unverkennbar die genannten Schwächen sichtbar werden. Die Wende, die die Schlacht damit bedeutete, läßt zugleich auf eine Abwehrtechnik schließen, in der das römische Heer bereits eingeübt war. So war es nur natürlich, daß bei einer nüchternen Prüfung der Sachlage Attila angesichts dieser Verluste den Krieg beendete und wieder mit Verhandlungen begann. Es wird sicher auch die Erfahrung dieses Krieges sein, wenn er 450 an Bundesgenossen alles mobilisierte, was sich mobilisieren ließ, und das Heer, mit dem er in Gallien einmarschierte, nicht zuletzt als Masse wirken sollte, so daß es sich als ein Sammelsurium von Völkerschaften ausnahm, wie man es noch nie gesehen hatte. Anderes fällt auf. Wie sehr es Attila um ein Einlenken ging, zeigt noch eine andere Affäre, die sich mehr am Rande ereignete. Während der Kämpfe hatten die Einwohner der kleinen Stadt Asemos nahe der Donau[180] sich gegen den hunnischen Angriff zur Wehr gesetzt und erfolgreich die Belagerung überstanden, wobei sie sogar Gefangene machten. Erobert wurde der Platz, soweit ersichtlich, nicht. In den Verhandlungen nun verlangt Attila bezeichnenderweise die Herausgabe der Gefangenen. Diese indes blieben verschwunden. Doch als die Einwohner von Asemos im Gegenzug die Rückgabe einiger Kinder forderten, die in die Hände der Hunnen geraten waren, veranstaltete Attila eine großangelegte Suchaktion, um diesen Forderungen gerecht zu werden. Angesichts der sonst so reichlich angewendeten Methoden von Terror und Menschenraub fragt es sich denn, ob man eine solche Nachgiebigkeit als eine gezielte Geste oder als ein besonderes Zeichen der Bereitschaft zum Frieden verstehen muß. Und nicht alles braucht dabei Finte und Raffinesse in der Behandlung des Gegners gewesen zu sein. Eine Analogie ergibt sich zugleich zu seinem Verhalten gegen die römische Gesandtschaft 450, als er sich aus freien Stücken zu Konzessionen herbeiließ, die niemand von ihm erwartet hatte. Die Frage, wie die Untertanen auf solche Zeichen guten Willens reagierten und die Einbußen hinnahmen, die diese erbrachten, läßt sich nicht beantworten: Für die Verteilung der Beute an die Einzelnen wird man eine zentrale Regie anzunehmen haben.

Der Weg zu neuen Zielen

Der Beginn der Invasion 447 ist zeitlich nicht genau festzulegen. Steht er aber in Beziehung zu der Katastrophe in Byzanz, so müßte er noch in das Frühjahr fallen: Das Heer war zweifellos schnell mobilisiert, auch machten es die Fütterungsmöglichkeiten in Europa unnötig, mit den Operationen zu warten, bis die Sommerweiden nutzbar wurden. Das Ende der hunnischen Operationen aber müßte noch im gleichen Jahr angesetzt werden, nach einem Hinweis bei Marcellinus Comes könnte es in der Tat Attila selbst gewesen sein, der zu Verhandlungen die Initiative ergriff. Unterhändler auf der römischen Seite war jetzt Anatolios, der aus dem Osten zurückgekehrt und zu höheren Ämtern in der Militärhierarchie berufen worden war. Erneut wird offensichtlich jetzt wieder die Frage der Überläufer zur Sprache gebracht, und es ist verständlich, wenn gerade wegen dieser in den folgenden Jahren der diplomatische Verkehr noch einmal zunahm. Römische Konzessionsbereitschaft wird man auch jetzt annehmen dürfen. Die Zahl der Personen aber, um die es jeweils geht, ist auffallend klein[181], listenmäßig zu erfassen selbst durch die zweifellos rudimentäre hunnische Bürokratie am Hofe. Handelt es sich demnach vielleicht auch jetzt um Mitglieder des Stammes, dem Attila selbst angehörte, so fehlen uns freilich Zahlen für dessen Umfang. Es wäre überdies denkbar, daß die Ereignisse 445 eine Fluchtwelle auch in das römische Gebiet bewirkt hatten. Auf einen ersten Blick schwerer scheint zu wiegen, daß Ostrom nunmehr die finanziellen Subventionen verdreifachte und sich verpflichtete, jährlich 2100 Pfund Gold zu zahlen. Eine einmalige Zahlung von 6000 kommt hinzu. Wie sich diese errechnet, ist nicht zu erkennen, denn auf welche Weise man immer diese Zahl zu dividieren sucht, zu einem plausiblen Ergebnis gelangt man nicht: So ließe sich annehmen, es gehe um eine Nachzahlung gemäß den früheren Abmachungen. Von 441, dem Ausbruch des vorausgegangenen Krieges, an gerechnet, ergäben sich 5600, wozu 400 entweder als Strafgebühr oder zum Rückkauf von Gefangenen kämen. Oder aber, es handelt sich um einen Mittelwert für 12 Jahre seit 335. In der Tat aber, was Attila nunmehr benötigte, war Geld, und dies nicht nur wegen der neuen Kriegskosten, sondern angesichts des Prozesses, den er im eigenen Lande möglichst schnell zu Ende zu führen hatte. Rüstungskosten angesichts neuer, immer näher rückender Aktionen aber kamen hinzu, und es wäre denkbar, daß er es für gut hielt, nunmehr auch die Bundesgenossen an solchen Einkünften zu beteiligen. So erhöhte man im Rahmen der Vertragsbestimmungen auch das Lösegeld für die Gefangenen von 8 Solidi auf 12, für den Rückkauf einer vermögenden Dame aus der römischen Provinz verlangte Attila einmal 500. Byzanz wiederum muß von all dem Kenntnis gehabt haben. Man hatte zweifellos die Ermordung Bledas gedeutet und war über deren Hintergründe informiert. Folgerungen aber zog man, soweit ersichtlich, nicht. So war man sich über den Zweck der erhöhten Subventionen für Attila wohl im klaren, beschränkte sich in der Interpretation aber auf den wirtschaftlichen und den sozialen Aspekt, und ignorierte gleichsam bewußt alle anderen Perspektiven[182]. Im übrigen: Der Krieg 447 war, alles in allem, für Attila zu einer Niederlage geworden, die Verluste mochten es als zweifelhaft erscheinen lassen, ob er sich für die nächste Zeit zu größeren Aktionen überhaupt in der Lage sah[183]. Zwei verheerende Invasionen 441 und 447 hatten die Imperiumsgebiete südlich der unteren Donau verwüstet, so daß sich weitere vorerst nicht mehr lohnten. All dies aber legte nahe, Attilas Forderungen zu erfüllen und damit dem hunnischen Reich die Stabilität zu sichern, die nötig war, um die Eingliederung des Volkes in das Umfeld anderer Stämme und Völkerschaften abzuschließen. Zu erwarten war denn auch, daß eine solche Stabilisierung letztlich doch auch auf den Herrscher nicht ohne Wirkung blieb und ihn möglicherweise neben den gewonnenen militärischen Erfahrungen, zu einem Aufgeben seiner Pläne, zumindest einer Revision, veranlaßte. Seine Rolle aber gewann damit bei solchem Einlenken Aspekte, die ihrerseits dann doch wieder an die der traditionellen römischen Foederatenpolitik erinnerten. In der Tat scheint sich von da an das Verhältnis Attilas zu Ostrom wieder zu intensivieren. Man setzt den Austausch von Gesandten fort, zahlt die erwarteten Geschenke, akzeptiert Mittelsmänner und nimmt dabei auch den Einbau von Personen untergeordneten Ranges in das diplomatische Gefüge hin. Daß man dabei auf beiden Seiten auch die Informationsmöglichkeiten benutzt, die sich bieten, ist nur natürlich. Bezeichnend dafür, wie Attila die Beziehungen zu vertiefen suchte, sind seine Heiratsprojekte: als sich die Hochzeit seines Sekretärs Constantius mit einer byzantinischen Aristokratin zerschlägt, besteht er auf einem angemessenen Ersatz, eine andere Dame gleichen Ranges findet sich. Man geht sicher nicht fehl, zu vermuten, daß dieses zufällig überlieferte Projekt nur eines von vielen ist.

Eine weitere hunnische Forderung im Rahmen der Friedensverhandlungen[184] ist die nach einer Toten Zone von 5 Tagesmärschen südlich der eigenen Grenze wie auch an der Donau, wozu denn auch eine Verlagerung der Handelsplätze gehörte. Der Text, wie ihn Priscus überliefert, freilich könnte in die Irre führen. Die Erwägung nun, eine solche Forderung lasse sich schwer mit unseren anderen Kenntnissen von Attilas Politik einer allgemeinen Stabilisierung und auch mit dem Verhältnis in Einklang bringen, auf das es ihm gegenüber Ostrom jetzt ankam, wurde teils mit sorgfältigen Untersuchungen teils mit rabulistischer Apodiktik zu widerlegen versucht. Sicher, zu dem notorischen Räuber und Gewaltherrscher passen wüstes Land und Menschenleere allemal am besten. Ging es Attila aber gerade jetzt, 447 nach Kriegsende, um die Erneuerung des guten Verhältnisses zum Nachbarreich, um wirtschaftlichen Austausch und um die Nutzung von Einkünften und Vorteilen aus diesem, dann mußte dieses Wegrücken des Partners von der Grenze, von der Donau mit ihren Häfen, Handelsstationen und Verschiffungsmöglichkeiten, die auch jetzt noch bestanden, für die eigene Politik Attilas zu einem Rückschlag werden, dessen Folgen sich sehr wohl als neue Belastung auswirken konnten. Beließ man hingegen die Bevölkerung, die zweifellos nicht mehr zahlreich war, an Ort und Stelle, so erleichterte dies die Verkehrsverbindungen, und Möglichkeiten der Kontrolle gab es genügend. Eine römische Offensive, die durch eine solche Abgrenzung verhindert wurde, war nicht zu erwarten, tat Byzanz doch alles, um zumindest eine gewisse Prosperität innerhalb des hunnischen Reiches zu fördern. Ein Attila, der sich als Bundesgenosse wie selbstverständlich auf römischem Gebiet bewegte, paßt zu einer Toten Zone nicht. Gerade dies aber zwingt zu dem Schluß, es müsse ihm besonders daran gelegen sein, daß im Grenzgebiet das Leben weiter ging.

Daß der diplomatische Verkehr mit Ostrom, der sich in solcher Weise verstärkte, zugleich auch zu einer Demonstration gegenüber den verbündeten Untertanen wurde, drängt sich auf. Tat er das Seine, nach Einbußen und Verlusten, die man durch den Krieg erlitten hatte, das Ansehen des Herrschers zu stärken, so mochte er zugleich auch dort Hoffnungen erwecken, die friedlichen Verhältnisse würden sich noch weiter festigen. Entsprechende Beziehungen auch zum Westen können dies bestätigen. Wir wissen zwar aus diesen Jahren wenig darüber, wie sich das Verhältnis zu Valentinian, zu Aetius, dem Senat und den Würdenträgern dort im einzelnen gestaltete, diplomatische Verbindungen aber gab es auf jeden Fall. Geht man von dem Bericht des Priscus aus, so bestand die Möglichkeit zu inoffiziellen Kontakten, die sich bis nach Rom erstreckten, wie sie ohne offizielle im Hintergrund aber kaum denkbar sind. Wenn etwa ein Hofbeamter Attilas wie der Sekretär Constantius[185], der erste dieses Namens, veruntreuten oder anderweitig beiseite geschafften Kirchenschatz aus der Beute dort verkaufen konnte, so zeigt dies, was in solchen Dingen möglich war. Das Schicksal des Hofnarren Zerkon wiederum, eines Mauren, der in Besitz Aspars, 441 von den Hunnen gefangen wurde, dann an den Hof Bledas kam, aufgrund einer persönlichen Abneigung Attilas an Aetius überstellt wurde, dann doch wieder an den Hof Attilas gelangte, läßt deutlich erkennen, welche inoffiziellen Wege möglich waren und bis an den Hof selbst führten. Funktionäre höchsten Ranges am hunnischen Hofe, die aus dem Westen, oder aber, wie Orest und dessen Vater Tatulus, aus den hunnisch besetzten römischen Gebieten stammten, zeigen überdies, wie ganz offensichtlich Attila das Familiäre, Dynastische in dieses System von zwischenstaatlicher Verbindung einzubauen und demnach auch zu nutzen suchte. Die Absicht, alle Mittel zu einer Anpassung an die römische Welt zu benutzen, ist kaum zu verkennen. Romulus, der Schwiegervater des Orestes, begegnet Priscus als weströmischer Gesandter. Und es ist aus seinem Bericht nicht zu erkennen, wie lange dessen Aufenthalt bei den Hunnen dauerte. Dies wird auch für den Statthalter des angrenzenden Noricum gelten, Promotus, den er ebenfalls am Hofe Attilas antrifft. Die erwähnte Heiratsverbindung des Sekretärs Constantius nach Byzanz erweitert dieses Bild gleichsam nach der anderen Seite hin. Und es wäre denkbar, wenn in einer formalen, zugleich vielleicht naiven Auslegung Attila selbst seinen Rang als *Magister Militum*, ehrenhalber verliehen, ernster nahm, als es auf einen ersten Blick hin den Anschein hat[186]. Es könnte dieser Rang sein, der seine Pläne für die folgenden Jahre mit beeinflußt. Geld von dort wird er als Sold erhalten haben. Subventionen entsprechend denen aus Byzanz aber werden nirgends erwähnt, es liegt nahe, daß Attila um die Finanzlage des Westens Bescheid wußte und auf Forderungen verzichtete. Von Cassiodor wird über ein Jahrhundert später eine Friedensgesandtschaft erwähnt, die Carpilio, der Sohn des Aetius, zusammen mit Cassiodors gleichnamigem Vorfahren zu den Hunnen unternahm, um einen gefährlichen Krieg abzuwenden. Es wäre denkbar, daß er damit den Krieg 447 meinte, in den Westrom eigentlich automatisch als Gegner Attilas verwickelt gewesen sein müßte. Militärische Expeditionen aus dem Westen sind nicht bekannt: Die Chronikstelle, die dies deutlich rügt, übersieht indes vielleicht, daß Byzanz sehr wohl signalisiert haben könnte, eine solche sei nicht nötig. Es war indes auch 449 immer noch der erwähnte Personenkreis aus Westrom am hunnischen Hofe, der nicht zuletzt vielleicht die Aufgabe hatte, die Wogen zu glätten.

Priscus und seine Beobachtungen

All dies freilich, der Hof Attilas, die Regierung und die allgemeinen Zustände im hunnischen Reich wären unbekannt, hätten wir nicht den Bericht des Priscus aus Panion, der im diplomatischen Dienst Ostroms, wenngleich nur in einer Funktion von zweitrangiger Wichtigkeit, als ein Augenzeuge seine Beobachtungen in einem Werke zur Geschichte seiner Zeit verwertete. Auf ihn wurde mehrfach bereits hingewiesen. Das Werk freilich ist nur in späteren Exzerpten erhalten, der größte Teil ist verloren gegangen, der ein Vielfaches von dem Überlieferten ausgemacht haben muß. Was Priscus hinterließ, aber ermöglicht es, auch unsere archäologischen Zeugnisse besser zu verstehen und aus einem Vergleich Schlüsse zu ziehen, die doch ein Stück weiter helfen.

Zum Verständnis muß einiges vorausgeschickt werden. Die Ereignisse die bisher zu berichten waren, lassen erkennen, daß Byzanz sich der Entwicklung innerhalb des hunnischen Reiches gegenüber stets als besonders aufgeschlossen erwiesen hatte. Und seit Beginn des Prozesses innerer Stabilisation war man trotz gelegentlicher Invasionen und nicht immer freundschaftlichen Verhaltens einzelner Herrscher dabei geblieben. Der Grund war sicher nicht nur die gute Kenntnis der hunnischen Verhältnisse, sondern zugleich jene Tradition der römischen Außen- und Barbarenpolitik, die auch in diesem Falle zu verwirklichen man sich alle Mühe gab. Als aussichtsreich mochte man die entsprechenden Bemühungen aber nicht zuletzt deshalb empfinden, weil die Versuche einer Umwandlung der hergebrachten nomadischen Lebensformen und die Anpassung an die neue Umgebung seit Uldin trotz wesentlicher Unterschiede im Grunde doch diesen eigenen Absichten entsprachen. Zwar scheint dabei eine Alternative analog der Behandlung etwa der germanischen Stämme nach wie vor niemals erwogen worden zu sein: Das Verständnis für die besonderen Eigenheiten der nomadischen Herkunft und demnach auch für Attilas Ziele erwies sich bei aller Bereitschaft zur Hilfeleistung stets als begrenzt. Zur Seßhaftigkeit eines barbarischen Volkes nahe der Grenze aber war der Schritt dennoch nicht sehr groß. Die Politik in Byzanz um diese Zeit wiederum war bestimmt durch den Willen des Kaisers, oder durch einzelne, ihm nahe stehende Personen und deren Einfluß auf ihn, und dies unabhängig von Rang oder offiziellen Kompetenzen. Machtkämpfe, in die auch die kaiserliche Familie verwickelt war, blieben nicht aus. Unter Theodosius II., um den es hier geht, ist die Rolle Pulcherias[187], der Schwester des Kaisers, bekannt, die längere Zeit hindurch diesen entscheidend beeinflußte und damit die Politik bestimmte. In den Jahren nun, in denen die Auseinandersetzung mit Attila eines der Hauptanliegen der oströmischen Politik gewesen sein muß, übt den wichtigsten Einfluß auf den Kaiser Chrysaphius aus, ein Eunuche, der das Amt des obersten kaiserlichen Hofkämmerers innehatte, aber nicht nur in der Außen-, sondern auch in der Innen- und besonders der Kirchenpolitik die entscheidende Rolle spielte. So bewirkt seine Autorität auf der einen Seite die Unterstützung einer Glaubensrichtung monophysitischen Charakters und eine Manipulierung der kirchlichen Interessen, die zuerst zur Vertreibung der Kaiserin Eudocia, dann auch Pulcherias vom Hofe führt. Andererseits veranlaßt sie die Einberufung der Räubersynode von Ephesus 449, die beinahe den Bruch mit Rom und dem Papst zur Folge hat. Die Verbindung des Chrysaphius mit dem Patriarchat von Alexandria mochte das Ihre tun, seine Stellung am Hofe zu stärken, sie rief jedoch auch Gegenkräfte auf den Plan, die zu seinem Sturze beitrugen. Die Außenpolitik des Chrysaphius wiederum aber ist gekennzeichnet durch die Nachgiebigkeit gegenüber den hunnischen Forderungen, durch die Gewährung von Subventionen und das Bemühen um eine Erhaltung des Friedens um jeden Preis. All dies mit Schwäche oder mit Feigheit zu umschreiben indes wird den Dingen kaum gerecht: War Chrysaphius sehr wohl in der Lage, die wirklichen Machtverhältnisse abzuschätzen, wie sie sich übersehen ließen, so scheint sich daraus als Programm ergeben zu haben, die innere Stabilisierung des hunnischen Reiches zu fördern, so gut dies ging, um mit einer solchen Domestikation dieser Barbaren sogar eine Stärkung des eigenen Imperiums zu erreichen. Daß man unter solchen Voraussetzungen gut tat, die Wünsche der hunnischen Herrscher so gut es ging zu erfüllen, gehört dazu. Damit aber erweist sich die Politik des Theodosius demnach wieder als eine Variation dessen, was die römische Behandlung der Barbarenfrage seit je ausgemacht hatte. An Opposition fehlte es nicht. Sie war indes machtlos. Ihr Mittelpunkt ist der Isaurer Zenon[188], Magister Militum an der Ostgrenze. Zenon mochte in Hofkreisen einigen Einfluß haben, seine Aktionen gegen die Zumutungen Attilas nach 447 freilich können nur Nadelstiche gewesen sein, wie die Einmischung in die Heiratsabsichten des Sekretärs Constantius zeigt: Diese kann er einmal vereiteln, zieht dann aber gegenüber den Forderungen Attilas offensichtlich den kürzeren. War dieser Attila nun bei aller Unberechenbarkeit doch die eigentliche Garantie nicht nur für eine Stabilität des zwischenstaatlichen Verhältnisses, sondern damit auch für die Stellung des Chrysaphius am Hofe, so könnte es gerade der Druck durch diese Opposition gewesen sein, die nunmehr dennoch Chrysaphius zu einem Schritt veranlaßte, wie er selbst in der Geschichte der Antike selten ist. Ein Gesandter, Edekon[189], Mitglied der hunnischen Aristokratie, wird, wohl 448, auf einer Gesandtschaftsreise in Byzanz in den Plan einer Verschwörung zum Mord an Attila verwikkelt. Für die Durchführung eines Attentates verlangt er 50 Pfund Gold, der Mittelsmann des Chrysaphius ist der Dolmetscher Vigilas, wohl ein Gote. Den zurückkehrenden Gesandten, Edekon und dem erwähnten Orestes, nun schließt sich eine oströmische Gesandtschaft an, geleitet von Maximinus, einem Militär und Diplomaten von nicht allzu hohem Rang, den als Freund und Ratgeber Priscus begleitete, von den Mordplänen wissen beide nichts. Der Anschlag indes geht fehl, Edekon, an sich sowieso loyal und überdies stets unter der Aufsicht seines Kollegen, verrät Attila den Plan. Der nun beginnt, um Anstifter wie Mittelsmänner zu überführen, mit den Gesandten ein Versteckspiel, das mit der Überführung und der Erpressung des Vigilas endet und schließlich Attila zu den erwähnten noch einmal 50 Pfund Gold einbringt. Die Bitterkeit freilich, mit der er in einem Schreiben an den Kaiser dessen niedrige Gesinnung anprangert[190] und ihm die moralische Qualifikation für seine Rolle als Herrscher abspricht, ist somit nicht ohne Grund. Und es gehört zu diesem Unmut, wenn er Theodosius, da er Tribut zahle, danach als seinen eigenen Untertanen und Sklaven bezeichnet: In der Folgezeit freilich fällt auf, wie wenig er sich im Grunde aus der Affäre macht. So mag man in der Ermordung Attilas den Versuch einer Gewaltlösung sehen, überlegt war er nicht. Es scheint auch nicht in Erwägung gezogen worden zu sein, wie im Falle eines Gelingens die Entwicklung weiter gehen und Byzanz in der Lage sein werde, das Vakuum zu füllen, das damit an seiner Grenze entstand. Die Ereignisse nach 453 lassen erkennen, wie wichtig die Rolle war, die Attila, und dies selbst gegen seinen Willen, für Byzanz im Grunde spielte. Im übrigen ist die Reise der Gesandtschaft, so wie sie Priscus beschreibt, als Zeugnis ihrer Zeit für die Verhältnisse im hunnischen Reich wie für die Person des Königs selbst ebenso aufschlußreich wie amüsant. Man kommt nach dem Aufbruch aus der Hauptstadt bald in verwüstetes Gebiet, in dem zerstörten Naissos finden sich nur noch wenige Menschen, dazu ein Lazarett. In Serdica zuvor hatte man den Gesandten immerhin noch Vieh verkaufen können, das sie zur Verpflegung brauchten. Attila selbst aber kommt ihnen während eines Jagdausfluges auf römisches Gebiet bis über die Donau entgegen: Die Tatsache der fließend gewordenen Grenzen ist ebenso unverkennbar wie die Demonstration dieses Zustandes durch den König selbst. Man kampiert in Attilas Nähe, doch nach dringender Aufforderung in einer Weise, daß die eigenen Zelte stets an einer Stelle aufgeschlagen werden, die tiefer liegt als die des königlichen, stets belästigt durch die Fragen der königlichen Funktionäre, zu welchem Zwecke man eigentlich gekommen sei. Eingehalten aber wird von den Hunnen die Gepflogenheit der diplomatischen Achtung, man liefert Verpflegung, stellt Begleitung auf dem Wege zur königlichen Residenz, die man nach einigen Fährnissen erreicht. Die Gesandtschaft zu sehen jedoch weigert Attila sich geraume Zeit. Man trifft unterwegs bereits Kollegen aus dem westlichen Reich. Und nicht nur die Sekretäre des Königs als die Leiter von Bürokratie und schriftlichem Verkehr sind Römer, von Aetius an Attila übersandt: Einen von ihnen, den gleichnamigen Vorgänger des jetzt amtierenden Constantius, hatte Attila wegen eines Vergehens bereits mit dem Tode bestraft. Ein besonderes Ansehen am Hofe genießt der erwähnte Orestes, ein begüterter Einwohner der 433 in hunnische Hand geratenen Savia, und dies nicht nur als Diplomat, sondern als Mitglied des engsten Kreises. Als Teilnehmer der Gesandtschaft Edekons fiel er Priscus durch seine Informiertheit wie seine Loyalität besonders auf. Auch andere hunnische Würdenträger sparen nicht mit Treuebekenntnissen. Dem König ebenfalls nahestehend, werden sie mit Sonderaufträgen abgeschickt, haben ihre Residenz nahe der seinen und vermitteln Audienzen, die anders kaum zu errreichen sind. Auch scheinen sie über einzelne Landstriche und deren Bewohner zu gebieten[191], es bleibt zu fragen, ob es sich bei dem einen oder anderen von ihnen um gleichsam mediatisierte Stammeshäuptlinge handelt, die auf solche Weise mit neuen Funktionen ausgestattet worden sein müßten. Germanische Stammeshäuptlinge werden nicht erwähnt. Die Verhandlungen, die sich um die Auslieferung von Überläufern drehen, führt der König selbst. Zwar hatte man von diesen die geringe Zahl von 19 mitgebracht. Attila, darüber unzufrieden, präsentiert nun eine Liste der Namen der immer noch Vorenthaltenen, frühes Zeichen einer Bürokratie, aber auch dafür, wie sehr ihm Details am Herzen lagen. Auch den Geschenken gilt seine besondere Sorgfalt, dies ganz offensichtlich, weil es sich bei deren Wert um einen Gradmesser von Respekt und Ansehen handelt. Die Gesandtschaft, die ihm in die Residenz zu folgen hatte, mußte eine Reihe von Flüssen durchqueren und wurde unterwegs auch im Hause der Witwe Bledas aufgenommen, die als die Herrin eines Dorfes ein offensichtlich hohes Ansehen genoß, umgeben mit allem, was hunnische Zivilisation zu bieten vermochte. Sie übt Gastfreundschaft gegen die Fremden, und wie später auch die Gattin Attilas erhält sie mitgebrachte Geschenke, Seidenstoffe und orientalische Gewürze, deren Wert sie sehr wohl kennt. Geschenke wie die erwähnten sind offenkundig eingeplant: Man ist in Byzanz demnach sehr wohl informiert, wie viel zumindest die hunnische Oberschicht bereits von einer Lebenskultur in sich aufgenommen hat, die eher doch eigentlich für das Imperium gilt. Der Name von Attilas Hauptgattin Kreka wird von griechischer Herkunft abgeleitet. Über die Angelegenheiten, die die Gesandten aus Westrom zu regeln haben, wird wenig berichtet. Einer von ihnen, Romulus, aber steckt voll von Gerüchten und Parolen[192], die sich auf Attilas Zukunftspläne beziehen. Demnach dehne sich das Reich bereits über die Inseln im Ozean aus. Nach einem Perserkrieg, der bevorstehe, werde sich Attila zum Herrn über das römische Imperium aufschwingen, und erst vor kurzem habe man das Schwert des Kriegsgottes wieder gefunden[193], das ihm diese Herrschaft verheiße. Ein wirkliches Ergebnis scheint die Gesandtschaft des Maximinus indes nicht zu erbringen. Zwar zeigt Attila sich umgänglich, es wird nicht gesagt, ob er klare neue Forderungen im einzelnen stellte. Wichtiger sind Etikettefragen, Maximinus[194] erscheint seinem Rang nach für weitere Verhandlungen als ungeeignet, als Gesandte schlägt Attila selbst Anatolios und Nomus vor, die höchsten Würdenträger des oströmischen Reiches. Die beiden Gastmähler, zu denen die Gesandten geladen werden, sind barbarischen Stils, doch von einem festen Ritual, in dessen Mittelpunkt freilich der König steht, von betont schlichter Kleidung und in einer Zurüstung, die in ihrer Bescheidenheit von der der anderen absticht. In der Art, wie er sich geriert, ist er nicht ohne menschliche Züge. Das Bild wird abgerundet durch erwähnte Würdenträger, deren Funktion Priscus mit großer Vorliebe schildert. Daß auch sie ihre Geschenke erhalten, ist selbstverständlich. Und das Bekenntnis des angesehensten unter ihnen, Onegesius, zu Attila, scheint als ein Zeichen von dessen historischer Rolle nicht nur stilisiert zu sein. Es versteht sich zugleich aber auch als ein Fazit, das der Autor selbst zum Phänomen Attilas zieht[195]. Eine andere wichtige, in ihrer Weise aufschlußreiche Stelle ist der Bericht über das Zusammentreffen des Priscus mit einem ehemaligen Römer, der es als Gefangener der Hunnen nach 441 dort zu Ansehen und Reichtum gebracht hatte und, mit einer hunnischen Frau verheiratet, sich nunmehr ganz als Hunne fühlt und seiner Freude an diesem neuen Zustande beredt Ausdruck verleiht. Sein Wohlgefallen an der Welt, in der er jetzt lebt, wird ergänzt durch seine Klagen über die Mißstände im römischen Reich, über Steuern und Bedrückung der einzelnen Bürger durch den Staat. Priscus sucht ihn zu widerlegen, indem er ein Idealbild von bürgerlicher Ordnung unter dem Schutze einer Monarchie entwirft. Der Exkurs, der sich ergibt, ist stilistische Verzierung und rhetorische Demonstration in der herkömmlichen Weise, die man von einem Autor erwartete, über deren Wert als ernst zu nehmendes historisches Zeugnis man zweifeln mag. Die Tatsachen allerdings, um die es geht, sind nicht zu übersehen: Sie decken sich mit den Klagen vieler Autoren aus allen Teilen des römischen Reiches. Deutlich aber wird durch Priscus an diesem Beispiel, wie nun in der barbarischen Welt selbst die ethnischen Grenzen beginnen durchlässig zu werden, und im hunnischen Reich damit ein Zustand fast erreicht ist, der die Erwartungen in Byzanz rechtfertigte. Freilich, zu all dem kommt das Bild eines anderen Gefangenen[196], der in genialer Weise eben für den erwähnten Onegesius ein gemauertes Bad nach römischem Vorbild baute, danach aber von diesem statt mit einer Freilassung durch die Ernennung zum Wannenwärter geehrt wurde: Es mag die Ironisierung sein, die die überhöhte Selbstdarstellung des Gesprächpartners dann doch wieder relativiert. Aufzuzeigen aber, daß die Welt Attilas keineswegs mehr als eine rein barbarische gelten durfte, ist Priscus gelungen.

Die Residenz, in der man sich eine Zeitlang aufhielt, besteht aus einem Holzpalast mit Türmen, umgeben von den Palästen der anderen Großen mit dem für sie charakteristischen Komfort. Zu ihr gehört haben müssen auch die Wohnungen anderer Personen im königlichen Dienst und ihrer Familien. Den Eindruck einer Stadt mit den für eine solche geltenden Kriterien hat man aber nicht. Um ein bloßes Provisorium jedoch kann es sich auch nicht handeln. Was sich aufdrängt, ist das Bild vielmehr einer Palaststadt nach persischem Vorbild, was vielleicht auf entsprechende Einflüsse zurückging, aber zugleich auch von betonter Seßhaftigkeit: Die steinernen Mauern der Bäder sind demnach vielleicht als ein Anfang zu sehen, den Priscus gerne zur Schau stellte. Die Seßhaftigkeit der Einwohner des Umlandes aber müßte dazugehören, die Paläste von Personen höchsten Ranges lassen sich nicht anders deuten. So erlebt man einen Einzug des Herrschers, der einem Festakt gleicht, seinen Umgang mit den Angehörigen der Würdenträger, man hört die Festchöre junger Mädchen zu seinen Ehren, sieht ihn selbst vor dem

Palaste Recht sprechen und Befehle erteilen, und dies in einer Souveränität der Verhaltensformen und einer Gestik, die geeignet ist, sich Respekt zu verschaffen, ja Furcht zu erregen. Man trifft ihn in dieser Residenz auch als einen Verhandlungspartner, der in der Lage ist, alle Register zu ziehen, der Freundlichkeiten erweist, aber mit Drohungen nicht spart. Und man erlebt, wie im Falle des Vigilas, Wutausbrüche, die im nachhinein dann dennoch den Eindruck erwecken, sie müßten gespielt gewesen sein. Sicher, Ergebnisse scheint die Gesandtschaft nicht mit nachhause gebracht zu haben, Priscus erwähnt solche nicht. Umso mehr aber muß es dann auffallen, wenn im nächsten Jahr eine neue, diesmal tatsächlich mit Anatolios und Nomus an der Spitze, einen Empfang erhält[197], der staunen macht. Attila reitet ihr entgegen, seinen Worten nach, um ihr die Strapazen des Weges zu ersparen, überhäuft die Gesandten mit Geschenken, die unter Hunnen als die höchste Ehre gelten, und verzichtet fast spontan sofort auf alle Forderungen, auch die, die bisher noch nicht erfüllt worden waren, d.h. auf die Auslieferung von Gefangenen und Überläufern, die sich noch auf römischem Gebiet aufhalten, auf eine Grenze, die südlich der Donau liegen sollte, und nur die Zahlung der Subventionen scheint beibehalten worden zu sein. Und es ist jetzt, daß man Constantius die neue Braut zuführen kann. Diese ist die Schwiegertochter des Plinthas, Magister Militum und Unterhändler 435 beim Abschluß des Friedens von Margus: Ihr Gatte Harmatios war in Afrika gefallen. Priscus stellt die Wende so dar, als sei der König durch die Geschenke überwältigt worden, die die Gesandten ihm gebracht hatten. Ob dies der wahre Grund war, ist zu bezweifeln. Es könnte zutreffen, wenn Priscus zugleich bemerkt, die Harmonie zwischen dem Hofe und dem hunnischen Reich, die damit so eindringlich sichtbar wurde, habe in Byzanz zu Befürchtungen Anlaß gegeben, die Gegenpartei werde alles tun, um einen Umsturz herbei zu führen, und eine Usurpation stehe bevor.

Der Eindruck freilich, den Attilas Verhalten bei dieser Angelegenheit im Frühjahr 450 erweckt, ist dennoch zwiespältig. Und man fragt sich, ob dann alles, was für die frühere Zeit berichtet wird, die rüden Formen des Umganges, die Drohungen und die Demonstrationen der eigenen Überlegenheit, nur Mittel zum Zweck gewesen waren, um die Partner einzuschüchtern, der wahre Attila aber ein ganz anderer sei, ein Herrscher, der nichts so sehr wie Frieden und freundschaftliche Verhältnisse suche und dafür auch zur Mäßigung seiner Forderungen bereit war. Wie im Detail, so ist auch im Ganzen nur schwer abzuschätzen, was echt und was Täuschung war. Freilich, was frappiert, ist in erster Linie die Geste, und man war sich in Byzanz sicher schnell im klaren, daß alle Konzessionen 450 sich auf Einzelheiten bezogen, es für eine grundlegende Änderung des Verhältnisses aber keinen Anhaltspunkt gab. Sicher, Byzanz und mehr noch das eigene, hunnische Volk und die Untertanen mochten auf diese Weise noch einmal in ihrer Hoffnung auf eine gedeihliche, friedliche Zukunft bestärkt werden. Ging es Attila jedoch nach wie vor um eine Erfüllung anderer Pläne, für die das Erreichte nur eine Etappe war, so mußte er jetzt die Zeit als gekommen ansehen. Die Konzessionen, die er machte, gewinnen auf diese Weise einen anderen Stellenwert.

Vor dem Aufbruch

Die Gesandtschaft unter Anatolios und Nomus fällt in das Frühjahr 450. Mit ihrer scheinbar großzügigen Regelung aller anstehenden Fragen durch Attila konnte sie das Ende einer Epoche von Kriegen und Auseinandersetzungen bedeuten. Für beide Mächte aber ergaben sich zugleich auch andere Gründe. Man mochte in Byzanz davon ausgehen, dieser Abschluß sei der Beweis, daß die alte Imperiumspolitik immer noch ihren Sinn hatte. Ob mit solchen Erwägungen alle Vorbehalte auszuräumen waren, steht dahin. Für den Vertragspartner wiederum ergab sich der erreichte, nunmehr vertraglich gesicherte Zustand als das gleichsam äußere Ende einer Entwicklung, die ihr inneres bereits mit der Ermordung Bledas erreicht hatte. Dies ließ den Vertrag wohl als annehmbar erscheinen, hinderte aber keineswegs daran, ihn lediglich als eine Etappe des Prozesses zu deuten, der weiter führte und längst ins Auge gefaßt war, ja ließ sich als Bestärkung verstehen. Wie weit gerade in diesen Dingen die beiden Kontrahenten wirklich voneinander wußten, ist im einzelnen unbekannt. Hielt man aber an den angedeuteten Erwägungen in Ostrom fest, so läßt sich annehmen, daß auch dort immer noch ein Stück Hoffnung lebendig war, es brauche dennoch nicht zu einer Katastrophe zu kommen. Nicht, daß Attila nicht in der Lage gewesen wäre, die Kräfteverhältnisse zwischen seinem Reich und Ostrom abzuschätzen, und sich trotz persönlicher oder diplomatischer Beziehungen täuschen ließ. Informationen waren leicht zu gewinnen. So hatte Ostrom sich auf eine Tributpolitik eingelassen, die scheinbar alle herkömmlichen Vorstellungen übertraf. Schwer für den Außenstehenden indes muß es gewesen sein, zu erkennen, welch geringen Bruchteil im Rahmen des gesamten Finanzaufkommens die Lasten ausmachten[198], die man sich auferlegt hatte. Zwar sind insbesondere die Klagen des Priscus über die Höhe der Steuern gerade in diesem Falle, über die Not der Betroffenen und über die unerträgliche Belastung Einzelner beredt, allzu beredt möchte man meinen. Rigorose Maßnahmen für den Augenblick lassen sich in der Tat vielleicht aus einem Mangel an schnell verfügbarem gemünztem Bargeld erklären, das demnach als Sondersteuer von einer bestimmten, an sich privilegierten Gruppe von Landbesitzern eingehoben wurde. Härten in einzelnen Fällen sind vielleicht nicht auszuschließen, im übrigen aber übertreibt Priscus zweifellos, einer Interessengruppe verbunden, zu der die Betroffenen gehören. Auf der anderen Seite ließ sich nicht übersehen, daß die gezahlten Subventionen, dem hunnischen Programm zufolge, doch in erster Linie zum Ankauf von dringend benötigten Zivilisationsgütern, dazu von Nahrungsmitteln und Saatgut verwendet worden sein müssen, die man fast auschließlich doch wohl aus dem Imperium bezog, so daß der größte Teil der Gelder wieder in dieses zurückströmte, ja sich dort anregend auf die Produktion, auf Handel und Wirtschaft auswirkte. So muß es auffallen, welchen Wert Attila wie bereits die Vorgänger und selbst die Nachfolger stets auf die Märkte an den Grenzen und auf den unbeeinträchtigten Verkehr dort legten, dies übrigens ähnlich den anderen Nachbarn des Imperiums. Chrysaphius im übrigen ist bezeichnenderweise als ein Favorit der grünen Zirkusfraktion in Constantinopel bekannt, der in erster Linie Kaufleute, Handwerker und Gewerbetreibende angehörten. Der Grundbesitz hingegen favorisierte die blaue. Zwar bestand die antihunnische Partei nach wie vor. Ob sie Konzeptionen besaß, die über vordergründige Maßnahmen wie die Einschränkung der Subventionen und als Ziel die Aufrechterhaltung der Distanz zu den Barbaren hinausging, läßt sich nicht erkennen: Daß zu ihren Anhängern insbesondere das Militär zählt, ist denkbar, müßte dies nach den Abwehrerfolgen 447 doch neuen Auftrieb gewonnen haben, so daß es ihm in seinem Selbstbewußtsein von jetzt ab schwer wurde, einer Politik zuzustimmen, die immer noch auf eine Förderung der ehemaligen Gegner abzielte. Noch 449 scheinen, nach der Aussage eines der Würdenträger Attilas bei Priscus, in Byzanz Aspar und Areobindus bei diesem in Gunst und Ansehen zu stehen[199], persönliche Beziehungen besonders mit Aspar seit den Verhandlungen 441 lassen sich vermuten. Eine Rolle Aspars 447 wird nirgends erwähnt: Indes, auch er als die wichtigste Person am Hofe, wenn es um militärische

Dinge ging, war von Strömungen abhängig, die selbst innerhalb seines Ressorts nicht zu ignorieren waren, vom Ehrgeiz anderer Personen wie möglicherweise Zenons abgesehen, der zu Vorsicht und Anpassung zwang. Marcian, der nächste Kaiser, jedenfalls war Aspars Kreatur, und so müssen Attilas Sympathie wie vielleicht auch die Hoffnungen, die er sich auf Aspars Einfluß machte, auf einer Fehleinschätzung der Verhältnisse am Hofe beruhen. Sicher, im Augenblick ließ sich alles, was es an Unstimmigkeiten, Kontroversen und Mißverständnissen noch gab, durch die kaiserliche Autorität beheben oder zumindest in Schranken halten. Chrysaphius hatte durch die Räubersynode und die Machtstellung Alexandrias möglicherweise einen Rückschlag erlitten, der sich auf seine Stellung auch am Hofe auswirkte: Der Vertrag von 450 ließ sich auch von seiner Seite wiederum als ein Triumph auswerten, und alles weitere war abzuwarten.

Da starb Theodosius am 28. Juli 450 an den Folgen eines Reitunfalles[200]. Die Wende kam prompt. Nicht ohne die Mithilfe Aspars wurde in Byzanz in einer Prozedur, die nichts Außergewöhnliches an sich hatte, durch die zuständigen Gremien und Institutionen, Volk, Senat, Armee und Patriarch ein Militär aus der eigenen Umgebung, bisher im Range lediglich eines Tribunen stehend, zum Kaiser erhoben: Marcian. Kurz danach nahm dieser die zurückgekehrte Pulcheria zur Gattin, die offensichtlich seine Wahl begünstigt hatte. Chrysaphius war im Auftrage Pulcherias bereits zuvor beseitigt worden[201]. Gehörte der neue Kaiser aber zur militärischen Führungsschicht, deren Auffassung in der Hunnenfrage er teilte, so ergab sich von selbst zugleich auch die Verbindung mit der landbesitzenden Aristokratie, die scheinbar so sehr in Mitleidenschaft gezogen worden war. Einer der ersten Schritte des Kaisers, wohl nicht zuletzt als Konzession an Pulcheria, war die Einberufung einer neuen Synode. Gegenüber den Hunnen aber werden sofort die bisher gültigen Verträge gekündigt und demgemäß alle Zahlungen eingestellt[202]. Dies muß noch im Spätsommer 450 geschehen sein.

Die Katastrophe aber, die Attila mit einem Schlage aller Subventionen beraubte, nahm dieser auffallend gleichgültig hin. Zumindest ist eine Reaktion auf die Nachricht nicht bekannt. Erklären läßt sich ein solches Verhalten am ehesten wohl damit, daß für ihn in der Tat dieser Rückschlag bereits belanglos geworden war, weil um diese Zeit bereits die endgültigen Vorbereitungen eines Unternehmens angelaufen waren, als dessen Folge sich bald ganz andere Lösungsmöglichkeiten der hunnischen Frage ergeben würden. Sie betrafen das oströmische Reich nur noch am Rande.

Die Teile des oströmischen Reiches, die für eine hunnische Invasion erreichbar waren, mußten nunmehr als erschöpft gelten. Attila hatte auf weitere Erhöhung der Subventionen verzichtet: Über die Spannungen, die sich aus solchen in Byzanz ergaben, war er zweifellos informiert. Auf der anderen Seite durfte auch der Prozeß einer hunnischen Anpassung an die europäischen Verhältnisse nunmehr als abgeschlossen gelten und hatte sich das Verhältnis zu den nicht-hunnischen Bundesgenossen weiter verfestigt[203]. Gründe, diesen Prozeß nunmehr fortzusetzen und auf andere Länder auszudehnen, aber ergaben sich dennoch. Man hatte die nomadische Lebensweise aufgegeben und war zur Seßhaftigkeit übergegangen. Indes, die verfügbaren Räume waren klein, zum größten Teil von bescheidener Fruchtbarkeit und auch von klimatischen Bedingungen, die Katastrophen nicht ausschlossen, so daß die materielle Abhängigkeit auch bei weiterer Akkulturation kaum zu überwinden sein würde, das Leben aber damit stets behindert blieb. Sicherheit aber auch im Politischen gab es nicht. Man hatte über nunmehr drei Generationen zwar ein Ordnungsgefüge entwickelt, das diesem Prozeß der Umwandlung der Lebensformen entsprach und dessen Fortführung garantierte, den Betroffenen ein Höchstmaß an Sicherheit bot und deren Interessen auch nach außen hin zu vertreten in der Lage war. Kam indes eine Integration analog zu der der früheren römischen Klientelstaaten aus vielen, schwerwiegenden Gründen nicht in Frage, so blieb die Stellung des Herrschers dennoch prekär, war in seiner materiellen Überlegenheit das Imperium doch stets in der Lage, die bestehende Interessengemeinschaft aufzukündigen, was diesem Herrscher schnell alle Basis entzog. Auch er war demnach auf den guten Willen der Vertragspartner angewiesen: Sicher, an einem solchen hatte es bisher nie gefehlt, und wie weit das, was von Byzanz oder von Rom in einem solchen Zusammenhange geleistet worden war, wirklich ausreichte, brauchte jetzt kein Gegenstand der Erörterung mehr zu sein. Was unter solchen Voraussetzungen dem hunnischen Herrscher auf jeden Fall blieb, war die Unzufriedenheit, und der Gedanke einer Verbesserung der eigenen Lage müßte aus diesen Gründen allein bereits zu einer Obsession geworden sein. Ergab sich denn auch aus der engen Verbindung mit den germanischen Stämmen eine solche Verbesserung nicht, so blieb nur, daß man selbst dazu die Initiative ergriff. Bedeuten aber konnte dies nur, man hatte noch einmal einen Eroberungsfeldzug zu beginnen, hatte auszugreifen und das bereits Gewonnene durch neue Völkerschaften zu erweitern, indem man sie unterwarf, sie dem eigenen Reich eingliederte, um ihren Reichtum als Machtmittel verfügbar zu machen, bis ein Zustand erreicht war, der als die Überwindung des bisherigen Provisoriums gelten durfte. Bis zu einem gewissen Grade mochte dabei das bisher Erreichte für diesen Zustand als ein Modell gelten. Zu fragen bleibt, wie weit in einer solchen Absicht zur Expansion zugleich alte nomadische Vorstellungen noch mit anklangen und sich nun mit einer rationalen Analyse der eigenen Lage verbanden. Man wird anzunehmen haben, daß die entsprechenden Ziele früh zutage traten und nicht unter Schwierigkeiten durchzusetzen waren, die Ermordung Bledas gehört dazu. Dann aber ergibt sich, daß, pragmatisch gedeutet, alle Ereignisse, die seit spätestens dem gemeinsamen Regierungsantritt, und mehr noch nach 445, als Vorbereitung von hier aus gedeutet werden müssen, die Kriege gegen Byzanz 441 und 447, die erfolgreichen Friedensschlüsse, die Steigerung der Subventionen wie die Umwandlung der Lebensformen und der Aufbau des Reiches mit Zentralisierung, Verwaltung und Diplomatie. Trotz einer demnach geraumen Zeit von Planung freilich, die sich damit ergab, bleibt zu fragen, ob eine solche wirklich erschöpfend sein konnte. Man mochte davon ausgehen, daß die Eroberung ein Feldzug und damit eine militärische Angelegenheit war: Die Frage nach der eigenen Stärke und den anderen Voraussetzungen muß sich seit 447 aufgedrängt haben, auch wenn man die Bundesgenossen mit einbezog. Unklar war das Schicksal der Ethnie unter den neuen Bedingungen, das Problem der weiteren Akkulturierung oder aber die Gefahr einer Selbstauflösung auf welchem Wege auch immer. Und nicht zu beantworten auch war die Frage nach der Übertragbarkeit der entwickelten eigenen staatlichen Ordnung, auch wenn diese bisher unter kleineren räumlichen Dimensionen sich durchaus bewährt hatte. Die Prüfung all dieser Voraussetzungen freilich konnte als Ziel nur auf die Gründung eines neuen, größeren hunnischen Reiches hinführen, das zusammen mit den bereits entwickelten Ordnungsfunktionen weitgehend auch die überkommene Struktur übernahm. Eine bloße Analogie zu dem früheren aber konnte dieses Reich nicht mehr sein. Die Dinge mußten zwangsläufig vielmehr auf die Errichtung eines Imperiums hinauslaufen, das als ein hunnisches zu bezeichnen war und in dem die Hunnen den Kern ausmachten. Ganz nach dem Modell des römischen, brauchte in diesem Imperium die Heterogenität seiner Bestandteile keine Schwierigkeiten zu bereiten, zu ihrer Behandlung besaß man überdies an Erfahrungen genug. Seinen Dimensionen nach aber mußte es stark genug sein, daß die Gleichrangigkeit mit dem ost- wie dem weströmischen außer Frage stand, die wirtschaftliche wie die politische Unabhängigkeit aber garantiert war. Zugleich aber würde dieses Imperium in der Lage sein, Aufgaben und Funktionen zu übernehmen, die auch in deren Sinne waren, indem es die Kontrolle weiter Räume im Vorfeld übte, die bisher zwangsläufig vernachlässigt und deshalb immer wieder zur Gefahr geworden waren. Ging es demnach um eine Dreiteilung der Oikumene, wie man sie als eine solche verstand, so mochte Attila davon ausgehen, daß ihm von seinen künftigen Partnern weiterhin Hilfe und Anerkennung zuteil werden würden[204]. Als Ziel einer solchen Expansion freilich kamen nur die Gebiete im Westen in Frage, das Land nördlich der Alpen und Gallien. Dies würde nicht nur den Verzicht auf ein weiteres Ausgreifen Attilas nach Osten erklären, auch das Vorschieben der eigenen Präsenz an der mittleren Donau hätte damit einen Sinn für die Gewinnung einer Basis für die künftigen Operationen bereits im Vorfeld. Die Kenntnisse Attilas von Gallien müssen erschöpfend genug gewesen sein, um das Land in seine Pläne einzubeziehen. Zu den Berichten der eigenen Landsleute nach 439 kamen die von Händlern, Diplomaten und dazu vielleicht von Galliern, die nach den Wirren der dreißiger und vierziger Jahre eine Zuflucht suchten, so wie Salvian dies andeutet. Auch die Flucht des Bagaudenführers Eudoxius 448[205] kann nicht von ungefähr zu Attila geführt haben: Suchte dieser bei Attila Hilfe, so müssen dezidierte Informationen auch von dieser Seite gekommen sein. Beziehungen zu gallischen Stämmen und die Parteinahme Attilas in internen Streitigkeiten innerhalb des Stammes der Franken lassen erkennen, daß die Dinge bereits weit gediehen waren. Dieses Gallien war zwar kurz zuvor von Aetius befriedet und als ein Bestandteil dem römischen Imperium wieder eingegliedert worden, wobei auch die Kirche eine wichtige Rolle spielte. Eine Ablösung Roms, die ohne große Schwierigkeiten vor sich ging, und die Eingliederung in ein neues politisches Gefüge, das sich nunmehr vom Atlantik bis in die Ukraine erstreckte, aber konnte sich in einer neuen Weise fruchtbar auswirken und verbesserte Lebensmöglichkeiten für Teile der Bevölkerung bringen, deren Schicksal unter der römischen Herrschaft ja ein Salvian in den düstersten Farben ausmalte. Für das eigene hunnische Substrat wiederum und dessen Ansiedlung ließ sich vielleicht das Modell der Alanen verwenden. Ging es freilich darum, möglichst viele dieser Hunnen nach Gallien zu überführen, so ergab sich zugleich die Frage nach den leer gewordenen Territorien im Osten, die zweifellos unter hunnischer Herrschaft bleiben sollten. Für die wohl bei solchen Ereignissen involvierten Bundesgenossen galt das gleiche. Bei einem Herrschaftssystem, das analog zu dem früheren und auf dieses aufbauend, in einer Unterordnung verschiedener autonomer Stämme und vielleicht ehemaliger römischer Provinzen bestand, stellte sich nicht zuletzt auch die Frage nach dem Platz für die Zentrale dieses neuen Imperiums. Attila mochte überdies auf die Unterstützung auch nach der Gewinnung Galliens durch eine Anhängerschaft hoffen, die sich bereits profiliert hatte: Für die Dauer ihrer Loyalität freilich gab es eine Garantie nicht. Einen besonderen Unsicherheitsfaktor stellten die Westgoten im Süden Galliens dar, um deren Expansionsabsichten er wußte. Sie völlig zu unterwerfen, kann er nach dem, was ihm bekannt war, kaum im Sinne gehabt haben, Konzessionen an sie aber bedeuteten von vornherein eine Beeinträchtigung, die vieles wieder in Frage stellte, was er zu unternehmen gedachte. Die Korrespondenz mit ihnen, die er spätestens 450 begonnen haben muß, läßt zwar vermuten, er habe versucht, mit ihnen zu einem Übereinkommen zu gelangen. Die Reaktion der Westgoten, so wie Jordanes sie schildert, aber zeigt, daß er sich in ihnen täuschte.

Was immer aber Attila plante, verwirklichen ließ es sich nur auf Kosten Westroms, und der Konflikt mit diesem, und wohl demnach mit dem ganzen Imperium, war unvermeidlich. Die Beziehungen zu Ravenna waren bisher zwar immer gut gewesen[206], was sich nicht zuletzt aus der räumlichen Entfernung mit erklärte, und überdies hatten persönliche Kontakte zu Aetius für diese eine gewisse Garantie geboten: Es wäre denkbar, daß Attila sogar ein gewisses Verständnis für seine Absichten von diesem erwartete. Über die nie ganz ungefährdete Stellung des Aetius am Hof wie im Senat war Attila zweifellos informiert. Nachgiebigkeit Roms aber gegen die eigenen Gallienpläne zu erwarten, ging zu weit. Sicher, er selbst war für dieses Rom Bundesgenosse und bekleidete den höchsten Rang in dessen Heer. So ließ sich auch die Frage der Zession vom Imperiumsterritorium ins Feld führen, wozu vielleicht die von Illyricum schon 433 und dann 437 eine Anregung bot. Dieses Gallien aber, um das es jetzt ging, war außer Italien und vielleicht noch Teilen Spaniens das einzige geschlossene größere Gebiet, das vom weströmischen Reich übrig war, und für dessen Erhaltung Rom sich kurz zuvor alle Mühe gegeben hatte. Und auch wenn man von einer wohl zwiespältigen Stellung des Aetius absah, daran, daß Rom alles aufbieten würde, dieses Gallien zu halten, konnte kein Zweifel sein. Freilich, von der Schwäche der römischen Armee muß Attila Kenntnis gehabt haben, und gelang es, sich mit Westgoten, Franken und Bagauden zu verbinden, so konnte die Verdrängung Roms aus Gallien nicht schwer sein. Westrom etwa zu vernichten war Attilas Absicht keineswegs: Von ihm aber Skrupel in Fragen zu verlangen, die er als unvermeidbar ansah, hieße seine Mentalität überfordern. Dies müßte dann auch für sein Verhältnis zu Aetius gelten, dessen Kompromittierung er zweifellos ebenfalls zu eigenem Vorteil auszunutzen gedachte. Analogien in Europa für Attilas Vorhaben gab es kaum. Ein Modell konnten weder die germanischen Landnahmeprozesse in Gallien noch die vandalische Reichsgründung in Afrika sein, die von ganz anderen Voraussetzungen ausgingen. Eine Aufmunterung durch Geiserich[207], die berichtet wird, scheint vollends abwegig, stand dieser doch seit dem endgültigen Vertrag von 442 mit dem Imperium in bestem Einvernehmen und wurde nunmehr durch Attila auch die angebahnte familiäre Verbindung mit dem Kaiserhaus gefährdet. Noch 443 war Sebastianus, der Schwiegersohn des Bonifatius und die größte Bedrohung des Aetius, durch ihn beseitigt worden. Hoffnungen auf eine Unterstützung etwa durch die vandalische Seemacht waren nicht zuletzt aus diesen Gründen eine Illusion, die man Attila nur schwer zutraut. Ein Bemühen um Sympathie, so wie dies Priscus einmal kurz andeutet, wäre dennoch möglich. Sie zeigt, ähnlich wie das um die Westgoten als Bundesgenossen, noch einmal daß er die eigenen Möglichkeiten überschätzte. Der Friede 450 mochte Attila demnach vorerst in der Tat den Rücken freimachen. Und die Ablehnung weiterer Hilfe durch Marcian nicht lange danach brauchte keineswegs zu einem Schock zu führen, vorausgesetzt, Byzanz trat nicht sofort zum Angriff an. An der Loyalität der Bundesgenossen gab es bei all dem offenkundige Zweifel nicht. Daß diese bis zum Tode Attilas anhielt, aber lassen alle Quellen erkennen.

Justa Grata Honoria und die gescheiterte Illusion

Zu all dem aber kommt noch ein Anlaß, der Attilas Pläne in Gallien rechtfertigen konnte. Er hat den Charakter fast des Fabulösen, Märchenhaften, so daß seine Historizität gelegentlich bezweifelt wird[208]. Die Übereinstimmung auch zeitgenössischer Quellen freilich legt es nahe, ihn ernst zu nehmen. Die Schwester des Kaisers Valentinian, Justa Grata Honoria[209], um etwa ein Jahr älter als dieser und unverheiratet, aber wohl früh bereits zur Augusta erhoben, hatte sich in unerlaubter Weise mit ihrem leitenden Hofbeamten eingelassen, was nicht ohne Folgen blieb[210]. Der Liebhaber wurde hingerichtet, die Prinzessin aber mit einem loyalen Senator verheiratet, der wohl dafür 452 die Ehrung durch ein ordentliches Consulat erhielt. Von Justa fehlen danach weitere Nachrichten. Unklar nun ist die Zeit, in die dies alles fällt. Bringen die meisten Quellen Fehltritt und Ahndung mit dem Kriegsbeginn in einen unmittelbaren zeitlichen Zusammenhang, so erwähnt Marcellinus Comes das Ereignis bereits für 434, wonach Justa aus dem Westen nach Byzanz abgeschoben worden sei und dort einige Zeit verbracht habe, um zu einem späteren Zeitpunkt wieder nachhause zurückzukehren[211]. Die Heirat indes wohl muß später stattgefunden haben und ist vielleicht erst die Folge der Einmischung Attilas gewesen. Freilich, diese Chronologie kann nicht stimmen. Denn noch 443 wird Justa in Inschriften als Augusta geehrt[212], und dazu passen Münzlegenden, die dies bestätigen. Ein Merobaudes feiert sie um die gleiche Zeit als die Gehilfin ihres Bruders, dem sie zur Seite stehe. So wird man nach einem späteren Ansatz zu suchen haben. Wichtig nun aber ist, daß Justa eine Botschaft an Attila sandte mit der Bitte um Hilfe, zusammen mit einem Ring, den dieser als ein Heiratsversprechen auslegte und daraus die Konsequenzen zog[213]. Auch dies freilich hilft für die Chronologie nicht sehr viel weiter. Und es wäre möglich, wie erstmals Thierry folgerte, daß Attila die Botschaft zwar erhalten, sie eine Zeitlang aber ignoriert habe, um sie erst jetzt , nicht lange vor der Invasion in den Westen, als ein diplomatisches Instrument zu benutzen und seine Forderungen zu begründen. Man mag das Verhalten der Augusta nun deuten wie man will, es zeigt, wieweit das hunnische Reich, sein Herrscher und dessen Rolle als feste Größe in das Denken der spätantiken Welt eingedrungen waren, und mit welcher Selbstverständlichkeit sie bereits als Partner in einem zwischenstaatlichen Gefüge anerkannt wurden: Geschah dies, wie hier, sogar am Hofe und in der kaiserlichen Familie selbst, so konnte eine solche Aufforderung Attilas die Richtigkeit seiner gefaßten Pläne nur bestätigen und mußte die Hoffnungen bestärken, die man sich für die nächste Zukunft machte. Wann immer nun die Affäre bekannt wurde und wann immer man von der Aufforderung Attilas erfuhr, sie müssen in die Zeit noch vor dem Sommer 450 fallen. Anders ist es nicht zu verstehen, wenn Theodosius, davon in Kenntnis gesetzt, vorschlug, man solle Justa getrost an Attila übergeben. Die Bemerkung würde gut in den Rahmen der Hunnenpolitik passen, die er und Chrysaphius betrieben.

Den Schriftwechsel, den Attila aus diesem Grunde mit Rom beginnt, geben die Quellen einigermaßen wieder, ob erschöpfend, ist unbekannt. Was Priscus berichtet, fällt zeitlich zwar mit dem Thronwechsel in Byzanz zusammen, ist zweifellos aber bereits eine zweite Phase. So warnt ein Schreiben Attilas an Valentinian vor einer Beeinträchtigung Justas als seiner Verlobten und einer Minderung ihres Ranges als Mitherrscherin des Kaisers. Zu kontern wurde dem Kaiser leicht, Frauen stehe in Rom die Ausübung der Kaiserherrschaft nicht zu und überdies sei Justa bereis verheiratet. Ein zweites Schreiben, nach Priscus bei Beginn des Feldzuges abgesandt, wiederholt die Heiratsforderung, die Attila jetzt durch den Ring bekräftigt, den er von Justa erhalten habe. In seiner Forderung wird Attila nun deutlicher: Er verlangt die Hälfte des Reiches als Besitz seiner Braut, der ihr durch den Bruder vorenthalten worden sei. Nach Priscus ließ Ravenna sich zu keiner Antwort mehr herbei, sondern begann mit den Rüstungen für den Krieg, der Aussage der Stelle nach freilich recht spät. Spätestens jetzt muß man sich auch darüber klar gewesen sein, daß man sich mit dem Kaiser in Ostrom in voller Übereinstimmung befand[214]. Läßt sich an den Heiratsabsichten Attilas demnach kaum zweifeln, so braucht dies als außergewöhnlich nicht angesehen worden zu sein. Die Ehe Galla Placidias mit dem westgotischen König Athaulf, wenngleich ohne politische Konsequenzen, die Verlobung des vandalischen Prinzen Hunerich mit der Tochter des Kaisers mochten die entsprechenden Erwägungen fördern, so daß es von hier bis zu den territorialen Forderungen nur ein kleiner Schritt war. Und es ist bezeichnend, daß Attila an diesen bis zum letzten Tage festhielt[215]. Zu fragen bleibt bei all dem, wie weit man in der Tat das Verhalten Justas als Hochverrat zu ahnden beabsichtigte und gegen sie vorging. So nur wäre die Nachricht verständlich, daß es allein die Intervention Galla Placidias war, die sie vor der Verfolgung rettete. Offenkundig freilich beschränkte sich Attila in seinem Briefwechsel mit dem Kaiser keineswegs allein mit der Heiratsfrage. In einem Schreiben, das Jordanes erwähnt, betont er seine Freundschaft und umschreibt sein Unternehmen als den Kampf für eine gemeinsame Sache, der sich allein gegen die westgotische Bedrohung richte[216]. Da eine solche Bedrohung zur Zeit nicht zu erwarten stand, hatte die Demarche indes von vornherein wenig Glaubwürdigkeit. Historisch jedoch wird ein Schreiben sein, das Attila zu gleicher Zeit auch dem König der Westgoten schickte, um diesen gegen Rom aufzuhetzen. Die gotische Reaktion aber kann nur von der Bedrohung ausgegangen sein, die Attilas Angriff und die beabsichtigte dauernde hunnische Anwesenheit in Gallien für die eigene Stellung dort bedeuteten. Ob es zu einem Briefwechsel kam, ist nicht bekannt. Irritation rief eine solche Aufforderung zweifellos hervor, über Aversionen etwa des Kronprinzen Thorismud gegen Rom wußte Attila indes sicher Bescheid. Der Kampf danach aber wird von den Westgoten mit besonderem Elan geführt. Heiratsversprechen und Freundschaft mit dem Kaiser mochten bei all dem auch eine Frage des eigenen Prestiges sein, die, den eigenen Bundesgenossen mitgeteilt, in ihrer Weise die Attraktivität des Zuges erhöhten. Die Haltung der Gegenseite beeinflußten sie nicht, ja mochten das Ihre tun, den Widerstand zu verstärken. So wird zutreffen, daß man spätestens jetzt in Ravenna mit den Westgoten Kontakt aufnahm und auch die Gallier von dem verständigte, was bevorstand. Das verhältnismäßig späte Eintreffen der Bundesgenossen auf dem Kampfplatz hat wohl eher mit kriegstechnischen oder logistischen Fragen zu tun.

So war spätestens in der zweiten Hälfte 450 an einem Beginn der hunnischen Invasion nach Gallien in der nächsten Zeit, zu Beginn der günstigen Jahreszeit 451, nicht mehr zu zweifeln. Die Mobilisierung einer Armee, wie Attila sie aus den Verbündeten aufstellte[217], muß früh begonnen worden sein, Nachrichten darüber werden Byzanz wie Rom zur rechten Zeit erreicht haben. Und auch Berichte wie der des Priscus über das neu aufgefundene Schwert des Kriegsgottes machten die Runde. Priscus aber war sicher nur eine Quelle von vielen. So verwundert es nicht, daß zusammen mit Maximinus auch er 450 eilends von einer Mission nach Kleinasien zurückgeholt und beide nach Rom geschickt wurden[218], wo sie zweifellos Erfahrungen und Informationen zu liefern wie vielleicht auch Ratschläge zu geben hatten. Man traf dort einen fränkischen Prinzen, dessen Konkurrent in einer dynastischen Streitigkeit sich auf die hunnische Seite geschlagen hatte und sich bei Attila befand. Seine Adoption durch Aetius läßt sich als eine erste Feindseligkeit verstehen. Im übrigen ist nicht klar, wie weit eine Spaltung auch die anderen fränkischen Stämme teilte und wieviele von diesen ihrerseits bereits die hunnische Seite gewählt hatten. Trifft zu, daß sich auch der spätere merowingische König Childerich, der Vater Chlodwigs, auf der hunnischen Seite befand[219], so ist zu vermuten, daß es selbst in diesem Stamme nicht an entsprechender Wühlarbeit von hunnischer Seite fehlte. Ein längerer Aufenthalt Childerichs in Thüringen vor der Rückkehr und der Machtübernahme in seinem Reich würde dazu passen als ein plausibler Kern für die Nachrichten, die zur Biographie dieses Königs überliefert sind. Auch im Falle des Sangibanus, des Häuptlings der 440 angesiedelten Alanen bei Orleans, wird man eine intensive Beeinflussung[220] voraussetzen, die seinen Abfall eine Zeitlang befürchten ließ. Alle diese Nachrichten werden nur einen Teil des Spektrums der Vorbereitungen wiedergeben, die Attilas Einrücken in Gallien unterstützen sollten. Auch die gallischen Bischöfe müssen mindestens ein Jahr zuvor Bescheid gewußt haben[221], was bevorstand, und sie bereiteten ihre Gemeinden vor. Rom selbst scheint vorerst zu Gegenmaßnahmen nicht in der Lage gewesen zu sein. Auf der anderen Seite hatte auch Ostrom ab 450 mit einer Mobilisierung der Kräfte begonnen, nachdem eine Gesandtschaft Attilas, die fälligen Tribute zu fordern, unverrichteter Dinge zurückgeschickt worden war. Ähnlich wie der Papst, so verzichtete auch der Kaiser auf eine Teilnahme der Bischöfe aus den Grenzgebieten an der Synode im Herbst 451, die entsprechenden Anordnungen müssen früher bereits ergangen sein. Das Unternehmen, das im Sommer 451 Marcian in Thrakien und an der hunnischen Grenze persönlich leitete[222], brauchte sicher wenig Kräfte, die hunnische Hauptarmee war im Westen. Doch sind auch kleinere Operationen als ein Zeichen guten Willens zu den Ereignissen in Gallien die Ergänzung. Bereits zuvor aber scheint eine ganze Reihe von militärischen Kommandeuren, im wesentlichen barbarischer Herkunft, in der Armee aktiviert und mit Posten betraut worden zu sein, darunter Aspar, Ardaburius (II.), Johannes, der Sohn des 441 getöteten Johannes, Chelchal (Hunne), Anagast. Sie mochten eine Reserve bilden, im Krieg mit den Hunnen hatten sie alle ihre Erfahrung. Einen Zenon, dem diese vielleicht fehlte, sparte man nicht zuletzt deshalb aus. Armenische Bitten um Hilfe angesichts eines geplanten Aufstandes, der dann 451 gegen Persien unter Führung des Vardan Mamikomian ausbrach[223], wurden von beiden Seiten abgelehnt. Attila, der eine Sicherung der Ostgrenze seines Reiches durch die Akatziren vorerst für ausreichend hielt, mochte darauf verzichten, Interessen und Kräfte zu verzetteln, Ostrom wiederum konnte, wie die Dinge standen, jetzt an einer Konfrontation mit dem Sassanidenreich nicht interessiert sein, die auf jeden Fall zu erwarten gewesen wäre. Auch die Frage, wie weit die Politik des Marcian gegenüber Attila ein Hazardspiel war, relativiert sich auf diese Weise. Brauchten die Gegner zu ihren Rüstungen einige Zeit, so war Byzanz, an keiner anderen Stelle engagiert, deutlich im Vorteil und in der Lage, alle seine Reserven, wenn nötig, an einem Punkte zu konzentrieren, während Attila gerade deshalb auf einen schnellen Sieg in Gallien angewiesen war. So hatte er alles an verfügbaren Kräften dorthin zu werfen. Man mochte sich in Byzanz an die Erfahrungen von 447 erinnern. Überdies hatte bereits 442 eine Seuche die Länder heimgesucht, es wäre denkbar, daß die Hunnen eine neue Dezimierung über sich hatten ergehen lassen müssen. Für 450 wird in Italien eine Hungersnot gemeldet. Deren klimatische Voraussetzungen könnten sich sehr wohl auch im hunnischen Gebiet ausgewirkt haben.

Die Katastrophe in Gallien und das Scheitern einer Hoffnung

Wie Priscus berichtet, hatte Attila nach dem Tode des Theodosius eine Gesandtschaft nach Byzanz geschickt, die mit der Ablehnung weiterer Subventionenszahlungen nach Hause gekommen war. Die Antwort des neuen Kaisers ließ keinen Zweifel darüber, wie er das künftige Verhältnis zu dem hunnischen Reich zu gestalten gedachte. Eine Reaktion Attilas darauf ist unbekannt. Doch wird man annehmen müssen, daß bereits um diese Zeit die Vorbereitungen für den entscheidenden Feldzug nach dem Westen eine neue Interessenverlagerung nicht mehr erlaubten[224]. Der König hatte sich in erster Linie jetzt darum zu kümmern, daß die scheinbar so guten Auspizien erhalten blieben, die die Nachrichten aus Gallien andeuteten. Gegen Ende des Winters brach man auf. Für ein Heer mit einem Anteil an Reiterei war dies früh und ist wohl nur aus den europäischen Möglichkeiten einer Fütterung zu erklären. Es hat, wie angedeutet, aber nicht den Anschein, daß die Reiterei, so wie in der nomadischen Zeit, noch die Masse des Heeres ausmachte. Sie kann nur noch einen Kern gebildet haben. Den früheren Voraussetzungen nach hätte sie denn wohl in der Lage gewesen sein müssen, weiträumige Bewegungen durchzuführen und eine Wirkung im gallischen Umfeld zu erzielen, die zumindest die Operationen des Hauptheeres ergänzte. Wie es jetzt den Eindruck erweckt, war sie nicht einmal imstande, entscheidend in den Kampf einzugreifen. Genaue Hinweise freilich fehlen, und dies bereits läßt erkennen, was an Hindernissen Attila von vornherein mit in Kauf zu nehmen hatte. Zwar wird man die vorhandenen Transportmöglichkeiten genutzt haben, allein die Futterbeschaffung aber mußte Schwierigkeiten bringen, so daß Plünderei und Raub schon deshalb nicht ausblieben. Soweit überliefert, rückte das Heer geschlossen vor und blieb zusammen, Operationen einzelner Teile geschehen stets in Nähe zur Hauptarmee. Eine Schockwirkung und deren Verbreitung über weite Räume, die zur hunnischen Taktik gehörten, waren demnach durch den Mangel an Reiterei von vornherein beeinträchtigt, und dies nicht zuletzt könnte es mit sein, daß eine Reihe potentieller Bundesgenossen Attila im letzten Augenblick ihre Hilfe versagten. Spektakulär ist die Zusammensetzung dieses Heeres. Als Tatsachenkern der einschlägigen Nachrichten nicht zu übersehen aber ist wohl die Vielfalt von Bundesgenossen, die mobilisiert worden war.

Neben Hunnen und anderen Stämmen ihres Untertanenverbandes, Goten, Gepiden, Skiren, gehörten zu diesem Heere auch Kontingente der Thüringer, dazu sicher Slaven aus dem Umfeld: Es wäre denkbar, daß die archäologisch faßbaren hunnischen Enklaven in Polen, Schlesien und der Slowakei zusätzlich auch als Aushebungs- und Werbezentren fungierten, von den Vertragsverhältnissen einzelner Stammesfürsten zu schweigen, die längst bestanden oder jetzt begonnen wurden. Mit Versprechungen für den Fall einer Erreichung der Ziele wird man nicht gespart haben. Wann und unter welchen Bedingungen sich die rechtsrheinischen Burgunder dem Unternehmen anschlossen, ist nicht bekannt, ein Zuzug von ripuarischen Franken erklärte wohl die Marschrichtung ein Stück rheinabwärts bis Neuwied. Ob auch Salier an dem Zuge teilnahmen, ist nicht bekannt. Nachrichten über die Stärke der einzelnen Verbände gibt es nicht, die überlieferte Gesamtzahl von einer halben Million[225] Menschen und auch die genannten Verluste werden Übertreibung im üblichen Stile sein. Eine Kooperation in Rüstung wie in Logistik und dazu eine gewisse Planung der Operationen ist vorauszusetzen, von einer Vorbereitungszeit wird man ausgehen dürfen. Dem widerspricht nicht, daß man die Versorgung aus dem Lande zu ergänzen hatte, was naturgemäß ebenfalls zu Plünderei und Terror führte[226], an dem nicht die Hunnen allein beteiligt gewesen zu sein brauchen. Indes, selbst wenn dieser Terror mit kalkuliert war, übertrieben werden durfte er dennoch nicht, hatte man doch zugleich auch zu vermeiden, daß die Truppen auf diese Weise der Kontrolle durch die Führung entglitten. Städte wurden geplündert, Beute und Menschen weggeführt. An der Zuverlässigkeit der Verbündeten und ihrer Führer zwar gab es bei all dem nach wie vor keine offenkundigen Zweifel, Zeichen einer Interessengemeinschaft, die sich weder aus der erhofften Beute noch mit Zwang und Erpressung von seiten Attilas allein erklären läßt. Zu fragen freilich bleibt, wie bei der Heterogenität des Heeres eine koordinierte Leitung der Operationen überhaupt möglich war, und ob nicht bei jedem Gefecht die Gefahr bestand, daß Taktik und Strategie aus den Fugen gerieten.

Im übrigen, wollte man das Ziel, die Herrschaft über Gallien erreichen, so brauchte es einen schnellen Erfolg, der es erlaubte, in kurzer Zeit vollendete Tatsachen zu schaffen. Doch bei aller Vorbereitung und Planung, trotz zahlenmäßiger Überlegenheit zumindest am Anfang, kam es zu einem Widerstand, der auch eine Zeitlang anhielt und die eigenen Operationen zu lähmen vermochte, dann war zu befürchten, daß man sich, anders als in Thrakien und weit von der Heimat entfernt, zu Tode lief. Der Kräfteverschleiß war dann unvermeidlich, und auch von hier aus gesehen, mochten die Ereignisse 447 eine Warnung sein. Die Armee rückte donauaufwärts vor, wohl in bereits vorbereiteten Etappen, und sammelte sich zweifellos erst auf dem Marsche selbst. Man bog dann nach Nordwesten ab, zog durch das untere Maingebiet rheinabwärts, um den Fluß an einer günstigen Stelle beim Neuwieder Becken zu überschreiten[227]. Die Einnahme Triers scheint keine Schwierigkeiten bereitet zu haben, berichtet wird von solchen nichts. Am 7. April fiel Metz; die Stadt wurde geplündert und völlig zerstört, der Bischof getötet. Der weitere Vormarsch zielte unverkennbar auf das Westgotenreich, es wäre denkbar, daß Attila immer noch hoffte, es werde zu einem Übertritt des Königs auf seine Seite kommen. Mitte Juni stehen die Hunnen dann vor Orleans. Das sind mehr als zwei Monate für einen kurzen Weg. Man mag annehmen, daß Attila unterwegs noch immer auf die Kontingente verbündeter gallischer Stämme wartete oder aber gerade durch die Langsamkeit solcher Bewegung die psychologische Wirkung auf die Gegner vertiefen wollte: Es ist aber gerade diese Langsamkeit, die jeden Überraschungserfolg zunichte machte und das Ihre zum Scheitern des Unternehmens bereits an dessen Anfang beitrug. Und auch die erwähnten Gewaltmaßnahmen, die Flucht und Panik auslösten[228], hatten demnach ebenfalls eine Wirkung, die Attila sich kaum wünschen konnte. Zwischen all dem aber lavieren zu müssen, wiederum läßt eine Hilflosigkeit der gesamten Kriegführung erkennen, die die strategischen Probleme in einer fatalen Weise ergänzt. Der Einfall einer südlichen hunnischen Gruppe durch die Burgundische Pforte und eine Schlacht gegen die Burgunder ist Fiktion, von einer Durchquerung alemannischen Gebietes oder Kämpfen mit diesem Stamm, die unvermeidlich gewesen wären, verlautet nichts. Andererseits aber sind die Verluste dieser Burgunder auf den Katalaunischen Feldern offensichtlich derart gewesen, daß man im Königreich danach eine Sistierung von Rechtsvorgängen anzuordnen hatte[229], weil es keine Kontrahenten mehr gab, auch dies ein Zeichen, was die Angreifer erwartete. Von einer zentral geleiteten Verteidigung ist zwar vorerst nirgends die Rede. Die Last hatten die lokalen Behörden zu tragen. Soweit aber zu erkennen, kam dabei die wichtigste Rolle der Kirche und deren Bischöfen zu. Ein Stück der herrschenden Panik läßt sich vielleicht noch in dem Bericht von der Romreise des Servatius von Tongern nicht lange vor dem hunnischen Einfall erkennen, dem Gott weissagte, er werde selbst das Übel nicht mehr erleben, Gallien aber werde der Heimsuchung nicht entgehen. Seine Stadt fiel in die Hände der Thüringer. Anianus von Orleans wiederum muß, ähnlich wie auch andere Bischöfe aus Gallien, noch im Frühjahr 451 nach Arles zu Aetius gereist sein[230], um baldige Hilfe zu erbitten: An eine Befestigung der Stadt bereits im voraus durch Westgoten und Römer, wie sie Jordanes berichtet, ist kaum zu glauben. Beim Eintreffen der Hunnen war Anianus wieder in der Stadt. Die hagiographischen Nachrichten über sein Wirken während der Belagerung lassen vermuten, daß im wesentlichen er es war, der die Verteidigung leitete. In Paris, das vorerst von der Invasion nicht betroffen war, richtete die heilige Genoveva[231] durch Gebet und Gottesdienste die verzweifelten Gemüter wieder auf. Von einer Vorbereitung, die Stadt zu verteidigen, wird zwar nichts gesagt, doch läßt sich ohne eine solche auch der Einfluß Genovevas kaum erklären. Daß an anderer Stelle, wie etwa in Troyes durch den Bischof Lupus, die Bischöfe wiederum das Ihre taten, mit Attila Kontakt aufzunehmen und so das Schlimmste zu verhindern, gehört hierher. Es könnte sein, daß sie dabei den inneren Zwiespalt des hunnischen Königs ausnutzten, über den sie recht gut informiert waren. In Rom äußert noch am 23. April Papst Leo I. die Hoffnung, die Hunnengefahr möge vorübergehen, über den Fall von Metz offensichtlich noch nicht unterrichtet. Doch bereits im Mai lehnt er die Teilnahme[232] von Bischöfen aus den gefährdeten Gebieten an kirchlichen Synoden ab und verzichtet kurz danach auch selbst auf die Reise nach dem vorbereiteten Konzil von Chalcedon. Das Verhalten Roms während dieser Zeit ist eher passiv, und selbst der zweifellos stets genau informierte Aetius bleibt auffallend lange in Arles stehen[233]. Die alten Beziehungen zu Attila und eine Absicht, vorerst lediglich zu sondieren, sind zweifellos nicht der entscheidende Grund. Erklären wird man seine Zurückhaltung vor Operationen eher aus der Schwäche der ihm verfügbaren Heeresverbände und einer mangelnden Vorbereitung auf die Auseinandersetzung mit dem Gegner, die Rom vielleicht schon 447 auf ein Eingreifen an der Seite von Byzanz hatte verzichten lassen. Es könnte sein, daß vorerst die Verhandlungen mit den Westgoten noch zu keinem Abschluß gekommen waren, möglicherweise brauchte es einige Zeit, um die gallischen Bundesgenossen, Franken, Sachsen, Burgunder und selbst die Bagauden soweit zu bringen, daß sie einsahen, was ihnen drohte, und ihre Kontingente mobilisierten: Die Ausplünderung von Belgica I und anderen angrenzenden Provinzen ließ sich nicht verhindern, und es hat nicht den Anschein, daß die Stärke des römischen Heeres, das sich frühestens im Juni dann in Marsch setzte, sehr imposant war. Zur Entscheidung aber muß es gekommen sein, als der hunnische Vormarsch auf Orleans bekannt wurde, der Grenzstadt an der Loire mit der Brücke in das west-gotische Reich. Unklar ist die Rolle des Alanenhäuptlings Sangiban, der ganz offensichtlich von Attila bereits im voraus gewonnen war, nun aber zögerte und an den hunnischen Operationen nicht teil-nahm, ohne daß Attila in der Lage war, auf ihn wirklichen Zwang auszuüben. Wichtiger aber ist, daß die Belagerung der Stadt sich eine Zeitlang hingezogen haben muß, sei es, weil Attila das nötige Gerät fehlte oder aber der Widerstand derart war, daß mit einer schnellen Eroberung des wichtigen Platzes nicht gerechnet werden konnte. Andererseits aber tat Attila gut daran, seine Truppen zu schonen. So bestand sicher die Möglichkeit, Anianus vom Anrücken des Entsatzes zu unterrichten und damit den Widerstand zu stärken. Gebete und Gottesdienste, die berichtet werden, brauchen dem auch hier so wenig zu widersprechen wie der Versuch des Bischofs, mit Attila selbst zu Verhandlungen zu gelangen. So ist nicht mehr zu erkennen, ob beim Anrücken der nunmehr konzentrierten Römer und Westgoten Orleans teilweise bereits in hunnischer Hand[234] und auch ein Teil der Beute einschließlich einer Anzahl Menschen weggeschafft war.

Wie immer aber Attila die Vereinigung der beiden Gegner deu-tete, daß sie für ihn das Ende seiner gallischen Diplomatie und damit eine entscheidende Wende zum Schlechten anzeigte, ließ sich kaum mehr ignorieren. So ergab sich erneut zugleich die Frage, ob die eigene Stärke noch ausreichte, mit diesen neuen Bedingungen fertig zu werden, die zu verhindern er sich alle Mühe gegeben hatte: Besatzungen in verschiedenen Städten, wie etwa in Reims, waren angetan, die Kampfkraft noch weiter zu schwächen[235]. Was blieb, war demnach nur die Entscheidungsschlacht und der Versuch, die Armee des Gegners, in ihrer Zusammensetzung nicht weniger hete-rogen als die eigene, derart zu dezimieren, daß man wenigstens wieder die militärische Überlegenheit in Gallien gewann, um Westrom doch noch zu einem Kompromiß zu zwingen, der den eigenen Absichten entsprach. Illusionen über die Haltung der Gallier kann Attila sich längst nicht mehr gemacht haben: Gelegentlich berichtete Züge von Menschlichkeit und Kompromißbereitschaft gegenüber einzelnen Betroffenen könnten historisch sein. Sie wären als ein Versuch zu sehen, auch damit zu retten, was zu retten war. So entschließt er sich zum Rückzug in die Gegend nördlich von Chalons[236], die für eine solche Entscheidungsschlacht am ehe-sten geeignet war. So weit zu erkennen, kam es auf den Katalauni-schen Feldern zu dieser nicht vor Mitte September, es ist anzuneh-men, daß sich dazu auch der Gegner nicht eher in der Lage sah. Sie wird von Jordanes einigermaßen wortreich[237] beschrieben, dies freilich gemäß der seit Homer gültigen Stilkriterien, die in der gesamten Antike, einige Stellen bei Thukydides vielleicht ausgenommen, niemals den wirklichen Verlauf erkennen lassen und sich eher auf die heroischen Taten Einzelner kaprizieren. Wie überliefert, stellte Attila seine Verbündeten nach Stämmen geordnet auf: Daß unter den Germanen Stammesverwandte einander gegenüberstanden, wird als ganz natürlich angenommen, und es hat nicht den Anschein, daß sich die Kampfeswut deshalb verringerte, die Führer auf beiden Seiten hatten vielleicht sogar das Gegenteil mit einkalkuliert[238]. Eine Schlacht zwischen Franken und Gepiden wenige Tage zuvor in der Nähe von Troyes wird als besonders blutig erwähnt, wenngleich die Verlustzahlen, mehr als 15000 Mann auf beiden Seiten, sicher übertrieben sind. Diese Gepiden hatten in Brolium (St. Mesmin) eine Sicherungsaufgabe zu erfüllen. Die Tötung des Diakons Memorius deutet auf hektische Spannung und Unsicherheit hin, die sich der Führung wie der Truppen bemächtigt hatte. Das Schlachtfeld war weit ausgedehnt so daß eine zentrale Befehlsgebung oder ein taktischer Überblick sehr bald verloren gegangen sein müssen. Aetius und Theoderich verfuhren auf die gleiche Weise: Daß man den zuletzt doch nicht zu den Hunnen übergelaufenen Sangiban in die Mitte nahm, läßt vermuten, daß man die Alanen zum Kampfe einfach zwang. Andere aus Gallien werden erst allmählich zusammengekommen und unmittelbar vor der Schlacht zu den Verbündeten gestoßen sein. Attila begann die Schlacht mit einer Opferschau anhand der Sehnen geschlachteter Schafe[239], was offensichtlich mongolischer Traditon entsprach. Ihm wurde der Tod des feindlichen Führers verheißen. Daß dies nicht, wie erhofft, Aetius, sondern Theoderich meinte, bedeutet einen weiteren Nachteil, denn es scheint, daß der Patricius es war, der jetzt so weit wie möglich die Koordination der eigenen Kräfte übernahm und es auch danach vermochte, über die Schlacht hinaus die Politik mit der Kriegführung zu verbinden. Der Westgote hingegen stürzte sich in das Getümmel.

Für das, was folgt, ist ein klares Bild nicht mehr zu gewinnen. Die berichtete Aufstellung mag zutreffen. Sie muß aber schnell durcheinander geraten sein, die Schlacht löste sich in eine Vielzahl von Einzelgefechten auf. Von Erfolgen der hunnischen Reiterei verlautet nichts, es ist denkbar, daß deren Zahl in der Tat zu solchen nicht ausreichte und überdies sich die Gegner an deren Taktik auch in Gallien gewöhnt hatten. Berichtet wird vom Kampf um einen Hügel zwischen den Fronten[240], der zum Nachteil für die Hunnen ausging, und von heftigen Kämpfen an vielen Stellen, die sich vom frühen Nachmittag bis tief in die Nacht hinzogen. Im Verlauf dieser Kämpfe fiel Theoderich, entweder beim Versuch, die eigenen Leute vom Rückzug abzuhalten, wobei er von diesen zu Tode getrampelt wurde, oder vom Pfeil eines Ostgoten getroffen. Auch Thorismud hatte einige Gefahren zu bestehen und wäre in der Nacht beinahe in Feindeshand geraten. Selbst Attila konnte sich einmal nur durch die Flucht vor unmittelbarer Bedrohung retten. Das Ergebnis dieser Kämpfe aber nun war, daß er nach einiger Zeit die Schlacht als verloren ansah[241], und sich in ein befestigtes, geräumiges Lager zurückzog, das bezeichnenderweise schon zuvor angelegt gewesen sein muß, bereit, im Falle einer Erstürmung sich selbst auf einem Scheiterhaufen zu verbrennen, den man aus hölzernen Sätteln zuvor aufgeschichtet hatte. Zu diesem Sturm kam es nicht. So trat er den Rückzug an, an welcher Stelle er diesmal den Rhein überschritt, ist unbekannt. Doch wird zutreffen, daß er den Bischof Lupus von Troyes als Geisel und Wegführer mit sich nahm, der danach der Kollaboration mit dem Feinde bezichtigt wurde und erst nach zwei Jahren seine Diözese wieder übernehmen konnte[242]. Immerhin, Troyes wurde von den Hunnen verschont. Auch von den Bundesgenossen Attilas verlautet nichts mehr. Ein Rückzug Attilas durch thüringisches Gebiet wird erwähnt. Er ist jedoch zu bezweifeln, und wie Gregor von Tours berichtet, setzten den Thüringern die Franken auf deren Rückzug besonders zu.

Der Sieg, den man damit errungen hatte, ist das letzte Beispiel einer römisch-germanischen Zusammenarbeit. Wie weit es dabei erst die zahlenmäßige Stärke der Westgoten war, die den Ausschlag gab, ist schwer zu erkennen, die Nachrichten, die die westgotische Tat feiern[243], gehen wohl auf einen historischen Kern zurück. Verfolgt wurde Attila nicht, der plausible Grund scheint der , daß der Sieger für eine Verfolgung zu sehr erschöpft war, und überdies die Verbündeten ihre eigenen Probleme hatten. So soll Aetius Thorismud zur schleunigen Rückkehr in das Reich geraten haben, um sich als ältester Sohn Theoderichs des Thrones zu bemächtigen. Bestätigt wird die Richtigkeit seiner Überlegung nicht zuletzt dadurch, daß in den folgenden Jahren die Söhne Theoderichs zwar der Reihe nach zur Herrschaft gelangten, sie alle aber, mit Ausnahme des letzten, Eurich, nur kurz regierten und von ihnen keiner eines natürlichen Todes starb. An der Schlacht hatte neben Thorismud auch Theoderich, der zweite Sohn des Königs, teilgenommen. Fortgeschickt wurden auch die Franken, dies zweifellos ebenfalls angesichts von Spannungen innerhalb ihrer Stämme, die anhielten und im einzelnen von seiten Roms gar nicht zu beheben waren. Wenn aber, dann war jetzt, unmittelbar nach dem Siege, die Voraussetzung eines Ausgleichs gegeben. Lag im übrigen Aetius mehr an einer Beruhigung der gallischen Verhältnisse als an einer Verfolgung der Hunnen, so tat es not, gerade jetzt die Loyalität der Bundesgenossen weiter zu festigen. Denn auf diese allein war zu zählen, die eigene militärische Stärke reichte nicht aus, diese Aufgabe zu übernehmen. Es war denn leicht, Aetius heimlichen Verrat und die Schonung Attilas vorzuwerfen[244], so als ging es ihm darum, eine ständige Bedrohung aufrecht zu erhalten, die ihn selbst auch künftig unentbehrlich machte. Die Wirklichkeit war sicher anderer Art. Zwar hatte Attila überlebt, und die Bedrohung blieb. Die Schwächung der hunnischen Kriegsmacht durch den gallischen Krieg aber war nicht zu übersehen, und die Wirkung der Niederlage auf die Bundesgenossen abzuwarten. Dazu aber mochte kommen, daß das Reich Attilas immer noch ein Vakuum füllte und Räume kontrollierte, aus denen dem Imperium stets Katastrophen gedroht hatten. Dieses Vakuum noch einmal zu füllen aber waren weder Byzanz noch Rom derzeit wirklich in der Lage. Über die Wende in Ostrom 450 besaß Aetius zweifellos Informationen genug. So lag auch für ihn nahe, angesichts der Lage, die sich aus seinem Scheitern nunmehr ergab, werde Attila zu einem Übereinkommen bereit sein, das ihm die Fortexistenz garantierte. Hatte doch selbst Marcian eine Fortdauer freundschaftlicher Beziehungen nicht ganz ausgeschlossen.

Italien. Das Ende ohne Aussicht

Für Attila wiederum hatte der Ausgang der Schlacht nicht nur das Scheitern der gallischen Pläne gebracht. Er war zu einem Rückschlag geworden, der alle, die Hunnen, die Verbündeten, aber auch Rom und Byzanz mit betraf. Von einer hunnischen Überlegenheit konnte nun endgültig nicht mehr die Rede sein, und die Drohung mit militärischen Schlägen hatte ihre Wirkung verloren. War indes an ein hunnisches Imperium mit seiner zwischenstaatlichen Gleichberechtigung und einer auch sonst wichtigen Rolle als die Komponente eines allgemeinen Gleichgewichtes nicht mehr zu denken, so blieb Attila nur der Versuch eines Neuanfanges in den früheren Dimensionen. Ein solcher allein war es auch, der für die persönliche

Herrschaft einige Sicherheit bot. Es war sicher um diese Zeit, daß Attila nach der Rückkehr 451 die Folgen der Wende von 450 wirklich zu verspüren bekam. Zwar konnte man die mitgebrachte Beute verteilen, so gut dies ging[245]. All dies aber schloß die Lücken nicht, die das Ausbleiben der Subventionen gerissen hatte, und auch nicht die der Verluste in den Kämpfen, die zweifellos beträchtlich waren. Und auch der Prestigeverlust bei den Bundesgenossen war sicher schwer zu kompensieren. Während Attilas Abwesenheit in Gallien hatten oströmische Truppen unter der persönlichen Führung des Kaisers von Thrakien aus operiert, zu welchem Ziel und mit welchem Erfolg, ist unbekannt. Auf starke Gegenwehr indes können sie nicht gestoßen sein, und es wäre denkbar, daß es Marcian eher darauf ankam, auf eine solche Weise das eigene Ansehen zu festigen und zugleich die Ereignisse 450 zu rechtfertigen. Entsprechend könnte sogar für die angeordnete Verlegung des Konzils von Nicea nach Chalcedon 451 gelten, für die ebenfalls ein wirklicher Grund schwer zu finden ist. An der Eröffnung im Herbst nahm der Kaiser persönlich teil.

Bezeichnend für die Einschätzung der Hunnenfrage in Byzanz ist denn eine diplomatische Aktion, die in diese Zeit kurz nach der Rückkehr Attilas gefallen sein muß. Hatte, wie angedeutet, Marcian 450 noch nicht alle Türen zugeschlagen und dem König weitere Geschenke als ein Zeichen friedlicher Beziehungen versprochen, wann immer sein Verhalten dies rechtfertigen werde, so traf jetzt eine Gesandtschaft ein. Dem Text bei Priscus nach wäre denkbar, daß sie die Antwort auf ein hunnisches Ersuchen zu bringen hatte, um eine Revision der Entscheidung von 450 zu erwirken. Ihr Anführer, Apollonios, Magister Militum, hatte einen Rang, der den gemachten Erfahrungen nach nichts zu wünschen übrig ließ, und dies läßt sich in der Tat vielleicht wieder als eine Konzession verstehen. Freilich, Apollonios gehörte zum Kreise der Hunnengegner. Er war ein Bruder jenes Rufus, dem seinerzeit Zenon die Braut vermittelt hatte, die eigentlich für Attilas Sekretär bestimmt gewesen war. Die Mission ist demnach ein Zeichen für die Rolle, die in Byzanz diese Interessengruppe auch jetzt noch spielte. Darf man indes Priscus glauben, so brachte Apollonios zwar Gastgeschenke mit: Attila indes habe diese in einem derart schroffen Tone verlangt, daß der Gesandte die Herausgabe verweigerte, und dies ebenfalls in einem Tone, den zuvor ein Gesandter niemals anzuschlagen gewagt hätte. Das Ergebnis des Versuches, byzantinische Gesandte in der Weise zu beeindrucken, die früher erfolgreich gewesen war, ist nicht bekannt, auch nicht, welche Konsequenzen man in Byzanz aus diesem Affront zu ziehen gedachte. Daß auch in seinem persönlichen Auftreten Attila an Wirkungsmöglichkeiten derart verloren hatte, ergänzt das Bild der allgemeinen Lage. Daß wie schon 449 auch 451 auf dem Konzil in Chalcedon die thrakischen Bischöfe fehlen, ist natürlich. Doch es muß auffallen, daß Amtsbrüder aus einer ganzen Reihe von Städten in der Nähe der Hunnen offenbar dennoch anwesend sein konnten[246].

Aus all dem nun ist zu vermuten, daß das hunnische Reich um die Wende 451-452 auf einem Tiefpunkt angelangt und auch für die folgende Zeit ohne Perspektive war. Es könnte aber diese Aussichtslosigkeit gewesen sein, die Attila zu einer Gewaltaktion veranlaßte und einen neuen Vorstoß nahe legte, diesmal gleich nach Italien selbst[247], dem Zentrum der weströmischen Macht. Hatte sich der gallische Plan als eine Illusion erwiesen, der Stoß direkt nach Rom war nicht nur ein Zeichen der Entschlossenheit, das nicht ohne Wirkung bleiben konnte. Er bedeutete zugleich die Revision des Irrtums von 451. Erlaubte ein Zuwarten weder die materielle Lage im Lande noch die Stimmung der Untertanen, so war denkbar, daß ein Überraschungsunternehmen, mit der notwendigen Energie durchgeführt, ihm die Vereinigung mit Justa Grata Honoria brachte und mit einer Korrektur der eigenen Lage doch noch einmal die Möglichkeiten zur Initiative in die Hände spielen würde, von denen er seinerzeit ausgegangen war. Die Jordanesstelle, die dieses Ziel erwähnt, läßt vermuten, man sei von diesem als selbstverständlich ausgegangen, so daß es die beiden Feldzüge Attilas, 451 und 452 miteinander verbindet. Vieles aber gibt dabei doch zu denken. Dem Überfall auf Italien kann eine lange Planung nicht vorausgegangen sein[248]. Vorauszusetzen aber war, daß mit einem Eingreifen der Westgoten diesmal nicht gerechnet zu werden brauchte und Aetius auch nicht die nötigen Truppen zur Sperrung der Julischen Alpen besaß. Gegen einen Verdacht von Fahrlässigkeit und selbst Verrat, der gegen Aetius jetzt erneut aufkommen konnte, gab es Gegengründe genug. Unbekannt sind indes die Stärke der hunnischen Armee und der Anteil der Bundesgenossen an ihr. In der Tat brach im Frühjahr 452 Attila überfallartig in Italien ein ohne Widerstand zu finden, so daß ein Vorstoß bis Rom in kürzester Zeit als aussichtsreich erscheinen mußte und ein Erreichen der Stadt nicht lange nach der Meldung selbst durchaus denkbar war. Dann aber ändert sich plötzlich das Ziel, Attila verzichtet auf den weiteren Vorstoß in dieser Richtung und konzentriert sich auf die Städte nördlich des Po[249]. Concordia, Altinum, Vincentia, Brescia, Bergamo, Mailand und Ticinum fallen schnell in seine Hand. Sie alle sind Fernhandelszen-

tren mit Warenlagern und Reichtümern, und nahe liegt, daß man
für den Abransport der Beute die Kürze des Weges in die Heimat als
einen besonderen Vorteil empfand. Widerstand leistet nur Aquileja,
die erste Stadt, auf die man getroffen war. Aber ein Hindernis bedeutet sie nicht, sah man von den Truppen ab, die während der dreimo-
natigen Belagerung an anderer Stelle fehlten. Zu Widerstand kam es
ohnehin nirgends. Als die Handelsmetropole Italiens nach Nordosten aber war dieses Aquileja zweifellos auch jetzt immer noch
einer der reichsten Plätze, deren Attila habhaft werden konnte, während andererseits der Mangel an Belagerungsgerät, zumindest am
Anfang, zeigt, daß man den Überraschungserfolg auch hier einkalkuliert hatte. Zur Beute wurde die Stadt wohl erst kurz vor dem
Rückzug, wobei man auch die Bevölkerung mitnahm. Die Anekdote von den Störchen, die die Stadt verließen und Attila selbst das
Zeichen ihres baldigen Falles gaben[250], gehört zu den Requisiten
nomadischer Vorzeichendeutung mit Wurzeln, die sich bis nach
China verfolgen lassen: Ausgestreut wurde derartiges gerade jetzt
vielleicht, um einen Propagandazweck zu erfüllen und vor allem
die Person des Königs in das rechte Licht zu setzen, wie es jetzt vielleicht dringender war als je zuvor. Die zerstörte Stadt wurde wieder-
besiedelt, und erst im 6. Jahrhundert stellten die ausgewanderten
Einwohner den Kern für die Bevölkerung des neugegründeten
Venedig.

Alles in allem aber, der Plan, von dem man ausgegangen war, war
aufgegeben worden, und es hat nicht den Anschein, daß man ihn
weiter noch verfolgte. Gründe hierfür sind nicht überliefert. Man
mag annehmen, daß bei näherer Kenntnis der geographischen
Verhältnisse Italiens die Hindernisse jetzt einfach als zu groß erschienen, um Rom so schnell wie erhofft in die eigene Gewalt zu
bringen. Wichtiger aber ist vielleicht, daß die Not im eigenen Lande
zwang, den Krieg in einen Beutezug umzuwandeln, oder aber die
Truppen selbst es waren, die dies verlangten. Der Feldzug verlor
damit seinen Sinn, und weiter nach Süden auszugreifen, reichte
offensichtlich die eigene Streitmacht nicht aus. Seine Bemerkung
am Ende, er werde dennoch den Plan der Ehe mit der Schwester
des Kaisers nicht aufgeben, ändert an diesem Scheitern nichts.
Eine zweite Anekdote ist ebenfalls bezeichnend[251]. Sie spielt in
Mailand, das nur geplündert, nicht aber zerstört wurde. Attila, der
sich auf einem Gemälde neben den beiden Kaisern nicht so ge-
würdigt sah, wie er es für richtig hielt, ließ dieses so abändern, daß
er als der Gebieter von beiden erschien. Sie berührt sich demnach
mit der Priscusstelle, in der er Theodosius wegen seiner Tribut-

zahlungen als seinen Sklaven hinstellt. Man mag auch diese Erzählung anzweifeln oder einen gewissen historischen Wert darin
sehen, daß in beiden eine Tradition von Selbstdeutung sichtbar
wird, die sich aus der bisherigen Rolle erklärt, so wie er sie verstand.
Der Lage nach, in der Attila sich jetzt befand, freilich ließe sich das
Verhalten in Mailand nicht zuletzt auch als eine geradezu verzweifelte Geste verstehen, an all dem festzuhalten. Sie paßt damit zu der
Resignation, die eigentlich schon dem Verzicht auf die Einnahme
Roms zugrunde lag.

Eroberung und Ausplünderung des nördlichen Italien dauerten
sicher nur einige Wochen, von einem Widerstand, den Rom aufzubauen in der Lage war, ist nichts bekannt. Daß Aetius dem Kaiser
riet, mitsamt dem Hofe und vor allem mit der Schwester nach Gallien zu fliehen, war unter diesen Voraussetzungen nur natürlich, ein
Akt von Feigheit braucht dies nicht zu sein. Und bald danach war
der Gedanke auch gegenstandslos geworden. Hilfe aus Byzanz[252]
wird erwähnt, doch die einschlägige Stelle bei Hydatius gibt Rätsel
auf: Demnach müßten Truppen unter einem Feldherrn Aetius die
Hunnen in deren Heimatgebiet angegriffen und ein Gemetzel veranstaltet haben. An eine Namensverwechslung ist nicht zu denken,
ein Aetius, *Comes domesticorum* in Byzanz, wird 454 mit dem Consulat
geehrt. Handelt es sich demnach, dem Range entsprechend, um
eine Aktion von geringen Ausmaßen, daß sie erfolgreich durchgeführt werden konnte, wäre zugleich wohl ein Zeichen hunnischer
Schwäche. Attila muß demnach alles mit nach Italien genommen
haben, was er an brauchbaren Streitkräften besaß[253]. Schwierigkeiten
für ihn aber ergaben sich dort ebenfalls bald. Zu seinem Scheitern
dadurch, daß er gezwungen war, den Vorstoß nach Rom aufzugeben, paßt das Argument, er habe das Schicksal eines Alarich, seines
Vorgängers, vermeiden wollen[254]. Es werden Seuchen berichtet, die
das Heer dezimierten, und wohl auch Versorgungsschwierigkeiten
mit sich brachten, die zur Belastung darüber hinaus wurden, und
alles in allem kann die Stimmung der Truppen nach zwei Jahren
Krieg nicht mehr die beste gewesen sein. So muß denn eine Gesandtschaft, die Aetius schickte, um ihn zum Abzug zu bewegen, Attila
sehr gelegen gekommen sein. Die beiden Unterhändler, Trygetius
und Avienus, waren Staatsbeamte von hohem Rang, wenngleich
zweifelhaftem Charakter, was unter diesen Umständen wenig
besagt, ja vielleicht eine Empfehlung war. Wichtiger aber nun ist,
daß sich ihnen aus freien Stücken der Papst anschloß, eine Persönlichkeit mit einer Autorität, die sehr wohl auch Attila beeindrucken
konnte. Was Leo bewog, ist nicht zu erkennen, er selbst spricht sich

darüber nirgends aus. Seine Absicht indes braucht an sich keine politische gewesen zu sein, sondern bezog sich, wie nahe liegt, auf die Auslösung von Gefangenen, die von den Hunnen gemacht und vielleicht bereits fortgeführt worden waren. Aber dazu kommt möglicherweise noch ein anderer Grund: Das Konzil von Chalcedon im vorausgegangenen Herbst hatte in den dogmatischen Fragen zwar die Wünsche Leos in einer Weise erfüllt, daß er zufrieden sein durfte. Indes, Canon 28 billigt von nun an dem Patriarchen von Konstantinopel die gleiche Lehrautorität wie dem römischen Papste zu, was in Rom nur als eine Degradierung empfunden werden konnte: Befand sich der Amtsbruder in der Nähe des Hofes, so wie dies der Canon unverhohlen formuliert, so konnte er dort jeder Zeit einen Einfluß geltend machen, wie Rom ihn schon angesichts der Möglichkeiten von Kommunikation niemals auszuüben in der Lage war. Leos Enttäuschung über den Schlag, der in der Tat nur schwer zu verwinden war, ist unverhohlen, und er klingt in seinen Briefen wie den anderen Schriften an vielen Stellen an, wenngleich er im Sommer 452 den eigentlichen Wortlaut des Canons noch nicht einmal zu Gesicht bekommen hatte[255]. Dazu kam um die gleiche Zeit auch noch die Konfrontation mit den Absichten des Bischofs Hilarius von Arles, der auf nicht weniger als auf die Trennung der gallischen Kirche von Rom hingearbeitet hatte[256]. Unter solchen Umständen ließe sich denn die übernommene Mission sehr wohl als ein Versuch verstehen, sich aus der eigenen, kirchlichen Misere herauszureißen und zugleich nunmehr durch das Eingreifen in staatliche Belange von besonderer Bedeutung ein Vorbild zu geben, das der Rolle eines Papstes in spektakulärer Weise in einem Bereiche neue Dimensionen verlieh, der ihr an sich fremd zu sein hatte. Der Gegensatz zum östlichen Patriarchen und seiner Stellung in Byzanz ließ sich kaum deutlicher aufzeigen, und auch auf die beiden Höfe konnte eine solche Tat nicht ohne eine direkte Wirkung bleiben. Wie den Briefen Leos zu entnehmen ist, verließ er nach dem 11. Juni Rom und scheint nicht vor November zurückgekehrt zu sein. Müßten demnach die Verhandlungen mit Attila in den Juli, spätestens in die erste Augusthälfte fallen, so ist zu vermuten, daß es an caritativen und anderen Aufgaben in den betroffenen Gebieten für den Papst genug zu tun gab, das eine solche Abwesenheit rechtfertigte. Und noch 458 hat Leo sich mit Folgen der hunnischen Invasion zu beschäftigen[257].

Die Quellen deuten an, Attila habe sich durch einen solchen Besuch geehrt gefühlt. Und auch auf die anderen Zeitgenossen muß der Eindruck der Gesandtschaft eines Papstes zu dem Barbarenkönig groß gewesen sein. Er führte, dies ganz natürlich, zu einer

Ausmalung des Ereignisses als Wundergeschichte, die es zu einem
der Höhepunkte christlicher Hagiographie gemacht hat. Zu einem
Erfolg jedoch wurde die Gesandtschaft nicht zuletzt deshalb, weil
Attila von vornherein zum Einlenken bereit war und die Absicht
hatte, Italien so schnell wie möglich wieder zu verlassen. Die Verhandlungen am Mincio können daher nicht viel Zeit in Anspruch
genommen haben. Es scheint, daß die Zahlung eines Tributs vereinbart wurde[258]: Dessen Höhe ist unbekannt, ob es zur Geldsendung
noch kam, ist fraglich. Trifft zu, daß Attila den Rückweg jetzt über
Noricum nahm, so wäre auch dies mit Verpflegungsschwierigkeiten
zu erklären, die noch nicht beendet waren. Eine zweite Invasion
nach Gallien wird ebenfalls berichtet. Sie scheint aber Verwechslung
mit dem Feldzug des Thorismud gegen die Alanen um die gleiche
Zeit zu sein, die ihm eine Erweiterung seines Territoriums gebracht
haben wird und erneut wieder die Schwäche des Imperiums zeigt.
Als eine Unterstützung für Attila war die Aktion sicher nicht
gedacht.

Daß er bei seinem Abzug aus Italien noch einmal sein Ziel, die
Heirat mit der Schwester des Kaisers, nannte und dies mit einer
unverhohlenen Drohung verband[259], konnte jetzt nur noch der notwendigen Selbstdarstellung und dem Schutz vor weiterem Verlust
an Prestige dienen. Seine Drohungen gegen Ostrom um die gleiche
Zeit verstand man wohl nicht anders. Zu einer Kriegsvorbereitung
aber kam es nicht mehr, man fragt sich, ob das hunnische Reich zur
Zeit physisch in der Lage gewesen wäre, ein neues militärisches
Unternehmen zu beginnen. Wie er selbst nach der Rückkehr 452
die Zukunft dieses Reiches sah, ist schwer abzuschätzen. Sicher,
neben der neuen Beute mochte die versprochene Subvention aus
dem Westen, wie gering sie auch war, ein gewisser Ersatz für die aus-
bleibenden Tribute Ostroms sein. Doch auch die Apolloniosaffäre
brauchte nicht zu bedeuten, daß dort alles verloren war. Der Neuan-
fang freilich würde an dem Punkte anzusetzen haben, an dem er seinerzeit die Herrschaft angetreten hatte, und die erste Aufgabe des
Königs würde es sein, auf diplomatischem Wege sich wieder das
römische Wohlwollen zu erwerben, das in den Jahren danach verloren gegangen war. Trifft denn zu, daß er im nächsten Jahre, 453,
eine Germanin zur Frau nahm, wie dies der Name, Ildiko, andeutet[260], so wäre dies wohl als ein Schritt zu verstehen, die Beziehungen
zu den Bundesgenossen erneut zu intensivieren, auf die es stärker
jetzt wieder ankam als zuvor, wenn es darum ging, für die Hunnen
das physische Überleben zu sichern. In der Hochzeitsnacht freilich
ist Attila, offensichtlich an einem Blutsturz, verstorben. Von einer

Ermordung sprechen erst Autoren späterer Zeit, als erster Marcellinus Comes, der hundert Jahre danach seine Chronik verfaßte: Die Trauer in seinem Volke aber war groß. Nach einem Brauch, der sich aus der Nomadenzeit in Mittelasien erhalten hatte, wurde eine Feier veranstaltet, die sich eine ganze Zeitlang hingezogen haben muß. Die Hunnen umritten seine Bahre unter Trauergesängen, wie dies vielleicht einem alttürkischen Ritual entsprach. Einen solchen Gesang überliefert Jordanes und versucht eine Übersetzung in rhythmisch stilisierter Form[261]. Dem Inhalt nach gibt das Lied freilich kaum mehr als eine gleichsam buchhalterische Aufzählung von Leistungen in der Art eines Tatenkatalogs: Wirkliche Dichtung ist das nicht. Begraben wurde Attila, in seidene Tücher gehüllt, in der Nähe seiner Residenz, nachdem man ihn in einen dreifachen Sarg aus Silber, Gold und Zink gelegt hatte. Weder das Grab noch die Leichengaben wurden je entdeckt, die man üblicherweise wohl an anderer Stelle vergrub. Es heißt, man habe die Totengräber umgebracht, um ein Auffinden zu verhindern. Ein Jahr später war von seinem Reich so gut wie nichts mehr vorhanden.

Der Verfall des Reiches, der so schnell beginnt, hat mit Attila selbst nicht viel mehr zu tun. Indirekt vielleicht aber doch. Nicht nur, daß unvorhergesehen eine Entwicklung abbrach, die auch jetzt noch als keineswegs aussichtslos gelten durfte: Es ist aber nicht zuletzt der Mangel an einem geeigneten Nachfolger, der diesen Verfall mit erklärt. Daß Attila Söhne hatte, die ihrem Alter nach zur Herrschaft durchaus berechtigt gewesen wären, lehren die Ereignisse der folgenden Jahre. Doch es hat den Anschein, es seien derer zu viele gewesen. Wie die meisten großen Personen in der Weltgeschichte, und nicht nur diese, hat es Attila offensichtlich unterlassen, zur rechten Zeit klar diesen Nachfolger zu bestimmen und ihn für eine Übernahme seiner Rolle gleichsam aufzubauen, die Sekundogenitur eines Ellac bei den Akaziren reicht dafür nicht aus. Spekulationen über mögliche Staatsrechtsvorstellungen in einem solchen Zusammenhang zu versuchen, vollends ist müßig. Aber auch dies tut das Seine, Attila selbst noch im nachhinein zu bestätigen. Denn es macht deutlich, wieviel noch zu tun gewesen wäre, um dorthin zu gelangen, wo er sein Ziel sah.

Der Abschluß

Unsere Nachrichten lassen diesen Zerfall des Reiches wohl noch einigermaßen erkennen, das Bemühen um eine genaue Chronologie dieses Prozesses aber muß erfolglos bleiben. Dessen Beginn liegt wohl noch im Todesjahr. Wie bereits angedeutet, ein Testament Attilas oder eine Nachfolgeordnung sind nicht bekannt, die als verbindlich gelten durften, und es scheint auch nicht, daß neben den vielen Söhnen eine Person vorhanden war, die nach dem Gewohnheitsrecht einer tanistry die Herrschaft hätte antreten können[262]. Der Streit, der sofort begann, wurde zweifellos im wesentlichen unter den profilierten dieser Söhne ausgetragen, die anderen verschwinden sofort. So wird die Absicht einer Teilung des Volkes nach einzelnen Stämmen und dementsprechend dazu auch die der Bundesgenossen einer alten, überkommenen Tradition entsprechen. Sie setzt einerseits wohl ein mittlerweile ausgeprägtes dynastisches Selbstbewußtsein voraus, bedeutet zugleich aber einen Rückfall, der alles zunichte macht, was seit Uldin im Aufbau eines stabilen Reiches geleistet worden war. Wie immer aber nun die hunnischen Untertanen mit einer solchen Lösung einverstanden sein mochten, die germanischen Stammesherrscher des hunnischen Bundesgenossenverbandes lehnten eine solche Behandlung ab, die sie zwangsläufig auseinanderriß und für sie eine Zukunft heraufbeschwor, die mehr als ungewiß war. Ganz zu schweigen von den neuen Machtverhältnissen, die sich durch die Teilung ergeben, aber die nicht mehr der alten Rolle vom Attilareich entsprachen. Stand nun aber hinter dieser hunnischen Reichsteilung kein wirklich zukunftsweisendes Konzept, so läßt sich kaum von Abtrünnigkeit reden, wenn diese Stämme von nun an trachten, sich aus einem fragwürdig gewordenen Verband zu lösen. Es war Ardarich, der Herrscher der Gepiden und immer wieder als der am meisten geachtete, loyalste der Bundesgenossen Attilas bezeichnet, der offenkundig schnell eine antihunnische Koalition zusammenbrachte. In einer Schlacht an dem Fluß Nedao (wohl östlich der mittleren Donau) 453 oder 454 traten die Hunnen noch einmal in ihrer Gesamtheit gegen die Germanen auf. Geschlagen aber zogen einzelne Gruppen, zum Teil wohl unter Führung von Söhnen Attilas, sich nach Osten zurück, wo es ihnen möglich war, in der Ukraine oder weiter östlich, wieder die nomadische Lebensweise aufzunehmen[263], um danach zum Bestandteil ethnisch verwandter neuer Völkergruppen zu werden, die nicht lange danach zur Genese des bulgarischen Volkes beitrugen.

Ein Teil von ihnen blieb vorerst in den Gebieten zwischen Donau und Theiß zurück oder wurde bald auch in kleinen Gruppen als Grenztruppe Ostroms[264] verwendet, unter ihnen Ernak, ein Sohn Attilas, zusammen mit seinen Anhängern, dazu Alanen und wohl selbst gotischen Elementen, die Thrakien bis zur Donaumündung sicherten. Ellac, der älteste der Söhne, war am Nedao gefallen. Hunnen begegnen später als die Truppen des Marcellinus, der unter oströmischer Oberherrschaft ein Reich in Dalmatien[265] errichtete und bis zu seiner Ermordung 468 mehrfach in die Belange des weströmischen Reiches eingriff, ebenso wie als Bundestruppen des Kaisers Maiorian 458. Der Name ihres Führers, Tuldila, ist freilich sicher germanisch. Die bisherigen Wohnsitze der Bundesgenossen Attilas sind unbekannt. Doch hat die Vermutung viel für sich, er, vielleicht bereits Rua, hätte eine ostgermanische Westbewegung gefördert und Wert darauf gelegt, Goten, Gepiden, Rugier und andere in gewisser Nähe des Zentrums zu haben, dies zur eigenen Sicherung und zur Kontrolle gleichermaßen[266]. Und auch, daß er bereits Teile von ihnen nach Niederösterreich vorschob, könnte dazu gehören. So scheint die Annahme begründet, daß Germanen in Siebenbürgen, nördlich davon und selbst zwischen Karpathen und Theiß ihre Wohnsitze hatten, getrennt von den Hunnen, aber doch nicht allzu weit von diesen entfernt, und zwar nicht zuletzt wohl mit der Aufgabe, ihnen beim Übergang zu einem Zustand der Lebensform Hilfe zu leisten, der etwa dem Ihren entsprach. Hilfe auch in der Versorgung mit Nahrungsmitteln während dieser Zeit in Notfällen versteht sich von selbst, mit einer Ausbeutung der Germanen durch die hunnischen Könige zu spekulieren, aber führt zu weit. Ob in einer solchen Gestaltung des politischen Verhältnisses die hunnischen Könige auf überkommene eigene Vorstellungen zurückgriffen oder aber bereits nach einem römischen Modell verfuhren, läßt sich im einzelnen nicht erkennen: Nicht zu ignorieren aber ist die Förderung von herrschenden Dynastien unter diesen Stämmen, dies zweifellos mit Beziehungen auch zwischen diesen und dem hunnischen Hofe selbst. Zwischenheiraten wie noch am letzten Tage Attilas, dies zumindest innerhalb der Oberschicht, dienten der Festigung dieser Beziehungen, und so verwundert es nicht, daß die Loyalität dieser Fürsten stets unbestritten war. Eine Beteiligung an der künftigen Herrschaft in Gallien und die Ausweitung des Systems war sicher schon aus Erwägungen der numerischen Stärke geplant. War aber durch die Unterordnung unter die hunnische Vorherrschaft der Wanderungs- und Landnahmeprozeß dieser Germanen für eine Zeitlang zum Stillstand gekommen, nunmehr scheint diese Bewegung neu zu beginnen. Einzelheiten sind zwar nur vage überliefert, und auch die Gründe lassen sich nur erschließen. Denkbar ist, daß die wirtschaftlichen Voraussetzungen in den genannten Räumen als dennoch zu schlecht für das eigene Fortleben empfunden wurden und man nunmehr die eigene Kenntnis von besseren Bedingungen auszunutzen suchte, die anderswo, etwa in Pannonien, vorhanden waren. Überdies wäre auch die Frage nach einer Bevölkerungszunahme unter diesen Stämmen während einer Zeit der Ruhe, relativer Stabilität und Seßhaftigkeit zu stellen, wenn man nun auch die frühere Richtung dieser Landnahme wieder einschlug. Die Furcht vor der Reaktion der Hunnen in der Nähe kommt hinzu, und weiter, daß nunmehr auch andere Stämme, Anten, Slaven, sich ebenfalls in Bewegung setzten, so daß der Druck in den benachbarten Gebieten schnell spürbar wurde. Dies erklärt es, daß nunmehr eine Expansion der Gepiden nach Siebenbürgen beginnt, ein Land, dessen Bodenschätze vielleicht eine Rolle spielten. Sie werden zu Foederierten Ostroms und erhalten finanzielle Hilfe. Die Ostgoten wiederum, am Nedao vielleicht noch auf der Seite der Hunnen stehend, wandern in drei Stämmen unter Fürsten aus der Amalerdynastie aus vielleicht dem Gebiet der oberen Theiß nach Pannonien, wo sich das Siedlungsgebiet, das ihnen von Byzanz zugewiesen wird, von der Save bis zum oberen Donauknie erstreckt. Andere, kleinere Stämme, wie Skiren, Heruler, Sueben, zusammen mit sarmatischen Resten, lassen sich im nördlichen Ungarn nieder oder aber suchen sich Wohnsitze zwischen Donau und Theiß, nördlich der Donau an der norischen Grenze errichten die Rugier ein Reich. Aus guten Gründen freilich mußte Byzanz daran liegen, die neu beginnende Bewegung möglichst bald wieder zum Stehen zu bringen und im Grenzgebiet noch einmal feste, stabile Verhältnisse zu gewinnen. Daß in Pannonien neben Hunnen immer noch Reste der alten Bevölkerung lebten, ist anzunehmen. In Noricum ging ebenfalls das Leben schlecht und recht weiter, wobei offenkundig eine Verbindung mit Rom kaum mehr vorhanden war: Der heilige Severin, der einige Jahre später sein Wirken dort beginnt, kommt bezeichnenderweise aus dem Osten. Von den Persönlichkeiten im Kreise um Attila wird keine mehr erwähnt, es könnte sein, daß sie ihn zwar überlebten, in den Wirren nach seinem Tode aber zugrunde gingen. Hunnische Reste an der mittleren Donau aber scheinen vorerst noch eine Rolle gespielt zu haben. So hatten bald nach der Landnahme die Ostgoten einen hunnischen Unterwerfungsversuch unter Dengizich[267], einem der Söhne Attilas, abzuwehren, der sich in der Nähe befunden und über Teile der Hunnen geboten haben muß. Bei einem gotischen Feldzug gegen die wohl hunnischen Sadagen, die in Pannonien angesiedelt worden waren, kommt es erneut zur Hilfeleistung durch diesen (vielleicht um 459), ob die dabei erwähnten hunnischen Einzelstämme zu den βασίλειοι zählen, ist ungewiß: Die Namen tauchen weder vor- noch nachher wieder auf. Nach der Niederlage weicht Dengizich nach Bessarabien aus, wo er sich mit hunnischen Resten verbündet, die schon früher abgewandert waren. Hunnische Reste sind offensichtlich neben Sueben, Rugiern und Skiren auch an der Koalition des Suebenkönigs Hunimund gegen die Goten beteiligt, werden aber nach der Schlacht an der Bolia (wohl 469) nicht mehr erwähnt. Goten wiederum sind um diese Zeit auch in Thrakien nachzuweisen und werden zum größten Teil später unter Theoderich am Zuge nach Italien beteiligt gewesen sein. Reste verblieben wohl in Südrußland und auf der Krim, wo sie sich noch viele Jahrhunderte hielten. Teile der Alanen wiederum scheinen noch eine Zeitlang südlich der Donaumündung geblieben zu sein, eine Verbindung mit den Trägern alanischer Kultur, die noch im 11. Jahrhundert am mittleren Don nachzuweisen sind, ist denkbar. Dengizich bat mehrfach um ein Bündnis mit Ostrom, wobei es ihm, ganz im Sinne des Vertrages von Margus 435, bezeichnenderweise um Märkte und Handelsbeziehungen ging. Er scheiterte, ein Angriff wohl in der zweiten Hälfte der sechziger Jahre bleibt nach wiederholten Einfällen in das oströmische Territorium erfolglos. Sein Bruder Ernak beteiligt sich übrigens an diesen nicht. Wohl um 469 wird Dengizich getötet und sein Heer aufgerieben[268]: Wo immer danach der Hunnenname verwendet wird, auf die Nachfolger Attilas ist er nicht mehr zu beziehen. Wohl ein Enkel, vielleicht aus einer gepidischen Verbindung stammend, Mundo, führt längere Zeit hindurch in den Wirren auf dem Balkangebiet ein Dasein als Räuberhauptmann. Er tritt 504 in ostgotische, 535 in oströmische Dienste und fällt bald danach zusammen mit seinem Sohne im Kampf.

Das Schicksal der Sieger

Für das Imperium ist das Auftreten Attilas auf diese Weise zu einer letzten Bewährungsprobe geworden, wenngleich sich für beide Hälften die Folgen unterscheiden. Denn für den Westen[269] war es Attila, der das politische Ende mit einleitete. Beabsichtigt hatte er dies nicht, und zwar aus guten Gründen. Und es ist erst nach seinem Tod, daß in Gallien der Rest des weströmischen Imperiums durch die germanischen Nachbarn gleichsam zerrieben wird. Trifft zu, daß Attila die Kräfteverhältnisse dort richtig einschätzte, so könnte es sogar ehrlich gemeint gewesen sein, wenn er seinen Zug nach Gallien und die neue Konstellation, die sich aus diesem ergab, als einen Akt von Freundschaft gegen Valentinian hinstellte. Er hatte seinerzeit Aetius die Mittel zu einer Wiederherstellung der römischen Position in Gallien verfügbar gemacht, die Ehe mit der Schwester des Kaisers ließe sich in solcher Sicht als eine weitere Stärkung für diesen verstehen. Tatsache aber ist, daß der Krieg, zu dem er 451 Valentinian zwang, Anstrengungen forderte, denen Rom nicht mehr gewachsen war. Und bei aller Naivität seiner Selbsteinschätzung, auch angesichts der Stellung Roms in Gallien mochte es ihm nicht einmal als abwegig erscheinen, wenn der Kaiser auf sein Angebot einging und auf Widerstand verzichtete. Die Aufstellung eines römisch-barbarischen Heeres und die Schlacht auf den Katalaunischen Feldern hingegen bedeuten demnach nicht nur das Ende der traditionellen römischen Überlegenheit, die sich, wenngleich nur scheinbar, schon einmal unter Aetius bestätigt hatte. Es ist offensichtlich gerade der gemeinsam errungene Sieg, der den Germanen in Gallien neue Impulse gab, die sich denn nur wieder gegen das Imperium richten konnten. So beginnen als eine unmittelbare Folge dieses Sieges Franken, Westgoten und Burgunder mit ihrer Expansion, und was Rom noch sein Eigen nennen kann, ist weniger als zehn Jahre später nur noch eine kleine Enklave in Mittelgallien, die bald danach ebenfalls verschwindet. Mit dem Verlust von Afrika, von Spanien und nun auch Gallien aber verliert dieses westliche Imperium zusammen mit der Möglichkeit, seinen ursprünglichen Funktionen nachzukommen, auch seine Ansprüche, und angesichts der neuen Machtverhältnisse sind mit den herkömmlichen Vorstellungen, die der römischen Außenpolitik zugrunde lagen, auch die dazu gehörenden Termini ohne Sinn, selbst wenn sie von seiten Roms oder aber von den Barbaren zur Umschreibung ihrer Beziehungen untereinander weiter verwendet werden. Aetius, für die kurze Spanne Zeit, die ihm noch blieb, und auch der Kaiser konnten daran nichts ändern: Die Nachfolger, die nach einer Erneuerung der römischen Machtstellung im Westen suchten, ein Avitus, Maiorian, wie am Anfang seiner Herrschaft vielleicht noch Anthemius, und zweifellos auch Ricimer, sind ausnahmslos gescheitert, und für analoge Versuche eines Theoderich im 6. Jahrhundert war es längst zu spät.

Die östliche Welt hingegen ist trotz guten Willens von beiden Seiten und trotz nicht nur zur Schau gestellter, sondern wirklich praktizierter Gemeinsamkeit der Interessen gezwungen, ihre eigenen Wege zu gehen. Die Gründe für die wachsenden Gegensätze zwischen den beiden Reichshälften als der Folge einer Inkommensurabilität, die kaum mehr zu übersehen war[270], wurden bereits zu umreißen, zumindest anzudeuten versucht. Zu überwinden waren sie nach dem Ende Attilas nicht mehr. Bei all dem mögen einzelne Personen und ihr Wirken die allgemeine Entwicklung verhängnisvoll beeinflußt haben, Honorius, Galla Placidia, Valentinian, aber in ihrer Weise auch Stilicho oder Aetius. Aufzuhalten aber war sie weder durch eine Politik, die von Dynastiegedanken ausging, noch etwa durch militärische Hilfsaktionen zu Zeiten besonderer Bedrohung. Auch von hier aus gesehen, ließen sich Attilas Heiratsabsichten, so wie er sie verstand, als ein Versuch deuten, das Seine zu einer Wiederherstellung des Gleichgewichtes zu tun. So hatte unter Theodosius II. das oströmische Reich noch einmal die Praxis der römischen Barbarenpolitik angewendet und dabei alle Register gezogen, die verfügbar waren, um in einer Ausnutzung der eigenen materiellen Überlegenheit das hunnische Reich und seinen Herrscher gleichsam zu domestizieren und beide wenigstens mit der Zeit doch noch in den eigenen Gesichtskreis einzuordnen: Der Westen, lange Zeit weniger betroffen, hatte von der Entstehung dieses Reiches sogar profitiert, dann aber in einer Gewaltanstrengung sich der Gefahr entledigen müssen, die unvermeidlich war. Die Auseinandersetzung mit einem wieder reduzierten hunnischen Reich hätte zweifellos Byzanz allein zu übernehmen gehabt: Der Westen war nach der Anstrengung von 451 in eine Lage geraten, daß 476 ein Odoakar diese Reichshälfte nur noch als eine Provinz der östlichen zu sehen vermochte.

All dem widerspricht nicht, daß äußerlich die Kriterien die gleichen blieben[271], die für die Kaiserzeit und für die Spätantike galten. Einteilung, Verwaltung und Institutionen des Imperiums sind unverändert, es gelten Ränge, Amtsbezeichnungen und Amtsbefugnisse wie zuvor, und die einschlägigen Stellen werden immer noch besetzt, dies im allgemeinen in Übereinstimmung zwischen der östlichen und der westlichen Hälfte. Das gleiche gilt für die Ressort- und Kompetenzeinteilung zwischen Hof und regionaler Verwaltung. Ein Attila als Magister Militum des Westreiches mit entsprechenden Einkünften gehört durchaus in die römische Tradition der Behandlung verbündeter Herrscher. Ist denn das Bild, das die bereits erwähnte Notitia Dignitatum zu Beginn des 5. Jahrhunderts zeichnet, lückenlos, so lassen unsere prosopographischen Kenntnisse auch in der Zeit danach für die oberen wie die unteren Schichten der Verwaltung noch einmal eine enge Verbindung zwischen den beiden Reichshälften erkennen, was im Formalen auch für die Kirche gilt. Private und persönliche Verbindungen einzelner Personen und halboffizielle Kontakte ergänzen dieses Bild. Ohne sie hätte das Imperium wohl schon bisher kaum überlebt. Die Gemeinsamkeit in der Gesetzgebung und die Gültigkeit der kaiserlichen Constitutionen in beiden Reichsteilen gehört dazu, auch wenn es fraglich bleiben muß, wie weit Rom etwa in der Lage war, ihnen außerhalb Italiens noch Geltung zu verschaffen. Dies gilt auch für die Kontroversen etwa um Illyricum und die Zugehörigkeit seiner beiden Hälften zur Zeit eines Stilicho, ernsthafte Konsequenzen zog man aus diesen offenkundig nicht. Die Abtretung auch der westlichen Hälfte an Byzanz 437 angesichts der Eheschließung Valentinians III. mit Eudoxia betrifft folgerichtig das 433 an den Foederaten Rua zedierte Pannonien im Sinne eines Interessengebietes: Es wäre denkbar, daß der Westen sich zu einer Wahrnehmung seiner Herrschaftsfunktionen bereits jetzt in den betroffenen Gebieten der illyrischen Praefektur gar nicht mehr in der Lage sah. Der Versuch einer Wiedergewinnung durch Avitus 455 ist auch seinem Panegyriker Sidonius Apollinaris kaum der Rede wert[272]; Avitus wurde bekanntlich von Byzanz niemals anerkannt. In einer Zeit, die von beiden Seiten der westlichen wie der östlichen als permanente Krise empfunden worden sein muß, potenziert sich naturgemäß die Rolle des Hofes, wobei der Kaiser selbst hinter den offiziellen Entscheidungsgremien oder aber den befugten Funktionären der Reichspolitik zurücktritt[273]. Dazu aber kommt der Einfluß persönlicher inoffizieller Ratgeber anderer Art, aber dieser ist, nicht legitimiert, meist nur von kurzer Dauer. Eines natürlichen Todes freilich stirbt aus dem Kreise einflußreicher Persönlichkeiten auch darüberhinaus kaum einer. So ist das, was sie vollbringen, gewaltig, mit welchem Maßstab man es immer mißt, mögen sich die Ziele die sie anstreben, auch gelegentlich als falsch und unvollständig erweisen: Stilicho, Constantius III., Aetius, Anthemius, Aspar, Areobindus, Anatolios, aber danach auch noch Ricimer, Maiorian, Marcellinus. Herkunft, bisherige Karriere und der erreichte Rang in der Hierarchie spielen dabei eine geringere Rolle als Anhang und Einfluß auf andere Kreise von gleichem Interesse. Die Rolle etwa eines Zenon in Byzanz und seiner antihunnischen Partei ist bezeichnend. Sie war keineswegs nur am Hofe wirksam; daß sie sich mit anderen Gruppen im Reich zusammentat, läßt sich nachweisen, die Erhebung Marcians wird nicht zuletzt die

Folge einer solchen Verbindung sein. In Rom wiederum kam Aetius ohne die Hilfe der symmachischen Senatsfraktion nicht aus, und er hatte, soweit ersichtlich, stets zwischen ihr und anderen zu lavieren[274]. Doch gelegentlich bedeuten auch die gleichsam privaten auswärtigen Beziehungen Einzelner für diesen Personenkreis eine wichtige Stütze. Das Wohlwollen eines Geiserich für Aspar und Marcian ist ebenso interessant wie das Attilas für Areobinduns, Aspar und lange Zeit hindurch auch für Aetius. Dessen Krieg zur Befriedung Galliens war ohne eine solche persönliche Verbindung nicht möglich gewesen, und so bleibt auch für die Zeit nach 450 unklar, ob Attila mit einem Bruch ihrer Beziehungen wirklich rechnete. Auf der anderen Seite war es wohl nicht zuletzt der Verdacht eines heimlichen Einverständnisses 451 und 452, der neben anderem 454 zur Ermordung führte. Bei all dem aber bedeutet die Inkompetenz der jeweiligen Throninhaber für die Enscheidungen, die getroffen werden mußten, meist sogar eine Erleichterung. Die Zusammenarbeit der zentralen Ressorts am Hofe, Verteidigung, Finanz- und Steuerverwaltung, ging, soweit ersichtlich, in diesen Jahren reibungslos vonstatten. Beim Verlust an Territorium war im weströmischen Reich das Steueraufkommen zweifellos nur noch gering: Aber trotz gelegentlich hoher Belastung aller oder nur bestimmter Teile der Imperiumsbevölkerung ist eine wirkliche Finanzkatastrophe[275] niemals spürbar gewesen. Die Kirche wiederum erweist sich trotz dogmatischer Krisen und innerer, zum Teil machtpolitischer Differenzen nach wie vor als eine entscheidende Hilfe. Als Mittel einer caritativen Bewältigung von Notzuständen in den betroffenen Gebieten muß sie trotz gelegentlicher Klagen über zuwenig an Geleistetem das Ihre getan haben, wirkliche Katastrophen zu verhindern. Das Wirken der gallischen Bischöfe in dieser Zeit ist bekannt, ein Germanus von Auxerre etwa steht unter seinesgleichen kaum allein. Die Rolle dieser Bischöfe während der hunnischen Invasion ist dazu ein natürlicher nächster Schritt wie auch das Martyrium, das einige von ihnen oder aus ihrem nächsten Umkreise erleiden. Die Deutung des Ereignisses als eine gottgeschickte Prüfung ähnlich wie ein Neuaufleben der theologischen Ausdeutung der Romidee, wie sie nahe lag, beeinträchtigte den Widerstandswillen gegen die auswärtige Bedrohung nicht, der von der Kirche ausging. Gerade für Gallien freilich bleibt zu fragen, wie weit die christliche Deutung zugleich das Ihre tat, die Abkehr von Rom vorzubereiten, die danach mit der politischen Entwicklung Hand in Hand ging. Sie ist die Folge wohl bereits der Katastrophe von 406[276], verstärkt dann durch die Wirren nach 425. Ein Aetius mochte auf die Vorarbeiten aufbauen, die in einer Synthese von politischen und kirchlichen Interessen bereits ein Constantius III. unternommen hatte. Die Klagen über den römischen Prestigeverlust aber etwa bei einem Salvian sind unüberhörbar, und es könnte sein, daß manche der gallischen Bischöfe in ihrem Kampf gegen Attila sich mit sich selbst wie auch mit ihren Gemeinden manchmal in einem Zwiespalt befanden, der tiefer ging als dies die Quellen andeuten. Sicher, die Ordnung des Aetius beruht auf einer Separation der verschiedenen Bereiche und Interessen in Gallien mit dem Ziele eines Status quo, wie ihn auch die Kirche begrüßen konnte. Indes, die Absichten eines Hilarius von Arles müssen von der Erkenntis ausgegangen sein, daß diese Ordnung nur ein vorübergehendes Provisorium werde sein können.

In der Tat waren seit der Öffnung der Grenzen durch Stilicho 395 die Franken im Norden in einen Prozeß von Expansion und Landnahme eingetreten[277], hatten sich ripuarische und salische Fürstentümer gebildet, die diesen noch eigens vorantrieben, Unruhen waren auch von Burgundern und Westgoten ausgegangen, die Bagauden waren nie zur Ruhe gekommen. Gegen sie alle war es mit militärischen Aktionen nicht getan, und auf die Dauer fehlten für solche auch die Truppen. An den sozialen Verhältnissen konnte sich unter solchen Umständen wenig ändern, und auch der so wichtige Großgrundbesitz, an Derartigem an sich nur wenig interessiert, konnte die Interessen Roms nur so lange wahrnehmen, als dieses in der Lage war, Stabilität zu garantieren. Sicher, all dies ist Simplifikation, von dem was es unter der Oberfläche an Verbindungen, Gruppierungen, aber auch von Zielen oder entsprechenden Aktionen gab, wissen wir zu wenig. Aber, wie angedeutet, die Zahl potentieller Partner, auf die Attila in Gallien zählen zu können glaubte, war nicht klein, und was wir von ihnen kennen, wird nur ein Ausschnitt sein. Die Art etwa, wie ein Salvian seine Aversion gegenüber der römischen Herrschaft artikuliert[278], läßt eine tiefe Verwurzelung erkennen und wird eine Wirklichkeit spiegeln, die es mit erklärt, wenn zuerst ein Attila sich bezüglich der Gallier Hoffnungen machte, die Abwehr der Hunnen im Grunde ohne Folgen blieb und danach dieses Gallien ohne große innere Bewegung gar in andere Hände überging.

Der Weg Ostroms war anderer Art, und er führte in die umgekehrte Richtung. Zwar dauerte die Regierungszeit Marcians nicht sehr lange. Indes, daß die Osthälfte des Imperiums niemals territoriale Verluste hinzunehmen brauchte, tat allein das Seine, ihm die wirtschaftliche Sicherheit und eine finanzielle Stabilität zu bewahren, die es im Grunde unangreifbar machte, ja obendrein von Fall zu Fall sogar finanzielle Rücklagen erlaubte. Innere Schwierigkeiten, wie etwa die Folgen von Chalcedon für die Zustände in Ägypten, ändern daran nichts. Und auch später, unter den Nachfolgern Marcians, führen etwa die Auseinandersetzungen mit den Ostgoten verschiedener Gruppierungen, dies selbst in der Nähe der Hauptstadt, stets nur zu einem Lavieren, haben aber die Existenz des Reiches niemals in Frage gestellt. Diese Stabilität läßt vermuten, daß das Hunnenproblem wie dann auch die Wende 450 einen weitgehend marginalen Charakter hatte, und Marcian sich sehr wohl in der Lage sah, die Rückkehr Attilas aus dem Westen abzuwarten, um danach die Gestaltung des römisch-hunnischen Verhältnisses neu einzuleiten. So waren die militärischen Operationen 451 und 452 wohl nur von geringem Umfang und eher als Demonstration zu verstehen: Eine Katastrophe herbeizuführen oder aber Attila seiner Basis zu berauben, scheint Marcian sich gehütet zu haben. Im übrigen hatte bereits der Krieg 447 gezeigt, wo die hunnischen Schwächen lagen, so daß sie selbst auf römischem Gebiet keine große Gefahr mehr darstellten. Die eigene Armee hingegen hatte sich seit den Reformen unter Anthemius zu Beginn des Jahrhunderts im Laufe der Jahrzehnte zu einer Kampftruppe entwickelt[279], die, stets einsatzbereit, darüberhinaus über Kader verfügte, die, selbst hochqualifiziert, leicht aufzufüllen waren: An barbarischen Verbündeten hierfür fehlte es nie, die anzuheuern keine Schwierigkeiten machte, bis diese Verbände dann im 6. Jahrhundert selbst zu fest integrierten Teilen des stehenden Heeres wurden. Dazu aber kommt ein großes Reservoir von vielseitig verwendbaren Feldherren und Truppenführern römischer oder barbarischer Herkunft, letztere längst integriert und vielfach mit der römischen Aristokratie verbunden. Gelegentlich greift dieser Kreis auch in die Politik ein, wie der erwähnte Zenon oder die Rolle Aspars 450 und 457 zeigen. Zu einer Gefahr aber wurde dies nicht, eher im Gegenteil. Für Rom hingegen war die Ermordung des Aetius 454 auch von hier aus gesehen der Anfang vom Ende. Wird damit Attila für das Imperium und damit für die Antike als einer in sich geschlossenen Welt zu einer letzten Bewährung, so scheinen andererseits die Grenzen zwischen ihm und dieser dennoch bereits fließend zu sein. Und wie aus seinen eigenen Worten gegenüber Valentinian hervorgeht, sieht er sich ihr, besonders der westlichen Hälfte, näher als sie es selbst wahrzunehmen bereit ist.

Die Frage der Hunnen

Neben dieser gleichsam europäischen Komponente tritt die eigentlich hunnische für uns merkwürdig zurück. Zu erklären ist dies aus der Mangelhaftigkeit unserer Überlieferung, bei der für Forschungen jeder Art einfach zu viel im unklaren bleibt. Und wie für die Anfänge, 376, so reichen auch für die späteren Phasen hunnischen Auftretens oder für dessen Ende unsere Nachrichten nicht aus, um das Spezifische ganz zu erkennen und dies dazu noch von seinem Umfeld abzuheben, oder gar, scheinbar merkwürdige Tatsachen in einen Zusammenhang zu bringen, der sie verstehen läßt. So ist wie die Frage nach der Genese des Substrates , das 376 in Europa einbrach, auch das Verhältnis seiner Bestandteile zueinander nicht zu beantworten, und gleiches gilt für die Zeit danach. Was die Zeitgenossen zu beobachten vermochten, waren lediglich Äußerlichkeiten, und vieles von dem, was auf uns überkommen ist, scheint derart von Vorurteilen oder literarischem Klischee bestimmt, daß es mit der erlebten Wirklichkeit nur wenig zu tun gehabt haben kann. Wie für die Zeitgenossen, so bleibt demnach auch für uns die Welt Attilas im Grunde fremd und der Hunnenbegriff nur ein terminologisches Hilfsmittel, nicht aber mehr. Und er ist bewußt vielleicht schon von diesen Zeitgenossen durch ihren Sprachgebrauch verwischt. Sicher, eine Definition, was Hunne sei und was nicht, wird im wesentlichen eine Angelegenheit der Politik gewesen sein und hing seit Uldin allein wohl von der Willkür des Herrschers ab. Anzunehmen aber ist, daß bereits in den Jahrzehnten vor Attila der Stamm, aus dem der Herrscher und dessen Dynastie sich herleiteten, der gleiche blieb, durch die Angliederung anderer erweitert wurde, und dann, auf ein bestimmtes Gebiet konzentriert, nach seiner Ausdehnung bis an die mittlere Donau den eigentlichen Kern des Reiches bildete. Ein Name dieses Stammes analog dem anderer ist nicht bekannt, das βασίλειοι der griechischen Quellen wird der Versuch sein, zu umschreiben, was den Autoren selbst nicht bekannt war, zumindest unverständlich blieb. Der Terminus ist nicht neu, ein Strabo verwendet ihn früher bereits zur Umschreibung des führenden Stammes unter den Sarmaten (7, 3, 17). Andere Namen werden erwähnt und zu den Hunnen gerechnet: In welchem Verhältnis sie aber ethnisch zu den Genannten stehen, und auch ihre Rolle innerhalb des Reiches, bleibt unklar. Gleiches gilt für die Gebiete, in denen sie sich niederließen. Der Überlieferung nach blieben sie ein geschlossenes Ganzes und erhielten jeweils als solches ihre Siedlungsräume zugewiesen, die Sadagen in Pannonien sind dafür ein Beispiel.

Rätsel geben auch die überlieferten Namen einzelner Personen auf, die freilich alle der nächsten Umgebung des Königs angehören. Versuche, sie auf turksprachliche, mongolische, iranische, germanische oder selbst slavische Wurzeln zurückzuführen, wurden zwar immer wieder unternommen, blieben aber unbefriedigend. Vieles hängt nicht zuletzt von der Wiedergabe durch unsere Quellen ab, deren Autoren, von geringer Kenntnis dieser Sprachen, an einer Korrektheit in diesen Dingen gar nicht interessiert waren. Denkbar wäre sogar, Attila selbst habe aus vielen, nicht zuletzt optischen Gründen eine solche Verwischung gebilligt und gefördert und sei so weit gegangen, zu veranlassen, daß einzelne Hunnen ihren Namen einen germanischen Anklang gaben oder sogar diesen wirklich germanisierten. Die mögliche Identität des Edekon, eines hunnischen Vertrauten Attilas, mit einem skirischen Stammesfürsten hat so die Frage nach der hunnischen Abstammung des Patricius Odoakar, des späteren Vorgängers eines Theoderich in Italien aufkommen lassen. Tuldila, ein hunnischer Söldnerführer mit germanischen Namen, wurde bereits erwähnt, in der Schlacht 451 fiel Leudaris, einer der Vertrauten Attilas, wohl ein Hunne mit germanisiertem Namen. Die Söhne Attilas freilich behielten ihre hunnischen Namen bei.

Verwendeten denn die Zeitgenossen den Sammelbegriff unter bewußtem Verzicht auf eine Differenzierung, so wird gleiches auch für das Hunnenbild selbst gelten. Man bleibt allgemein bei dem Barbaren- und Nomadenklischee[280], wie man es seit Herodot kannte, einschließlich selbst des Skythennamens, und bei der gleichsam genüßlich fixierten Abgrenzung zur eigenen Welt mochte man sich der Unzulänglichkeiten eines solchen Provisoriums auch bewußt sein. So ist denn ein Ammian, der Archeget in der Hunnendarstellung, im Grunde niemals wirklich zu korrigieren versucht worden, dies, obwohl es kompetente Augenzeugen gab, die mehr wußten, in vielen sachlichen Dingen unsere archäologischen Zeugnisse bessere Erkenntisse etwa zur Zivilisation des Volkes geradezu aufdrängen und die Zeitgenossen sicher besseren Einblick hatten, als sie im einzelnen zeigen. Sicher, gelegentlich fließen in das Hunnenbild der auf Ammian folgenden Generationen im Detail Verbesserungen ein: Sidonius Apollinaris etwa zeichnet einen Hunnentyp mit ausgesprochen mongolischen Zügen, wie er wohl der Wirklichkeit entsprach[281]. Die Dinge so darzustellen aber, wie man sie wirklich wußte, hinderte nicht zuletzt die Panik, die man nicht mehr los wurde, wozu vielleicht noch eine offizielle Sprachregelung kommt, der an der Aufrechterhaltung solcher Distanz lag und eine objektive Darstellung unerwünscht war. Die Versuche eines Priscus, die überkommenen Vorurteile so gut es ging zu modifizieren, blieben als privater Bericht offiziell erfolglos, und auch ein Jordanes, dort wo er ihn benutzt, scheint an einer Korrektur des gültigen Attila- oder Hunnenbildes keineswegs zu denken.

Man wird davon auszugehen haben, daß alles, was eine solche Distanz hervorrief, auf das Phänomen der reiternomadischen[282] Existenz zurückging, die man als Lebensform aus Mittelasien mitbrachte und mit der der Westen vorerst nicht zu Rande kam. Sie erklärt sich aus dem Leben in der Steppe mit ihren besonders schweren Bedingungen gerade in diesem vorliegenden Falle, die nicht ohne Folgen geblieben waren. Zu einer Akkulturation analog anderen Beispielen mit besserem Schicksal war die Zeit bis zum Einbruch in das ostgotische Reich vielleicht einfach zu kurz. Keine Frage, Viehzucht, Schaf- und Rinderhaltung, feste Plätze, die man bezog, und die Ausnutzung von Bedingungen der Transhumanz mochten auch hier schon in Asien ein erster Schritt zu einer halbnomadischen[283] Lebensweise sein: Einen Einfluß auf die Mentalität brauchen sie nicht ausgeübt zu haben, zu dem es vielleicht längerer Zeit und besserer Verhältnisse bedurft hätte. Die Verwendung von Wagen[284] als Transportmittel zur Gewinnung einer höheren Flexibilität wiederum ist alt und beweist daher als eine Vorstufe zur Weiterentwicklung der Lebensform wenig. So gehören denn im großen wie im kleinen die Plünderei[285], die Bemühungen zur Gewinnung großer Räume für die eigenen Operationen und Bewegungen, Grausamkeit gegen Unterworfene und Besiegte, die Unterwerfung und Angliederung anderer Stämme und Völkerschaften auch später noch zu den Kriterien hunnischen Auftretens mit angepaßten Variationen in Europa. All dies in kurzer Zeit abzubauen, war unmöglich. Im Rahmen dessen, was Attila beabsichtigte, waren sie vielmehr geradezu doppelt notwendig als ein Hilfsmittel zur Durchsetzung seiner Ziele. Um die Notwendigkeit, mit den Lebensformen auch die des Auftretens der neuen Umwelt anzupassen, hat Attila zweifellos gewußt, auch wenn er das Überkommene vorerst nicht entbehren konnte. In der Dauer freilich, die dieser Prozeß benötigte, scheint er sich getäuscht zu haben. Der Rückzug der Hunnen nach Osten nicht lange nach seinem Tode ist demnach ein Rückfall zugleich. Er läßt erkennen, daß Umwandlung und Umerziehung noch nicht weit gediehen waren. Auch die soziale Gliederung, die man aus Asien mitbrachte[286], wird bestehen geblieben sein, die überlieferten

Stammesnamen auch aus der Zeit Attilas lassen sich nicht anders verstehen. Wie weit die aus Priscus zu schließende Neugliederung diesen Aufbau betraf, ist nicht zu erkennen, es wäre denkbar, daß eine solche sich vorerst allein auf den Stamm des Königs bezog. Läßt sich eine solche Umstrukturierung aber als ein Bestandteil des Prozesses zur Seßhaftigkeit mit verstehen, so könnte sein, daß Hand in Hand mit dieser auch die Beendigung der Stammesautonomie bei den Untertanen ging, das Akatzirenbeispiel würde dies demonstrieren. Zugleich läßt die Weigerung eines Kuridachos, an den Hof Attilas zu kommen, auch darauf schließen, daß eine solche Mediatisierung nicht ohne Rigorosität vor sich ging und die Betroffenen zu Recht voller Furcht waren. Die Exogamie zwischen den hunnischen Stämmen wurde beibehalten, ja vielleicht deren Übertragung auch auf nichthunnische Stämme gefördert. In welchem Maße sie freilich praktiziert wurde, ist nicht zu erkennen. Zwischenheiraten, wie er selbst sie in reichem Maße praktizierte, indes sind ein Politicum, mit dem Attila unter seinesgleichen in der Weltgeschichte nicht allein steht und das auch in der ost- wie mittelasiatischen Welt nicht ohne Vorbilder ist. So, wie er die Heiraten auch unter den Mitgliedern seines nächsten Umkreises förderte, müßten sie auch in den untersten Schichten des Volkes gerne gesehen worden sein, wie der Gesprächspartner des Priscus dies dartut. Von Heiraten hunnischer Frauen nach auswärts freilich ist nichts bekannt.

Ist das Leben auch dieser Hunnen in Mittelasien in erster Linie von der nomadischen Weidewirtschaft bestimmt, so scheint von den festen Winterquartieren und zentralen Plätzen als *ordu* zu einem dauernden Regierungssitz und einer Reichszentrale wie auch zu anderen Siedlungen im Lande kein großer Schritt mehr zu sein. In Europa war dieser leicht zu tun. Bei Kriegszügen auf weite Entfernung und notwendiger Mobilität der Streitkräfte war das Zurückbleiben der Familien in festen, gesicherten Wohnplätzen nur natürlich. So muß es dort auch zur Produktion von Nahrungsmitteln, Gebrauchsgegenständen, Kleidung und Handwerk jeglicher Art bis hin zur künstlerischen Betätigung gekommen sein, und auch die Warenherstellung für den Handel hatte in diesen Siedlungen ihren Platz. Die Hephthaliten, aus der gleichen Heimat im Altai stammend, treten im Umfeld des persischen Reiches gleich als Ackerbauern auf. So blieben denn auch beim Zuge Attilas nach Gallien die Familien zurück, und erst nach dessen Tod verlassen sie das Land. Trotz der Eigenart ihres Auftretens mochten die Hunnen, um die es hier geht, an Voraussetzungen einiges mitbringen, das sie für das Programm Attilas und die notwendige Umwandlung ihrer Lebensformen als geeignet erscheinen ließ, es könnte sein, auch eine kurze Berührung mit skythischen Stämmen oder den Alanen habe genügt, doch einiges zu tun, um später etwa eine hunnische Landnahme in dem fruchtbaren Pannonien nach 433 als aussichtsreich erscheinen zu lassen. Als potentielle Handelspartner des Imperiums legten diese Hunnen auf Marktplätze an der Grenze immer Wert. Und es braucht nicht nur um eine Rolle als Zwischenhändler gegangen zu sein.

Auch Kriegführung und Kampfesweise werden im Grunde gleich[287] geblieben sein, und eine Zeitlang beruhte auf ihr die hunnische Überlegenheit. Sie besteht der Tradition nach in einer flexiblen Reitertaktik mit Überfall, Angriff, Salven von Pfeilschüssen, Rückzug und Verwirrung der dezimierten und weniger beweglichen Gegner durch neuen Angriff, gegen den es dann kaum mehr Widerstand gab. Die Bewaffnung mit dem Kompositbogen, Schwert und Dolch gehört dazu und hat Vorläufer in Mittelasien, wie zahlreiche Funde beweisen. Der Bogen, in seiner asymmetrischen Form der Verwendung zu Pferde angepaßt, ist früh bereits in den Gräbern des östlichen Mittelasien nachzuweisen, Kompositbogen verwendet auch das persische Heer, sie kommen selbst im römischen bereits der Kaiserzeit zur Verwendung. Nachweisbar in Gräbern bereits in der Mongolei sind auch Schwert und Dolch, ersteres ein- wie zweischneidig als Hieb- und Stichwaffe. Panzerhemden, vielleicht iranischen Ursprungs scheinen gelegentlich getragen, gehören aber nicht zur normalen Ausrüstung. Im übrigen sind Bogen in angemessener Verzierung zugleich Abzeichen der Herrschaft[288], es bleibt zu fragen, ob sich in Formen und Art dieser Verzierung zugleich eine Rangabstufung spiegelt. Verwendet wird auch das Lasso. Es gilt als alanischen Ursprungs, Hauptwaffe war es nicht. Die hunnische Taktik erlaubt ein erfolgreiches Operieren auch kleinerer Verbände[289], was nicht zuletzt wohl die Auflösung der locker strukturierten Streitmacht nach 376 und bald darauf die Verwendung auch auf seiten der Westgoten und dann von Römern erklärt. Versuche, solche Hunnen seßhaft zu machen, erstmals unternommen 380 in Pannonien durch Gratian, erklären sich aus der Absicht, solche Hilfe auf Dauer zu gewinnen, und in der Tat scheinen diese Hunnen bald danach im Westen unter Bauto mit Sicherungsaufgaben gegen den Usurpator Maximus und gegen die Juthungen betraut. Überlieferte Zahlen freilich scheinen übertrieben: Daß 408 etwa 10 000 Hunnen im Dienste des Honorius standen, ist kaum vorstellbar, Zosimos, der von 300 Mann spricht[290], wird der Wahrheit näher kommen. Ein Unding sind auch die 60 000 Hunnen des Aetius 425. War aber in allen Kriegen demnach die Unterstützung durch Bundesgenossen unabdingbar, so wird dies nicht zuletzt auch das Verhalten hunnischer Könige gegen die Germanen beeinflußt haben. Wenig bekannt ist über die Fähigkeit einzelner dieser Hunnen zu Kontakten mit Fremden, falls bei wachsender Herausbildung des Reiches solche noch gestattet waren, die Schilderung der Hunnen in unseren Quellen läßt eher das Gegenteil vermuten. Das Schicksal der hunnischen Grenztruppen in römischem Dienst nach 454 ist unbekannt, auch über Ernak, den Sohn Attilas, verlautet nichts mehr. Die militärische Karriere einzelner Hunnen im Dienste des Imperiums ist die Ausnahme[291].

Äußeres Kennzeichen, in vielen Gräbern nachzuweisen, ist eine Deformation[292], die man bereits bei Säuglingen vornahm, um den Schädel in die Länge zu strecken. In den Quellen zwar nirgends erwähnt, aber bereits zuvor von der Mongolei bis zu den Sarmaten und danach bis nach Mitteleuropa, ja selbst bis in die Normandie durch Funde zu belegen, finden sich Zeugnisse solcher Schädeldeformation in den Gräbern der Tscherniachowkultur noch nicht, in der Avarenzeit nicht mehr. In den Jahrzehnten dazwischen aber muß sie zu einer Mode geworden sein, die auch die Germanen übernahmen. Zwar wurde sie nicht von allen Hunnen vollzogen. Aber sie erscheint zugleich als der Ausdruck einer Affinität, die sich nur als die Folge von wechselseitigen Zivilisations- und Kulturbeziehungen verstehen läßt, wie sie das Zusammenleben mit sich brachte, ohne daß man an einen Zwang dabei zu denken hätte.

Anderes bleibt schwerer zu erkennen. Von der Religion dieser Hunnen Attilas ist ein klares Bild nicht zu gewinnen. Gräber, Grabbeigaben wie Gebrauchsgegenstände, Nahrungsmittel, Geräte, Tiere, Schmuck und selbst, was von Trauerritualen bekannt ist, lassen wohl auf den Glauben an ein Fortleben nach dem Tode schließen, was besonders denn wohl in Gräbern der Oberschicht der Wert und die künstlerische Verarbeitung dieser Gegenstände und vor allem der Schmuckstücke bestätigt, die zu Lebzeiten vielleicht niemals benutzt worden sind[293]. Für die Mitglieder dieser obersten Schicht behält man die aus Ostasien stammende Bestattung in Kurganen bei: Das Schwinden dieser Bestattungsweise im Westen mag die Folge der veränderten Lebensbedingungen sein: Es wäre möglich, daß man offiziell den Betroffenen diese Anpassung jetzt aufzwang. Mitgegebene Wertgegenstände werden als Totenopfer gelegentlich an anderer Stelle als die Toten vergraben. Auf einen religiösen Hintergrund zu schließen vermögen wir nicht: Näher liegt die Gefahr von Plünderei und Schändung, die Derartiges notwendig machte. Für die hunnische Religionsausübung charakteristisch scheinen darüberhinaus die Formen eines Schamanismus[294], der sich in Rausch- und Entrückungszustand Einzelner oder bestimmter Priester manifestiert, mit Zukunftsdeutung und Vorzeichenschau, aber auch mit Opfern und Heilkunst verbunden ist und die Beschwörung über- wie unterirdischer Mächte kennt. Bereits in Mittelasien ausgeprägt, wie eine Fülle von Zeugnissen zeigt, die viele Jahrhunderte früher anzusetzen sind, benutzt er, ganz entsprechend den eigenen Lebensformen, die Mittlerfunktion von Tieren mit magischer Kraft (Hirsch, Adler, doch auch Pferd, Rind, demnach auch von Jagdtieren und Vögeln) als Geister oder Hilfsgeister, deren Abbildung in der Form von Schmuckstücken und selbst Gegenständen des Gebrauchs, wie etwa am Zaumzeug nicht anders zu verstehen ist. Diese Religiosität hat zweifellos auch mit der Entwicklung eines mittelasischen Tierstils als einer Form der Selbstdeutung zu tun, wobei Religion und Kunst einander durchdringen, dies insbesondere in einer Ornamentik mit verschlungenen Tieren, wie sie im bosporanischen Gebiet bereits früh nachzuweisen ist, von dort sich früh über Mittelasien ausbreitet, dort weiter entwickelt und mit Formen verbindet, deren Ursprung in China zu suchen ist. Magische Kräfte schreibt man auch bestimmten Edelsteinen zu, wie Schwertanhänger in Gräbern der Hunnenzeit beweisen. Aus all dem freilich das spezifisch Hunnische aussondern zu wollen, scheint auch in diesem Bereich ein nutzloses Unterfangen. Es könnte indes diese Art von Jenseitsglaube sein, der zumindest in der Anfangszeit den Kirchenvätern die Illusion der Möglichkeit einer leichten Bekehrung zum Christentum erweckt[295].

In einer solchen Deutung, in der ein Weltgerüst die Sphären in Verbindung bringt, besitzt der Herrscher selbst eine magische Funktion und übt in seiner Weise ebenfalls die Funktionen eines Schamanen aus, indem er Vorzeichen deutet oder aus solchen die Folgerungen zieht, wie etwa bei der Entdeckung des Weges durch die Maiotis, den eine Hirschkuh weist, bei der Auffindung des Schwertes mittels eines verletzten Herdentieres, mit dem der Kriegsgott neue erfolgreiche Kriege verheißt, oder aber bei der Auslegung der Flucht der Störche aus dem belagerten Aquileja. Dies erklärt es auch, wenn etwa die hunnischen Gesandten im Gespräch mit Priscus und dessen Kollegen Attilas Göttlichkeit als ganz selbstverständlich ansehen und geradezu beleidigt sind, wenn diese – aus dem Munde eines Christen ein wenig anachronistisch und wohl in erster Linie provokativ gemeint – für den eigenen Kaiser das gleiche in Anspruch nehmen. Eine Missionsabsicht hat diese hunnische Religion freilich nicht, die Behandlung der Christen und ihrer Bischöfe durch Attila ist stets allein von politischen Absichten bestimmt. Doch auch einen Herrscherkult scheinen diese Hunnen nicht gehabt zu haben.

All dies nun wird von anderer Seite her bestätigt, nämlich der der Kunst als dem höchsten und bereits vergeistigten Ausdruck dessen, was die materielle Kultur zu schaffen vermag. Ihre Zeugnisse können fast an jedem Beispiel im Sinne eines Wechselverhältnisses[296] erklärt werden. Diese Kultur kennt ethnische Grenzen nicht: Solche schließt die Entstehung über lange Zeit und die Weite der Räume aus, über die sie verbreitet ist. Das, was für die Zeit Attilas gilt, präsentiert sich demnach in jedem Falle als der Ausläufer einer Einheit, die sich von China bis nach Westeuropa erstreckt. Aus jahrhundertealten Beziehungen, aus Wanderungen, Vermittlung und Austausch erwachsen, ist diese Einheit zugleich das Ergebnis eines wechselseitigen Sichdurchdringens vieler Kreise mit ursprünglicher Eigenständigkeit, von permanenter Akkulturierung, Beeinflussung und Anregung über weite Räume hin. Dabei mögen von Fall zu Fall innere oder äußere Bedingungen eine Rolle spielen und auch regionale Eigenheiten wichtig werden. Solche im einzelnen freilich analysieren und die Kausalitäten von Entwicklungsprozessen konstruieren zu wollen, führt schnell in Hypothesen, und sie ganz zu beweisen oder zu widerlegen, fehlt die Kenntnis. Die Interpretation ist darüberhinaus auch deshalb bestenfalls ephemer, weil bei allem Reichtum an bereits vorhandenem Material neue Funde in den Räumen, um die es hier geht, scheinbare Erkenntnisse immer wieder relativieren[297], zu weiterer Differenzierung zwingen und vieles geradezu auf den Kopf zu stellen vermögen, was als feste, unverrückbare Tatsache galt. Unsere Kenntnis von den Bedingungen, die in diesen Räumen etwa heute gelten, mag ein wenig weiter helfen. In vielem andererseits schafft gerade ein zeitlicher Abstand Kontraste, die ganz zu erfassen oder gar zu überbrücken unmöglich ist. So stehen sich äußerlich wohl das handwerklich Geschaffene, dem täglichen Gebrauch Dienende und das, das einer künstlerischen Gestaltung entstammt und als das Zeugnis eines gehobenen Lebensstils[298] oder aber einer besonderen sozialen Stellung zu gelten hat, einander gegenüber und zwingen zu einer zurückhaltenden Interpretation, wenn es um Folgerungen geht. Die Tatsache, daß die faszinierenden dieser Zeugnisse zweifellos nur für eine kleine Oberschicht gelten, die niederen hingegen durch gleiche oder zumindest ähnliche Formen, im allgemeinen aber schlechteres Material auffallen, bietet keine wirkliche Erklärung für Stilform oder Notwendigkeit des Gebrauchs, mag es sich auch bei dem, was in den Bereich der Kunst

verwiesen wird, im allgemeinen um eine Hochstilisierung des All-
täglichen, Trivialen handeln. Schwer ist es denn auch immer, besonders für diese letztere Kategorie, eine Erklärung ihres Anwendungs-
bereiches zu finden. Das Religiöse hat andere Gründe als das Nicht-
religiöse, und wer in diesen Bereich gelangt, dem entziehen sich die
Ansätze einer Interpretation noch mehr.

Eurasien und seine Zivilisation

Für die Gestaltung dieser Einheit wichtig nun ist die räumliche Ausdehnung, und dies für die Genese Jahrhunderte zuvor wie die Weiterentwicklung gleichermaßen. Es soll hier nicht nach dem Einfluß
von Lebensbedingungen gefragt werden, die einander ähnlich,
Entsprechendes hervorriefen. Bewirkt so etwa die Ausbreitung
einer pontischen Zivilisation bis tief nach Innerasien hinein wohl
einen Akkulturierungsprozeß mit dem dort Vorgefundenen, Vorhandenen, so kann das Ergebnis dennoch nur ein Aufeinanderwir-
ken von Anregungen sein. Das, was aus solchen entsteht, ist aber
dennoch mit keinem seiner Elemente mehr identisch und erlaubt
auch Schlüsse auf diese kaum. Kulturmorphologische Spekulationen, die sich auf Ablösung, Ende oder Übergang beziehen und
diese als feste Größen postulieren, laufen in solchem Zusammenhange stets die Gefahr einer Simplifikation. Geht es aber nun um
eine mittel- und innerasische Kultureinheit aus unendlich vielen
Elementen, so scheint es denn schon deshalb kaum gerechtfertigt,
für das Attilareich von einer hunnischen Kultur oder selbst einer
hunnischen Zivilisation zu sprechen. Was sich aus dem Erhaltenen
herausinterpretieren läßt, ist, wenn es hoch kommt, eine spezifische
Variante, obzwar es nahe liegt, daß die Politik diese Variante als
Mittel einer Dokumentation eigens herauszustreichen suchte und
sie in ihrer Weise förderte, so wie sie es verstand. Es gibt im Reich
Attilas aber kaum einen Fund, der nicht seine Vorläufer, seine Parallelen und Analogien in anderen Räumen des mittleren und selbst
des östlichen Asien besäße, und wenn wir recht sehen, hat Attila
auch die Selbstdarstellung der anderen Völker in seinem Umkreise
gefördert: Daß die besonderen Lebensbedingungen innerhalb des
Attilareiches, ein sich anbahnender Wohlstand unter neuen Bedingungen und nicht zuletzt auch die Beziehungen zum Imperium,
im besonderen neue Impulse künstlerischer Selbstdarstellung
förderten, wäre denkbar.

Einzelheiten und Anhaltspunkte bietet das Fundmaterial zur Genüge, an Analysen und Deutungsversuchen hat es nicht gefehlt, auch nicht an Kontroversen, die sich aus dem bisher allzu Provisorischen aller Ansatzmöglichkeiten ergeben. Diese Einzelheiten gehören vornehmlich in den Bereich von Reiterei[299], Reiternomadentum, der Innerasien stets kennzeichnete. Ein Einfluß der pontischen oder vorderasischen Wagenkämpferzivilisation ist, ähnlich wie bereits für die Skythen, nicht nachzuweisen. Doch lassen Waffen, d.h. Schwerter, Bogen, Dolche und deren Verzierung, die Verzierung selbst von Stiefeln, auch die von Riemen, Riemenzungen, Pferdegeschirr, Sattelbeschlägen, dazu selbst von Trensen und Zaumzeug, zusammen mit der überhöhten Stilisierung des für das eigene Leben Wichtigen auch die Einheit des östlichen mit dem westlichen Asien zusammen mit iranischen Einflüssen erkennen, die diese Einheit noch einmal eigens zu verfestigen scheinen: Die Wege der Vermittlung werden nicht vielfältig genug gedacht werden können. Gebrauch und Repräsentation sind bei all dem nicht auseinanderzuhalten und werden auch die Entwicklung von Stilformen mit bedingen. Als Gegenstand der Repräsentation gehört hierher denn wohl auch der Palastbau: Wie weit man für Attila dabei eine iranische oder eine germanische Anregung annimmt, ist ohne großen Belang.

Das Material für die künstlerische Gestaltung und des Schmuckes selbst wird entsprechend dieser Einheit auch für das Attilareich aus den reichen Vorkommen Sibiriens stammen. An ein übermäßiges[300] Einschmelzen etwa der römischen Goldmünzen aus den Tributen ist m.E. zu zweifeln: Gegen solche Praxis sprechen die erhaltenen Münzfunde wie die Versuche einer nachahmenden eigenen Prägung unter den Hunnen selbst. Man brauchte das gemünzte Geld für wichtigere Zwecke.

Die Wurzeln für all das liegen weit zurück und sie erstrecken sich in der Tat über große Räume. Die Funde etwa von Noin Ula in der Mongolei lange vor Christi Geburt, von Pazyryk am oberen Jenissei[301] oder von Minussinsk nicht weit davon entfernt, oder aber die in den Gräbern von Kenkol in Usbekistan erwecken den Eindruck, es handle sich um nah verwandte Vorstufen von denen aus Ungarn, Südosteuropa, Niederösterreich oder Polen. Die Verwendung von Spiegeln, wohl chinesischen Ursprungs, oder die Schädeldeformationen sind daneben ergänzende Zeichen einer Gemeinsamkeit, die in der Tat an eine bestimmte Ethnie nicht gebunden ist. In der künstlerischen Darstellung durchdringen sich etwa in der Entwicklung eines Tierstils pontisch-iranische und ostasiatische Elemente[302]: Auch für ihn gibt es bereits in Pazyryk Zeugnisse, die weit in eine frühe Zeit und auf Verwandtes auch in China verweisen. Dieser Tierstil entwickelt sich in Mittelasien wie auch im Verlaufe einer Westbewegung weiter, um sich in der Hunnenzeit in Asien wie in Europa erneut noch einmal in die letzte Phase einer vielfach variierten Ornamentik mit Tier- und Tierkampfmotiven zu wandeln. Für manche der verwendeten Tiere lassen sich vorderasiatische oder aber iranische Vorlagen als Zeugnis nicht zuletzt eines ständigen Einflusses auch auf die Religion vermuten, wie dies besonders aus dem apotropäischen Charakter des Schmuckes an den Ortbändern der Schwerter oder aber den bildlichen Darstellungen auch von menschlichen Gesichtern selbst auf den Sattelbeschlägen gilt, die schon aus dem östlichen Mittelasien bekannt sind. Zur Religion gehören denn auch die erwähnten Nomadenspiegel aus Weißblech, ebenfalls längst in Mittelasien gebräuchlich und zum Allgemeingut geworden, in den Gräbern fast immer zerstört und demnach mit einer magischen Funktion, die aus dem Totenkult ebenfalls auf eine Gemeinsamkeit religiöser Vorstellungen von China bis nach Europa schließen läßt, deren Ansätze lange Zeit vor der Hunnenzeit zu suchen sind.

Eine ähnliche Einheit zeigt sich in der großen Zahl von Bronzekesseln als dem gleichsam vornehmsten Zeichen der hunnischen Kultur[303]. Sie sind in verschiedener Größe erhalten, stets aus mindestens zwei Teilen zusammengeschweißt, nachweisbar bereits in den Ordosgräbern nahe der chinesischen Grenze, an vielen Plätzen Sibiriens und danach in wachsender Dichte bis nach Ungarn. Einige Beispiele selbst aus Frankreich erklären sich aus der hunnischen Anwesenheit dort vor 439 oder 451. Wichtig scheint dabei die Form des Henkels mit einer häufig vorkommenden pilzförmigen Verzierung, entweder die Symbolisierung des Lebensbaumes oder aber eine Beziehung zu Rauschmitteln und der Ekstase, die als wichiger Bestandteil der schamanischen Entrückung bekannt ist. Entsprechend dieser Verwendung im Bereich des Kultes könnte dies auch für erhaltene Gefäße in Tiergestalt gelten. Einer zugleich sichtbaren Emanzipation der Kunst von der Religion und ihren Bedingungen freilich braucht dies nicht zu widersprechen. Religion und Kunst, die in einer solchen Weise einander durchdringen, mögen sich dabei in einer Entwicklung befinden, die es ihnen erlaubt, sich gegenseitig weiter zu befruchten und ihre Wirkung zu intensivieren.

Äußerliches ist nicht unwichtig dabei. So setzen Schweiß- und Löttechnik Erfahrungen in der Bearbeitung von Eisen, Kupfer und Bronze voraus[304], die auf die sibirische Waldzone verweist. Kunstfertigkeit und stilistische Traditionen wiederum weisen auf ein Potential an künstlerischen Fähigkeiten hin, die auch in einer nomadischen Welt Betätigungsmöglichkeiten fanden und zur Entfaltung die nötige Muße hatten: Der Raub qualifizierter Personen auf Kriegszügen mochte ein übriges tun. Erscheint denn in der Waffentechnik der hunnische Kompositbogen als gleichsam der Höhepunkt einer langen Tradition, so läßt sich aus seiner Verwendung zugleich bereits eine Waffengemeinschaft erschließen, die lange vor der Hunnenzeit Asien mit Europa verband. Andere Waffen wie Schwerter oder Dolch, schon im östlichen Mittelasien nachzuweisen, durchlaufen einen Prozeß von Stilisierung, die für diese etwa in Verzierung von Griff, Scheide und Parierstange ebenfalls wieder auf einen magischen Hintergrund verweist. Die Verzierung auch trivialer Gegenstände in ähnlicher Weise, wie Gürtelschnallen oder Riemen könnten diesen Gedanken noch vertiefen. Schmuck anderer Art läßt die gleichen Wurzeln vermuten, die in das Religiöse zurückweisen oder aber dieses zumindest symbolisieren. Dies wird etwa für die bekannten Tiermotive selbst an Armreifen oder an Kämmen gelten, die in Gräbern vielfach gefunden wurden. Dieser Schmuck der Attilazeit fällt auf durch seine Farbenfreudigkeit und die Polychromie[305], auf die man Wert legte. Sein wichtigstes Kennzeichen ist demnach die Oberflächenverzierung von Schmuckgegenständen aus Edelmetall mit Hilfe einer Inkrustation von Edelsteinen in verschiedenen Fassungsformen und in vielen Mustern oder Farben. Sie begegnet an Gebrauchsgegenständen wie Gürtelschnallen, Riemenzungen, Ohrringen, Spangen, aber mehr noch an solchen, bei denen eine Verwendung nur bei besonderen Gelegenheiten denkbar ist. Die nachträgliche Vergoldung von silbernen Gegenständen spielt dabei eine besondere Rolle: Edelmetalle werden in reichem Maße zur Verfügung gestanden haben. Gerade sie wieder aber scheinen, in solcher Übertreibung verwendet, die Demonstration der Ausnahmestellung für eine Schicht, die in ihren Möglichkeiten des Kulturkonsums keine Grenzen kennt. Sie war zweifellos klein. Zeugnisse für eine Nachahmung mit billigerem Material lassen die Anregung zu sozialer Mobilität erkennen, die von einem solchen Lebensstil ausging und die in der Kunst sich einen Ausdruck suchte. Kennzeichnend in einem solchen Zusammenhang sind Golddiademe mit Inkrustation von Edelsteinen in besonders bunter, reicher Vielfalt. Da sie vor allem in Frauengräbern nachweisbar sind, ist, ähnlich wie für bestimmte Waffen, an einer Verwendung bei Lebzeiten zu zweifeln. Die Andeutung solcher Diademe bereits auf Stelen an Kurganen der frühen Skythenzeit in Sibirien läßt eher ihre Beziehung zum Totenkult vermuten[306]. Bei all dem ist ein iranischer Einfluß über die Vermittlung verschiedener Völkerschaften, Skythen, Sarmaten, Alanen in einer Jahrhunderte langen Tradition zum bestimmenden Kriterium der mittelasischen Selbstdarstellung geworden. Aber neben einem starken Anteil von jeweils einheimischen Elementen, die auf diese Weise als gleichsam stilisiert erscheinen, ist auch ein genuin pontischer nicht zu übersehen, der sich auffallend selbständig erhielt. Später ergänzt eine große Zahl von Funden, die als germanisch gelten dürfen, das Bild von den Impulsen, die die Ereignisse noch des 5. Jahrhunderts und das Attilareich auf diese Weise ausgeübt haben[307]. Bisherige Grenzen werden sich dabei erneut verwischen; daß Attila selbst an diesem neuen, gegenseitigen Sichdurchdringen auch in diesem Bereich der Selbstdarstellung gelegen war, wird man anzunehmen haben. Germanische Fibeln etwa von besonderem künstlerischen Wert von der Krim bis nach Niederösterreich lassen sich gut aus einer solchen Absicht verstehen, und insbesondere der reiche Schmuck in seiner Vielfalt aus dem vorgeschobenen Posten von Untersiebenbrunn hätte so seinen Sinn, um den neuen Kosmos sichtbar zu machen. Die Funde in Gallien und im westlichen Deutschland könnten Zufall sein, aber daß man die entsprechenden Gegenstände auf den Zug mitnahm, war ebenfalls vielleicht nicht ohne Absicht. Und auch die berühmten Funde aus dem Childerichgrab sind aus einer entsprechenden Fernwirkung zu verstehen. Interessanter wird dies noch, geht man von Thüringen als dem Land aus, in dem Childerich[308] seine Kontakte mit dem Osten knüpfte.

Der Dichte unserer Funde nach muß Ungarn als das Zentrum des Reiches in all diesen Dingen eine besondere Rolle gespielt haben, am ehesten zu erklären aus der Konzentration einer Oberschicht, die auf derartige Selbstdarstellung Wert legte[309]. Siebenbürgen etwa wird als eine Art von Drehscheibe zwischen einer östlichen, einer iranischen und einer germanischen Komponente in dieser Zeit fungiert haben. Goldflitterstoff aus diesem Kulturkreis[310], der, soweit zu erkennen, auf alanische Herstellung zurückgeht, findet sich in Ungarn, in Niederösterreich und selbst in Karthago. Wie immer er dorthin gelangte, ein Zeugnis für den Austausch von Kultur und deren Expansion, die die politischen Grenzen hinter sich ließ, wäre er ebenfalls. Umgekehrt passen dazu auch die Geschenke, die etwa die Gesandtschaft des Priscus in das Hunnenreich mitbringt und damit die Damen der Umgebung des Königs beehrt oder aber austeilt, um ärgerlich gewordene Magnaten zu besänftigen. Sie stammen aus Arabien und dem Orient. Und auch die seidenen Leichentücher, in die Attila gehüllt wurde, lassen Schlüsse auf diesen Kosmos zu, von dem das hunnische Reich ein fester Bestandteil war.

Attila

Bleibt vor einem solchen Hintergrunde denn Attila selbst, die Persönlichkeit, der Mensch. Die Überlieferung erlaubt es nicht, diesen aus dem Gefüge von Nachrichten über Fakten, Bedingungen und überlieferte Taten herauszudestillieren. Genau besehen, aber tritt die Persönlichkeit dennoch wieder eigenartig hinter all dies zurück und steht gleichsam amorph zwischen einer Welt, die man als die hunnische bezeichnen mag, und der, der er sich zu bemächtigen suchte. Er selbst wie seine historische Rolle sind von beidem her bestimmt, doch die bloße Biographie allein besagt nichts, denn es ist schwierig auszusondern, was an der Überlieferung bloßes Klischee ist und was nicht. Vieles an Überliefertem steht in einem Kontrast zueinander. Eine große Zahl von Einzelheiten zwar ist uns bekannt. Sie aber im Sinne von Kausalitäten zu erklären oder gar psychologisch deuten zu wollen, führt ins Ausweglose, wie sehr ein solcher Zustand auch zu Hypothesen einladen mag. Einiges von dem, was auf uns gekommen ist, mag zu den zeitlosen Requisiten eines Gewaltherrschers gehören und zu Analogien anregen. Die Antike, soweit noch zu erkennen, geht in drastischer Simplifikation von einem solchen Bilde aus und postuliert überdies, dieser Gewaltherrscher sei stets mit sich im reinen gewesen und habe nie etwas anderes sein wollen.

Die Wiederholung von vielem, was bereits dargelegt wurde, ist unvermeidlich. Der Name, wie er überliefert wird[311], scheint nicht hunnisch. Geht man für ihn von einer turksprachlichen Wurzel aus, so wäre er die Bezeichnung für eine grenzenlose Macht[312] und demnach eher als ein Titel oder als Beiname zu verstehen. Deutet man ihn von dem Deminuitiv ausgehend, das die indogermanische Herleitung bietet ("Väterchen"), so bleibt zu fragen, ob es sich um einen Kosenamen handelt oder aber um eine Ironie, die sich daran knüpfte: Zeitgenossen haben stets gerne sich dieser Hilfsmittel bedient, wenn sie mit einer Persönlichkeit anders nicht zu Rande kamen, weil sie mit den für sie gültigen Dimensionen nicht zu erfassen war. So wie ihn Priscus und andere darzustellen suchen, ist diese Persönlichkeit vielschichtig, schwer zu durchschauen, auf jeden Fall schillernd und unberechenbar gewesen, so daß die Umgebung in seiner Nähe stets unter einem Druck stand, der auch noch in der Abwesenheit wirkte. Es bleibt zu fragen, wie weit Attila selbst um diese Dämonie wußte und sie in seine Menschenbehandlung mit einbezog. Die Zeitgenossen in der Folge dieses Eindrucks sind lediglich zur Schwarzweißmalerei in der Lage, deren Ziel für sie von vornherein feststand. Doch auch ein Priscus , der einzige der zeitgenössischen Autoren, der Attila selbst je zu Gesicht bekommen hatte, kam über einen Eindruck von Zwiespältigkeit nicht hinaus, soweit sich dies aus dem Erhaltenen noch erkennen läßt.

Seinem Aussehen nach eher Ugrier oder Mongole[313], vielleicht mit Einschlag von beidem und demnach das Ergebnis einer Vermischung der Substrate durch viele Generationen hindurch, ist denn auch die soziale Stufe nicht mehr zu erkennen, aus der er stammt. Die bloße Norm eines Herrschers wie als Staatsmann aber überschritt Attila auf jeden Fall. Sein Ziel, die Anpassung eines bisher nomadischen Völker- und Stammesgefüges und die Umwandlung von dessen Lebensformen im Sinne einer gleichsam bewußten Europäisierung wurde ihm durch die Verhältnisse aufgezwungen. Zeitgenossen übersahen über der Forciertheit, mit der er aus seiner Erkenntnis die Konsequenz zog, daß es keinen anderen Weg gab. Noch mehr aber mochte dies dann für den in eigener Sicht unvermeidlichen zweiten Schritt, die Einnahme Galliens gelten, der allein erst den Prozeß zur Seßhaftwerdung vollenden und in einer veränderten politischen Konstellation die wirkliche Sicherung der eigenen Existenz bewirken konnte, zugleich denn aber auch deren Rechtfertigung, für den Herrscher darüberhinaus das Ende einer Labilität seiner Stellung, wie sie für einen Nomadenhäuptling stets charakteristisch war. Daß an diesem Imperium denn auch Verbündete und Untertane in ihrer Weise teilhaben würden, verstand sich von selbst. Was Augenzeugen und Zeitgenossen zu beobachten in der Lage waren, waren die Vorstufen, waren Mittel zum Zweck, sich das Vorhaben zu erleichtern und sich neben den notwendigen Ressourcen auch die Rechtfertigung zu verschaffen, die Heirat mit Justa Grata Honoria eingeschlossen: Mittel und Zweck aber ließen sich allzu leicht verwechseln.

Um seine Stellung und die Art, wie diese sich entwickelt hatte, sichtbar zu machen, reicht die einschlägige antike Terminologie nicht aus, und auch das aus der Nomadenwelt Mittelasiens Bekannte hilft wenig weiter. Die Autoren geben sich dementsprechend auch wenig Mühe. Priscus verwendete zur Umschreibung immerhin den Titel eines βασιλεῦς, was angesichts einer Inflation in solchen Bezeichnungen freilich nicht viel besagen will. Die Benennung des Stammes oder des Clans als βασίλειοι scheint, von hier aus gesehen, selbstverständlich[314], andere Autoren wiederum suchen Definitionen, die bewußt alles vage lassen, wobei denn auch noch eine Auswechselbarkeit zwischen Hunnen- und Skythennamen das Ihre tut, die Vorstellungen weiter zu verwischen. Zu fragen bleibt, wie weit, bei aller Stützung des hunnischen Elementes in seinem Reich, Attila wirklich danach strebte, stets nur den Herrscher der Hunnen zu spielen. Kam er zusammen mit seinem Bruder gemäß der Tradition in der Herrschaftsnachfolge zur Macht, so entspräche dem auch die Zweiteilung des Reiches. Die Ermordung Bledas nach einiger Zeit ließe sich als ein Akt der Selbstbefreiung verstehen, die um einer Machtkonzentration willen unvermeidlich war. Wir wissen von Bleda so gut wie nichts: Den Schritt nunmehr zur Erbmonarchie[315] aber scheint Attila als unvermeidlich gesehen zu haben. Unklar bleibt das Verhältnis zu den hunnischen Untertanen aber immer noch. Ging es ihm um ein Imperium aus Hunnen und anderen Völkern, so müßte es sein Ziel gewesen sein, als erstes dessen hunnische Bestandteile so eng wie möglich miteinander zu verbinden und etwa unter Aufhebung aller Autonomie sie den βασίλειοι einzugliedern. Die akatzirische Sekundogenitur könnte wohl ein Schritt auf diesem Wege sein. Daß dieser noch nicht vollendet war, freilich zeigt die Reihe von Stammesnamen. Sie lassen auch nach Attilas Tod in nächster Nähe auf gewisse Selbständigkeit schließen, die noch vorhanden gewesen sein muß. Wenig helfen bei all dem die Namen hunnischer Stammesherrscher aus der Zeit zuvor, und auch deren Ziele lassen sich nicht erkennen[316], falls solche überhaupt geäußert worden waren. Neben einem Uldin erscheinen sie als bloße *War Lords*, bereit, mit Rom Verträge einzugehen, die sie allein betreffen, aber ohne eine weiter führende Absicht, so daß ihre Beziehung zu einer hunnischen Gemeinsamkeit nicht zu erkennen ist. Es liegt nahe, daß die meisten von ihnen bereits durch die Vorgänger Attilas beseitigt und von diesen selbst die Führung der Stämme übernommen wurde[317]. Von militärischer Unterwerfung eines Stammes noch durch Attila wird nur im Falle der Sorosger und dann eines Teiles der Akatziren gesprochen.

Über die innere Entwicklung des hunnischen Reiches unter Attila geben die Quellen so gut wie nichts. Vieles an Voraussetzungen hatte er bereits übernommen und brauchte es nur mit höherer Intensität ausbauen, um es später dann auch auf Gallien zu übertragen. Seßhaftigkeit unter immer besseren Bedingungen, die Herausbildung einer neuen führenden Aristokratie weniger nach dem Prinzip der Gefolgschaft als nach dem Modell der römischen Magnaten dieser Zeit, gehören zusammen wie deren vollkommene Unterordnung unter den Willen des Herrschers. Die Modalitäten und die Konsequenzen dieser Umstrukturierung zwar sind nicht bekannt. Doch die Weigerung des erwähnten Kuridachos, sich trotz königlichen Wohlwollens am Hofe einzufinden, könnte ein Hinweis darauf sein, wessen man sich zu versehen hatte: Angetastet worden darüberhinaus indes scheint der Häuptling nicht zu sein. Daß man die Stammesfürsten der verbündeten Untertanen mit in diesen Kreis aufnahm[318], bedeutet eine Erweiterung des Reichsverbandes im Sinne des römischen Vorbildes. Doch dazu gehört offensichtlich auch deren Autonomie: Daß Attila in die inneren Belange dieser nichthunnischen Stämme eingegriffen hätte, ist nicht bekannt, und nicht zuletzt deshalb vielleicht steht bis zu seinem Tod die Loyalität dieser germanischen Fürsten der der Hunnen in keiner Weise nach. Die Umsiedlung einzelner Teile solcher Stämme müßte von diesen selbst als ein Vorteil angesehen worden sein.

Zu diesem Kreise gehören auch die Mitglieder eines Verwaltungsstabes, den Attila in seiner Umgebung herausbildete. Es fällt auf, daß diese ausnahmslos der westlichen Imperiumshälfte entstammen, jedoch in der westlichen wie der östlichen agieren und in ihrer Weise die diplomatischen Beziehungen ergänzen. Die geplante Ehe des Sekretärs Constantius aus dem Westen mit einer Dame aus der oströmischen Aristokratie war zweifellos eine politische Angelegenheit, und von ihr mag Attila sich einiges versprochen haben. Andererseits schildert Priscus auch die Aufpasserrolle eines Orestes über den hunnischen Aristokraten Edekon nicht ohne Süffisanz. Orestes, kein Hunne, scheint denn der einzige aus diesem Kreis, der die Katastrophe von 453 überlebt[319]. Im nachhinein formuliert, ist demnach das Treuebekenntnis eines Onegesius, so wie es Priscus überliefert, wenige Jahre vor dem Ende nicht ohne einen tragischen Unterton.

So ist es zwar der Herrscher des großen Reiches mit seinen grandiosen Plänen, der immer noch vor seiner Residenz Gericht hält und über Bagatellsachen entscheidet. Es mag sich dies aus den persönlichen Bindungen erklären, die immer noch bestanden, oder aus Reminiszenzen an frühere Verhältnisse, auch zugleich einem Gefolgschaftswesen, dessen Formen wir in diesem Falle uns besonders schwer erklären können. Dazu vielleicht kommt der Mangel vorerst an einer entsprechenden Hierarchie und an Institutionen, die ihn in der Ausübung seiner Herrschaft wirklich zu entlasten vermochten. Bezeichnend aber ist, wie sich die Formen solcher Bindung gleichsam internationalisieren und schon das Imperium mit einbeziehen. Das Verhältnis zu einem Aetius die Jahre hindurch ist nicht anders zu verstehen, es bleibt zu fragen, ob Attila sich des Bruches mit ihm wirklich bewußt wurde, den er durch seine gallische Invasion heraufbeschwor und ihn in ein Dilemma brachte, aus dem für Aetius schwere Gefahren erwuchsen. Für die byzantinischen Feldherren gilt das gleiche:

Einen Aspar hatte er vor allem als militärischen Gegner kennengelernt.

Daß er mit vielen Frauen Kinder hatte, wird erwähnt. Für ein Naturell freilich besagt dies nichts, denn das Politikum im Hintergrunde der meisten solcher Verbindungen ist zeitlos und gehört zu nomadischen wie seßhaften Völkern. Rangabstufungen unter diesen Frauen aber scheint es gegeben zu haben. Unter ihnen nahm Kreka eine besondere Stellung ein: Die Gesandtschaft des Priscus machte ihr offiziell ihre Aufwartung. Welche Rolle demnach eine Justa Grata Honoria am hunnischen Hofe gespielt hätte, läßt sich so wenig erkennen wie die der Frau, die er an seinem letzten Tage zur Ehe nahm. Es gehört zum Programm, wenn er den zentralen Platz in der Westhälfte, von dem er vielleicht erst beim Tode Bledas Besitz ergriffen hatte, zu einer Metropole ausbauen ließ[320], so gut dies unter den gegebenen Bedingungen möglich war. Sie lag ganz offensichtlich zwischen der Theiß und den Karpathen, nördlich der Marosch, Spuren sind bisher noch nicht gefunden worden. Doch was Priscus schildert, ist eindrucksvoll im Sinne einer Repräsentation, wie sie besonders auf die Stammesgenossen nicht ohne Wirkung bleiben konnte. Dabei mochte der Palast des Königs mit seiner Holzarchitektur von ferne an die Ausgestaltung des Ordu in einem mittelasischen Nomadenreiche erinnern: Wurden bei seinem Bau auch fremde Einflüsse von anderer Seite, der iranischen oder der germanischen, sichtbar, so wäre dies nicht ohne eine bestimmte Absicht zu verstehen. Doch neben den Adelspalästen in der Nähe der Residenz hat denn auch die ehemalige Königin, die Witwe des Bleda, ihren Sitz, durch εὐπρέπεια ausgezeichnet. All dies aber sind die Ausdrucksformen wieder von Stabilität und betonter Seßhaftigkeit: Hatte doch bereits ein Octar 430 die rechtsrheinischen Burgunder zu unterwerfen gesucht, weil ihre Fähigkeiten als Bauhandwerker und Zimmerleute berühmt waren[321]. Es könnte freilich sein, daß man selbst in dieser Holzbauweise nur einen Übergang sah. Auch die erwähnten Märkte, auf die der König so großen Wert legte, spielen bei all dem eine besondere Rolle. Von freien Handwerkern, die sich aus dem Imperium im Hunnenreich verdingten, wissen wir zwar nichts. Daß es solche gab, wäre nicht unmöglich.

Züge von Mißtrauen in seinem Verhalten freilich bleiben[322]. Und auch mit solchen steht er unter seinesgleichen in der Weltgeschichte nicht allein. Nicht zuletzt eine Folge der Labilität und der Unsicherheit, mit denen ein Nomadenherrscher immer zu rechnen hatte und die sein Leben umgaben, paßt dieses Mißtrauen wohl nicht weniger zugleich in die Zeit eines allgemeinen Überganges, der Verständnislosigkeit und der Unzufriedenheit, und all dies bezöge sich auf die Partner wie Untertanen zugleich, die nächste Umgebung vielleicht nicht ausgeschlossen. So bleibt erneut zu fragen, wessen es wohl bedurfte, um sich der fast übertriebenen Dienstfertigkeit der Untertanen zu versichern, wie sie Priscus immer wieder andeutet. Und erfahrungsgemäß könnte es denn sehr wohl sein, daß Loyalitätsbekenntnisse Dritten gegenüber oder in Gegenwart Dritter geäußert, im Grunde stets für die Ohren des Königs mit bestimmt waren[323]. Die erwähnte Kontrolle der Einkünfte Einzelner aus diplomatischen Missionen wie auch die Insistenz, mit der immer wieder die Auslieferung von Überläufern gefordert wird, gehört hierher und ist nach 435 und vielleicht 445 nicht mehr nur mit machtpolitischen oder dynastischen Gründen sondern eher noch aus einem Mangel an verfügbaren Menschen zu erklären.

Ein gleichsam gezieltes Bekenntnis wäre dann wohl auch das Gespräch, das die Gesandten im Kreis des Priscus über die Göttlichkeit des Herrschers führten, und das wiederum in Zusammenhang mit der Bemerkung des Kuridachos steht, der sich weigert, in die Nähe einer Gottheit zu treten. Was sich den Worten des Priscus nach als eine Ironie ausnimmt, ließe sich demnach von anderer Seite her als Anbiederung verstehen. Vor einem solchen Hintergrunde erweckt denn die Ermordungsaffäre, so wie sie Priscus in seinen Bericht einbaut, den Eindruck eines Theatercoups, von wem immer er inszeniert oder gegen wen und in welcher Absicht er gerichtet war. Denn bei aller Emotion, merkwürdig bleibt bei all dem doch die Indolenz des Königs, so als sei es ihm lediglich um die weiteren 50 Pfund Gold gegangen, die ihm die Angelegenheit einbrachte. Aber neben dem steht zugleich die Sorge um das Ansehen von Aspar und Areobindus am Hofe in Byzanz, das ihm fast als wichtiger erscheint. Als Diplomat zwar kommt Attila in seinem Auftreten über eine gewisse Primitivität nicht hinaus. Doch es fragt sich, ob seine Ziele und die allgemeinen Umstände größere Subtilität erlaubten. Aus allem, was über ihn berichtet wird, spricht eine Naivität, die auffallend im Vordergründigen haften bleibt. Zu ihr gehört auch der Wert, den Attila der Beachtung seines Ranges, Geschenken und äußeren Ehren zumißt. Sie erklärt sich wiederum wohl aus der erwähnten, natürlichen Unsicherheit des Barbaren nicht nur bezüglich seines Ansehens, entsprechende Kontroversen, die sich daraus ergeben, lösen leicht Beleidigung und Kriegsdrohungen aus[324]. So genügt ihm die Maximinusgesandtschaft ihrem Range nach nicht, um Abmachungen zu erreichen: Doch kurz danach ist es die unter Anatolios und Nomus, gegenüber der die Freundlichkeit und das

Wohlwollen alle bisherigen Verhaltensweisen auf den Kopf zu stellen scheinen. Ähnliches wird für die Leos I. 452 am Mincio gelten. Eine Reaktion gegenüber Apollonios, immerhin Magister Militum, ist nicht bekannt. Es ist aber zu vermuten, er habe allein aus dessen Rang eine Geste herausgelesen, die trotz allem einem Kompliment gleichkam und nicht zuletzt deshalb zu neuen Hoffnungen Anlaß gab.

Neben dem persönlichen Verhalten, seinen Zielen und der Deutung der eigenen Rolle freilich steht eine Religiosität, die vieles von all dem wieder zu relativieren scheint. Sie erklärt sich aus der überkommenen Tradition, in der er steht, und nicht zuletzt auch aus den Funktionen, die zu übernehmen der Herrscher verpflichtet ist. Ein Widerspruch zwar ergibt sich damit nicht, doch auch eine klare Scheidung ist nicht möglich. Soweit zu erkennen, aber nahm er die Tatsache, daß man das Schwert des Kriegsgottes wieder auffand[325], als ein Orakel für den bevorstehenden Zug nach Gallien ebenso ernst wie das vor der Schlacht, das ihm den Tod des Gegners verhieß, oder das vor der Einnahme von Aquileja. Sah er sich demnach in ein Weltgefüge eingeordnet, das ihm als Herrscher über sein Volk seinen festen Platz anwies, so war ihm die Schamanenrolle, die ihm sein Rang auferlegte, wohl selbstverständlich. Mit seinem Verhältnis zu fremden Religionen hat dies nichts zu tun[326].

Die anderen, von ihm überlieferten Züge widersprechen dem nicht. Persönlich bedürfnislos und dennoch sich den überkommenen Gepflogenheiten unterordnend, scheint er ohne Brutalität oder Härte auch in politischen Dingen, wo solche unnötig sind, wie etwa im Falle der Witwe Bledas, der alle Ehren zuteil werden. Gegen Untertanen wie gegen Fremde von großer Distanz, ist er in seinem Umgang nicht ohne Fürsorge[327], die bei aller Unnahbarkeit auch die fremden Gesandten nicht unberücksichtigt läßt. An den Festlichkeiten des Hofes als offiziellen Ereignissen nimmt er teil, man hat den Eindruck, nicht ohne Zwang, aber der Comment, dem dabei die Teilnehmenden unterworfen sind, hat fast den Charakter eines Rituals. Ernst muß er auch den von Westrom verliehenen Titel eines Magister Militum genommen haben: Es wäre denkbar, daß er ihn als eine Vorleistung für seine künftige Rolle in Gallien interpretierte, ja von hier aus auch die eheliche Verbindung mit dem kaiserlichen Hof als kaum mehr großen Schritt ansah.

Alles in allem: Geht es um ein Bild des Herrschers und gleichsam den Nenner für die vielen Nachrichten über ihn und seine Rolle in der Geschichte, so scheint die Erklärung mit bloßem Lestarchentum[328] einfach zu wenig und unterhalb jeglichen Niveaus, von wem immer sie vorgebracht wird. Zeitgenossen mögen Attila als Betroffene so gesehen haben, doch ihnen fehlt der eigentliche Abstand als die Grundlage von Objektivität und auch die Kenntnis der Hintergründe, was ihre Aussagen denn als unwesentlich erscheinen läßt. Sicher: Raub, Plünderei im großen Stil, Terror und selbst Grausamkeit spielen in den Kriegen Attilas eine besondere Rolle. Sie sind nicht zuletzt das Erbe der eigenen Herkunft und einer langen Entwicklung die früheren Epochen hindurch, das ohne weiteres und in kurzer Zeit nicht abzulegen war. Im Falle Attilas überdies wird die Gewohnheit zugleich Mittel zum Zweck: Seine Absicht aber müßte es gewesen sein, in der Entwicklung neuer Lebensweisen bald an einen Punkt zu gelangen, an dem dies alles weder möglich noch nötig war.

Daß er bei all dem über Vorstufen nicht hinaus kam, war sein Verhängnis, und korrigieren ließen sich die Urteile nur schwer, die die Zeitgenossen allzu schnell über ihn gefällt hatten. Den Zwang und die Notwendigkeiten, die sich anders nicht bewältigen ließen, haben diese Zeitgenossen, wie nur natürlich, verkannt, und auch die Späteren stehen ihnen darin kaum nach, obwohl sie es allemal doch besser wissen. So war die Zeit, die Attila sich nahm, wohl viel zu kurz: Innere Umwandlung, Expansion und Schaffung eines Imperiums hätten eines anhaltenden Prozesses bedurft, aber von Geduld oder Reifenlassen kann keine Rede sein. Gründe für diese Hektik, die alle natürlichen Voraussetzungen außer acht ließ, gibt es viele: Wie weit sie in der Person selbst zu suchen sind, ist schwer zu erkennen. Es wäre möglich, daß Attila bereits 447 erkannte, daß er an die Grenzen des Möglichen gekommen war. Dann aber bedeutet alles Weitere eine Überstrapazierung der Kräfte, und deren Folgen wiederum lösen Gegenreaktionen aus, die ihn in einen neuen Kreislauf von Kausalitäten verstricken, denen zu entrinnen vollends unmöglich war. Es wäre denkbar, daß angesichts solcher Erkenntnisse, die sich aufdrängen mußten, selbst die Ehe mit Justa Grata Honoria als eine Kompensation gedacht war, die weitere Anstrengungen ersparte und den Prozeß verkürzte, um den es ihm ging. Diese Hoffnung aber trog, sowie fast alle anderen, wenn sie sich auf Dinge bezogen, über die er keine Kontrolle besaß. Die Wirkung all dessen auf Gesundheit und psychische Konsistenz des Königs ist schwer zu erkennen. Ohne Folgen aber kann es nicht geblieben sein. So mag es die Erkenntnis der Wirklichkeit sein, die ihn scheinbar allzu schnell immer wieder resignieren läßt[329]. Die Behandlung der Forderungen von Asemos, die Selbstmordabsichten auf den Katalaunischen Feldern, die Änderung der Pläne von 452 in Italien, der Rückzug: Das Beispiel Alarichs, wenn von Attila selbst wirklich verwendet, wirkt wie eine Art Camouflage der Wirklichkeit vor solchem Hintergrunde. Er hatte 451 für einen Schlag von großer Gewalt alles an Bundesgenossen zusammengezogen, was verfügbar war. Danach aber verlautet für die Zeit, die ihm noch blieb, von diesen nichts mehr, man wird annehmen müssen, daß auch zu ihnen die Kontakte plötzlich gleichgültig geworden waren. Die Drohungen, die er bei seiner Rückkehr noch von sich gab, werden zu Recht wohl nur noch als verbale Akte gedeutet worden sein. Sein plötzlicher Tod bald danach könnte demnach sehr wohl lediglich die körperliche Seite von etwas sein[330], was sich als die Folge von psychischer Überanstrengung schon eine Zeitlang zuvor angekündigt hatte.

Für die eigene Selbsteinschätzung mochte das Vorbild Geiserichs[331] in Afrika eine gewisse Rolle spielen. Seine Ehepläne mit dem Kaiserhaus brauchten deshalb keine Konkurrenz zur Verlobung des Hunerich bedeuten. Sah Attila sich damit in einer gewissen Parallele zu den Vandalen, so erlaubte dies die Folgerung, daß beide Verbindungen flankierend dem Imperium im Westen eine Stütze bedeuteten, und vor allem er selbst, nach einer Erwerbung Galliens, das von seiten des Imperiums kaum mehr zu halten war, indirekt im Sinne Roms handelte. Dort, wo er sich als Herrn über den Kaiser bezeichnet[332], läßt ihn die Überlieferung entweder im Zorn reden oder aber, wie 452 in Mailand, es geht um eine Dokumentation schon am Rande der eigenen Katastrophe, die er selbst vor Augen hatte. Attilas Plan, nach Gallien auszugreifen und dies dem eigenen Reich einzugliedern, war der Schritt, dieses Reich erst zu einem Imperium zu machen, das allein eine neue Zukunft auch unter veränderten Bedingungen als denkbar erscheinen ließ. Erkenntnisse, die zu diesem Gedanken führten, müssen früh sich aufgedrängt haben. Was ihm von Gallien bekannt geworden war, konnte ihn in einem solchen Beschlusse nur bestärken, und dies gerade angesichts der eigenen Schwächen, um die er wußte. Der Gedanke einer Weltherrschaft mochte der Tradition entstammen. Sich von ihm zu lösen, barg die Gefahr, von seiten der Untertanen auf Verständnislosigkeit zu stoßen. Soweit wir erkennen, stand er der Wirklichkeit anders gegenüber[333]. Diese Wirklichkeit bestand im Sichanpassen an das, was unumgänglich geworden war, und an reale Machtverhältnisse, die angesichts der eigenen Schwächen sich nur so bewältigen ließen, wie er es versuchte, wobei Intensität, Rigorosität und die Ignorierung des Zeitfaktors die Machtmittel ersetzen sollten, die er nicht besaß. Mehr zu erreichen war nicht. Es ist ein weströmischer

Gesandter, dem Priscus Pläne Attilas in den Mund legt, die weiter gingen. Priscus selbst hat an solche selbst wohl nicht geglaubt. Was Attila sich für die weitere Entwicklung der hunnischen Ethnie nach der Gewinnung Galliens versprach, ist unbekannt, die Frage nach vorhandenen Konzeptionen auch müßig. Für das neue Imperium mit einer Polyethnie aus vielen Stämmen unter hunnischer Leitung waren die Jahre in Osteuropa eine natürliche Vorbereitung. Die erhoffte enge Verbindung mit Westrom konnte sich zu einem Vorteil für beide Seiten entwickeln.

All das sind Spekulationen. Aber ohne sie läßt sich die hunnische Politik der vierziger Jahre nicht verstehen. Ihr Scheitern wiederum erklärt sich aus einem Widerstand, mit dem Attila nicht gerechnet hatte. Der Zug nach Italien im nächsten Jahr hatte für eine militärische Aktion großen Stils die Voraussetzungen offenkundig nicht mehr. Die neue Heirat danach zwar läßt vermuten, er habe sich wieder gefangen und sei bereit gewesen, noch einmal von vorne anzufangen: Eine andere Möglichkeit, fortzuexistieren, gab es denn auch nicht. Doch wie weit er dabei noch von der Zukunft eines hunnischen Imperiums in Europa ausging, das ist nicht mehr zu erkennen.

Die Nachwelt und ihre Deutungsversuche

Den Zeitgenossen muß Attila ein Rätsel gewesen sein[334]. Dies trifft nicht nur dort zu, wo er Verderben bewirkt und Verwüstungen angerichtet hatte, sondern auch für andere Teile der vordem antiken Welt, wo die räumliche und danach die zeitliche Distanz[335] eigentlich eine gewisse Objektivität in der Prüfung der historischen Wirklichkeit bewirkt haben müßte. Daß er und sein Bild dort am ehesten verblaßt zu sein scheinen, ist eher ein Zeichen von Gleichgültigkeit, wie sie freilich nicht nur ihn betrifft. Doch auch spätere Epochen bis auf den heutigen Tag haben sich kaum von der vordergründigen zeitgenössischen Perspektive gelöst. Gab es in der Tat für sein Auftreten und die Rolle, die er spielte, kaum ein vergleichbares Beispiel, so müssen sich die Perspektiven noch einmal verschoben haben, als nach seinem Tode allzu schnell sein Reich zerfiel und auch seine Ziele in Vergessenheit gerieten. Dies ging im Westen anders vor sich als im Osten, wo man es auch in den folgenden Jahrhunderten immerhin mit Attilas Nachkommen zu tun hatte oder mit anderen, verwandten Völkern seine Erfahrungen machte, deren Auftreten sich von dem seinen kaum unterschied, so daß man nicht nur zu ihrer Bezeichnung selbst den Hunnennamen beibehielt, sondern neue Auseinandersetzungen Jahrhunderte lang die Erinnerung belebten. Es könnte nicht zuletzt freilich auch diese neue Erfahrung sein, die sein Bild auch dort weiter verblassen ließ.

Die Beziehung auf die Gottesgeißel nach Ezech. 7, 10[336] mochte sich früh aufdrängen. Isidor von Sevilla, der sie für uns als erster bringt, steht zweifellos schon in einer Tradition. Sie verlieh dem Phänomen apokalyptische Züge, so wie die Kirchenväter sie in der Darstellung naturgemäß oft verwendeten. Andererseits freilich: Der Tyrann und Weltherrscher, zu dem sich in einer solchen Deutung Attila stilisierte, wurde zwangsläufig zugleich zu einer Inkarnation des Antichrists: Von hier aus aber ergab es sich wiederum gleichsam von selbst, daß dieser in der Konfrontation mit den Christen, den Vertretern der Kirche, dem Papst, den Bischöfen oder auch einer Gestalt wie Genoveva in Paris stets den kürzeren zieht. Die Rolle in den Martyrologien, wie dies etwa die Ursulalegende und die Geschichte ihrer Entstehung zeigt, ergibt sich damit gleichsam von selbst[337]. Neue Spekulationen ließ zweifellos der Tod Attilas entstehen, der ohne eine Ermordung kaum zu denken war. Die Version ist greifbar erstmals in Byzanz bei Marcellinus Comes[338], hatte zweifellos aber ihre Vorläufer bereits unmittelbar nach dem Ereignis und bot, dies insbesondere in Zusammenhang mit der Heroisierung der Jungfrau, die sich opferte, viele Möglichkeiten auch einer Strapazierung der Ansätze zu einer moralischen Auslegung.

Wichtig war eine solche Deutung insbesondere für die Germanen, die sich nach 453 aus dem hunnischen Reichsverband lösten und diesen Schritt zu rechtfertigen hatten. Ein Zwiespalt freilich blieb. Ein Jordanes und sein Attilabild lassen sich nur von einem Bemühen um eine solche Rechtfertigung her verstehen, die dennoch schon deshalb nicht ganz glaubwürdig wirkt, weil er über weite Strecken Priscus als Vorlage verwendet, der offenkundig ein eindeutiges Attilabild nicht gezeichnet hat. Auf Jordanes aber beruhen wiederum einige wichtige Versionen der mittelalterlichen Attilarezeption[339]. In dieser Rezeption nun läßt sich die Rolle, die den König in eine mythische Sphäre erhebt, als eine bewußt gewählte Parallele zu der des Antichristen verstehen. Sie übernimmt die literarisch bereits verarbeiteten Elemente der hunnischen Selbstdeutung mit ihren Requisiten, die Hirschkuh, das Schwert des Kriegsgottes, die Vorzeichen, die Attila zuteil und von ihm ausgelegt wurden. Dazu aber kommt bereits das Bild der Geisterschlacht auf den Katalaunischen[340] Feldern, das nicht allzu lange nach dem Ereignis schon ein Damascius kennt. Die Sagenkreise der betroffenen Völker wiederum, die der Burgunden, Franken, Baiern, aber auch die der nordeuropäischen, englischen und selbst slavischen greifen in andere Dimensionen aus, wenn sie Attila in ihre eigene Mythologie einbauen oder zu dieser zumindest eine Verbindung herstellen. Die Variationsbreite auch der Deutungsmöglichkeiten vergrößert sich damit noch einmal, wozu freilich zu erwägen ist, daß der historische Attila im Gesichtskreis dieser Völker sowieso kaum je eine besondere Rolle gespielt haben kann. Dafür entstehen zugleich andere Bereiche des Umfeldes, indem dieser Attila zugleich auch in anderen Sagenkreisen Eingang findet und damit in Konstellationen gerät, die ihn gleichsam vereinnahmen, die des Dietrich von Bern, Siegfrieds, Brünhildes, Hagens, Gunthers und Kriemhilds. Daß es sich in diesen ebenfalls um die Mythifizierung historischer Persönlichkeiten und ihres Auftretens handelt, wurde längst erkannt, Theoderich der Große, Ermanrich, Gunther, Vitigis, die Söhne Attilas, Galla Placidia, Justa Grata Honoria, die Burgunden, die Franken. Daß in allen Fällen ein lang anhaltender Prozeß dichterischer Transposition diese Wurzeln so verändert und die Tatsachen nach Belieben verwischt, daß sie sich meist kaum noch erahnen lassen, machte im Falle Attilas die Vereinnahmung zwar besonders leicht. Namen und Namensanklänge aber, die diese Sagen bieten, erlauben nicht einmal Spekulationen, denn sie lösen scheinbar historische Tatbestände in einer Vielfalt immer wieder neu variierter Motivkomplexe auf, die ganz anderer Herkunft sind: Die allgemein bekannten Gegebenheiten und ihre Zusammenhänge, ähnlich wie die Chronologie, werden unwichtig und heben sich zum Teil gegenseitig auf. Einmal den Voraussetzungen selbst der Assoziation entrückt, so daß nur noch die Motive bleiben, verformt sich fast zusehends alles weiter. Als ein drastisches Beispiel mag die Erzählung vom Untergang der Burgunder in ihren verschiedenen Brechungen innerhalb der mittelalterlichen Sagenliteratur gelten. Bleibt denn alle Transposition solcher Art in den Bereich der Sage eng verbunden mit der Personalisierung, dem Suchen nach deutbaren menschlichen Motiven aller Handlung wie auch aller Charakterzeichnung, so scheinen dabei dennoch gelegentlich Teile dessen auf, was die Quellen überliefern. So gehen etwa die Atlilieder der Edda von der unbestreitbaren Habgier des Attila aus[341], und diese Folie übernimmt auch die Thidreksage, dies trotz eines zeitlichen und räumlichen Abstandes. Für andere, kleinere Sagenkreise, über weite Räume miteinander verbunden, gilt ähnliches. So ist die Nibelungensage des 13. Jahrhunderts ein Amalgam aus vielen, in sich gewachsenen (Sigfrit, Välsungen, Nibelungen) mit dem früh sich herausbildenden Komplex der Rache Kriemhilds als Bindeglied. Im Rahmen all dieser Komplexität hat Attila seinen Platz, wenn auch in erster Linie als ein kompositorische Requisit, nicht als agierendes Element, und er erweckt den Eindruck einer bloßen Konzession, die ihrerseits dennoch auch wieder vermuten läßt, daß dieser Attila, einmal in die Sagenwelt aufgenommen, anders nicht leicht unterzubringen war. Es kann hier nicht darum gehen, eine Analyse zu versuchen, die alle diese Transformationen in einen Zusammenhang zu bringen und die Kausalitäten für eine Weiterentwicklung des Sagengebildes zu erklären vermag. Spielmannspraxis, Erzählerfreudigkeit, Improvisation und die mündliche Weitergabe lange Zeit hindurch erlauben im einzelnen nur oberflächliche Mutmaßungen etwa zu einer Abfolge von Epochen in einem solchen Zusammenhang. Dort, wo es übrigens darum geht, Attila dennoch historisch zu erfassen wie etwa in den mittelalterlichen Chroniken, sind die Kriterien kaum anderer Art[342]. Daß der Attila der Edda aus Ostrom und über die Ostgermanen mit ihren stets aufrechterhaltenen Verbindungen zur Heimat nach Norden, Norwegen, Island und wohl Grönland gelangte, legen Anklänge an Jordanes nahe[343], die sich direkt oder in einer Brechung indirekt noch finden. Ähnliches wird auch für die Thidreksage gelten. Die Verbindung mit der Siegfriedsage im Westen wird auf anderem Wege zustande gekommen sein, die Edda geht von dieser bereits aus.

Im übrigen ist in der Edda als einer frühen Spiegelung dieser Transformation Attila noch die ethische Gegenfigur und in einem Bilde von Todesverachtung und Härte obzwar nur Folie, neben anderen Sagenelementen doch eine letzte Steigerung[344]: Daß er über Brünhilde zugleich in einen wirklichen mythischen Zusammenhang gebracht wird, ist dabei ohne Belang. Anders in Mitteleuropa: Dort, im Westen greifbar erstmals im Hildebrands- und im Waltharilied, steht er im Hintergrunde ebenfalls als eine Herrscherfigur. Aber er ist der Gebieter über eine Welt, die sich um ihn herum in der Grandiosität eines Königshofes gestaltet, mit einem Kreis von Gästen, aufgenommenen Flüchtlingen, vornehmen Untertanen und Vasallen, von Festen, Abenteuern und Kriegen, alles von einem Glanze, der berückt. Dies freilich bedeutet, daß der König wohl seinen Namen hergibt, gleichsam im Zentrum einer Vielzahl von Sagenkreisen stehend, angesichts der anderen Akteure im Vordergrunde aber eine Rolle eigentlich nicht zu spielen hat. Scheint so dem Attilabild des Nibelungeliedes von verschiedenen Seiten her vorgearbeitet, so ist es andererseits wohl diese Funktion,

die es verhindert, daß Attila etwa zu einem integrierenden Bindeglied für einen Kreis von Sagen wird oder deren Entwicklung entscheidend bestimmt. Die Frage drängt sich auf, ob diese Verwendung als Staffage denn nicht zuletzt ein Versuch sei, sich mit wachsender zeitlicher Entfernung immer mehr durch die Verharmlosung
vom Druck einer historischen Wirklichkeit zu befreien, von der
man trotzdem noch einiges an Vorstellungen besaß.

Neben der Sage der germanischen Völker mit ihrer Zurückhaltung steht das Attilabild anderer, denen es in einer gleichsam nächsten Stufe um eine Selbstdeutung von eigener Herkunft und Vergangenheit zu tun ist. Daß auch sie dabei, wo nötig, die Sagen strapazie-
ren oder aber sie mit neuen Versionen bereichern, ergibt sich aus der
Natur der Sache. So wird insbesondere für die Ungarn[345] seit dem
13. Jahrhundert. die eigene Geschichte zur Fortsetzung der hunnischen, was Attila zum Urbild eines Reichsgründers macht. Von dort
auch zu dem eines Stammvaters der herrschenden Dynastie ist der
Weg nicht weit. Dabei werden Sagenmotive zugleich zum Mittel
einer notwendigen Selbsterhöhung, Attila später zum Großherr-
scher im Sinne eines Renaissancefürsten. Er wird geradezu zur Verkörperung eines Fürstenspiegels, nach dem der Herrscher sich zu
richten hat. Der Attila etwa eines Nikolaus Olahus 1576 bereitet
zugleich von diese Seite her dann den Übergang in die Geschichts-
schreibung der Neuzeit vor[346]. In anderen, weniger betroffenen Ländern, auch in Deutschland, bleibt hingegen die Distanz[347]. Beziehungen untereinander fehlen zwar nicht, daß etwa ein Aventinus das
Werk Thuroczys benutzt hat, darf als sicher gelten. In Italien wiederum ist das Epos des Nicola di Cassola (um 1350) mit seinen
37634 Versen eine Ausnahme. Das Werk, zur Rechtfertigung des
Herrscherhauses der Este in Ferrara verfaßt, verläßt nicht nur alle
Bereiche, die entfernt noch an Historie erinnern. Selbst die
Anklänge an die Sagenwelt des Mittelalters verschwinden im
Gefüge einer Riesenallegorie. Diese erlaubt äußerlich vielleicht
noch einen Vergleich mit dem Alexanderroman und greift wie dieser
auch in eine Fabelwelt aus: In seinen Dimensionen läßt das Epos in
Form wie Inhalt alle Vorlagen freilich weit hinter sich. Das Ganze
einer literarischen Kategorie zuzuordnen, wird schwer. Sicher, Attila
selbst wird bei all dem zu einem Bindeglied und der Grundlage,
auf der alles zu fußen scheint. Mehr als eine Folie aber ist er dennoch
nicht. Im übrigen scheint die italienische Renaissance auch in ihrer
Weise das Attilabild neu zu beleben[348]. So sind es einzelne Städte,
die in einer Strapazierung humanistischer Gelehrsamkeit ihre Gründung oder aber eine Zerstörung Attila zuschreiben, so daß der Ein-

druck entsteht[349], dieser müsse 452 bis weit nach Mittelitalien, zumindest bis Florenz oder Rimini, gekommen sein. Es wird andererseits aber auch eine wenigstens indirekte Folge der Beschäftigung mit ihm sein, wenn seit dem 15. Jahrhundert in Italien auf Münzen, Medaillen oder auf Stichen Abbildungen dieses Attila mit den üblichen Attributen des Teufels, mit Hundekopf, Hörnern und Bocksgesicht an die Öffentlichkeit gelangen, das erste Mal bezeichnenderweise 1438 mit einer Widmung für Kaiser Johannes VIII. Palailogos anläßlich seines Aufenthaltes in Italien.[350] Nach den Ursachen einer solchen Typisierung und den äußeren Umständen zu fragen, ist nicht der Platz. Nahe liegt, daß pädagogische Absichten und der Gegensatz zu neu aufkommender Profanität eine Rolle spielten. Ein solches Attilabild ließe sich demnach gut als Bestandteil eines bewußt inszenierten Rückschrittes gegenüber einem intensiv tätigen Humanismus und einer begonnenen objektivierenden Reflexion verstehen. Daß es eine Zeitlang im Schwange war, könnte sich aus einem solchen Zwecke mit erklären. Auf Kreise mit besseren Kenntnissen freilich wird es ohne jede Wirkung geblieben sein.

Anmerkungen

Bei den folgenden Anmerkungen handelt es sich um eine Auswahl, eine vollständige Darlegung des einschlägigen literarischen Materials hätte der verfügbare Raum nicht erlaubt, auch wären bessere Erkenntnisse auf solche Weise kaum gewonnen worden. Weiterführendes enthalten die zitierten Arbeiten in reichem Maße. Verzichtet wurde auf Zitierung von Lexikonartikeln. Quellentexte und Sekundärliteratur wurden nach den üblichen, verbindlichen Normen zitiert.

1 Erste Überwindung dieses Vorurteils bei Thierry.

2 S. bes. Opelt Sp. 67; 260: Zur heilsgeschichtlichen Funktion der Gog-Magogvorstellungen s. bs. Orosius und Salvian, wenngleich nicht direkt auf die Person Attilas bezogen. Die Hunnen als Verkörperung stehen in einem anderen Zusammenhang (vgl. Asterius v. Amaseia Hom. 10; PG 40, 313)

3 vgl. Amm. 31, 11; Jord. Get. 127; Claud. In Rufin 1, 320; Sid. Ap. carm. 2, 243. Einzelnes auch bei Zos. 4, 20, 3 ff.; Soz. 7, 26, 3; Jord. Get. passim (zu *feritas; saevitia*); Hieronym. ad. Jovin. 2, 7.

4 Interessant auch Ambros. Tob. 11, 25 zum Spieltrieb der Hunnen als einer Art mentalem Kennzeichen. Die Nachricht ist sonst nicht überliefert.

5 S. etwa HAClaud. 6, 1. Der Terminus .. *praeda* .. freilich allzu vordergründig. S. allgemein auch die einschlägigen Werke von L. Schmidt, Geschichte der deutschen Stämme bis zum Ausgang der Völkerwanderung, München 1934 ff.; E. Schwarz, Germanische Stammeskunde, Heidelberg 1955; O. Seeck, Geschichte des Untergangs der antiken Welt bes. VI², Stuttgart 1920, E. Stein, Histoire du bas-empire, Brüssel 1959; R. Wenskus, Stammesbildung und Verfassung², Köln 1977, Als Materialsammlung nicht überholt immer noch B. Rappaport, Die Einfälle der Goten in das römische Reich bis auf Constantin, Leipzig 1899.

6 S. bes. J. Jonita bei Wolfram-Daim 126. Zu den Wanderungen s. Burns 1984, 18 ff.

7 S. Dittrich passim

8 S. zuletzt Chauvot S. 62.

9 Zur Dynastie nach der Schilderung bei Jordanes s. bereits A. v. Gutschmid, Kl. Schr. III 1892, 342 ff. mit Beziehung auf Aristoteles 1150. Fiktion und Ausdeutung der Königsliste bei Jordanes haben mit der historischen Notwendigkeit einer monarchischen Stammesstruktur nichts zu tun.

10 S. Altheim, Hunnen I 13; 239, R. Werneer 1980, bes. 637.

11 Ein in sich völlig homogenes Volk anzunehmen oder aber die Ethnie wirklich nach außen abzugrenzen, hindern bereits die Nachrichten über die Ausdehnung der Alanen, s. bes. Vernadsky 1952, 362.

12 S. bes. Altheim, Krise I 92

13 De gentium aliquot migrationibus, 1555

14 S. dazu bereits Strabo 11, 11, 1; Apollodor v. Artemita (FGH nr. 779, fr. 7 .. Μεχρι Σιρων και Φρυνων .. vgl. auch Dionys. Perig. 733.

15 4, 23. Zu den Handelsbeziehungen s. Junge S. 37, Jettmar Abriß 160.

16 S. bes. Am. 31, 2, 1 ff. Die Korrekturversuche der Wissenschaft nehmen sich angesichts der Absicht des Autors, das Bild nomadischer Primitivität zu einer letzten Vollendung zu bringen, wie eine biedere Beckmesserei aus. Mit ihrer Berechtigung an sich hat dies nichts zu tun.

17 Amm. 3, 5, 7, vgl. Hambis S. 23 ff.; R. Werner 1967 passim, Haussig S. 349 schließt auf eine Glosse von späterer Hand. Ptolemaios überdies verwechselt Kaukasus und Hindukusch, er steht unter den antiken Autoren nicht allein, vgl. MH S. 448; R. Werner a. a. O. 488. Überblick über die Diskussion bei Daffiná, in: : Flagellum 7 ff. Die Verbindung *phryni - fauni* muß sich in der Antike aufgedrängt haben.

18 Amm. 31, 3, 11 Vgl. auch Andreas v. Kaisareia (PG 106, 416), dazu Daffiná in: Settim. 1988, 184.

19 Zu 38, 1 – 39, 2; Socr. 7, 43; dazu Augustin CD 20, 10; Ambros. De fide 2, 16, vgl. MH S. 3 – 5.

20 Zu Isidor s. u., vgl. den Zusammenhang in den Briefen Leos (bes. ep. 107; a. 453) zu den ungeklärten Zuständen im Osten.

21 R. Werner 1967 passim; Haussig 1954 passim, s. auch W. Richter 1974, 343 zu Amm. 31, 2, 1; Zos. 4, 20, 4. Den Versuch einer Gliederung macht Strabo 11, 8, 2 nicht, allgemein auch Opelt Sp. 392. Die *Uenni* gehören wohl als eine Verschreibung hierher (vgl Epiphanius, Coll. Av. 763). Bezeichnend auch Itin. Alex. 87 (*Arius, qui Hunnis interfluit*). An einer Spezifizierung lag den Zeitgenossen stets wenig, vgl. Auson. carm. 6, 3; epigr. 1, 8; Pacat. 11, 4; Ambros. Tob. 39, vgl. auch CTh 5, 6, 3, Sid. Ap. carm. 7, 332.

22 Franke, Chines. Reich I 1930, 135, allgemein auch Moravczik I 28 ff. 193, zusammenfassend R. Werner 1967, 503.

23 S. dazu Franke 1920/2; 147; Vernadsky 1950, 80 ff.; Kothe 1963 passim, vgl. auch Altheim, Hunnen I 25 (Wolf als Totemtier). Zum Hund für das indochinesisch Yao s. zuletzt auch P. Scholl-Latour, Tod im Reisfeld[8], S. 237.

24 .. χων ..s. dazu W. B. Henning, BSOAS 12, 1948, 42 ff; Harmatta 1952, 293; Haussig S. 140 ff. (mit plausibler Annahme einer Beziehung auf die Sien pi); Jettmar 1951/2, 178; 1960, 167; Sinor b.: BB S. 4.

25 S. bes. Moravczik I 38, allgemein auch Daffiná in: Settim. 1988, 197; R. Werner 1967, 494 ff., dazu Altheim 1951, 45; MH XXV.

26 Altheim, Hunnen I 29 ff.; 342, vgl. auch Junge passim.

27 Zu den Bulgaren Beschevliev passim, zu den Avaren vgl. bes. Theophyl. 2, 13, 46; 5, 10, dazu Haussig 1973, 186; MH S. 378, vgl. auch Pohl, Awaren 215.

28 S. bes. Jettmar, Abriß 150.

29 S. R. Werner, Abriß passim. Daß wie bei allen Zügen und Bewegungen wesentliche Teile zurückblieben, versteht sich von selbst.

30 Als zusammenfassenden Überblick s. McGovern passim. Zu der tocharischen Wanderung als einer zweiten Welle s. bes. Heine Geldern passim,

dagegen Zweifel bei Hambis S. 13. Die rückläufige Bewegung noch im 2. Jahrtausend vollzieht sich keineswegs als einheitlicher Prozeß, könnte aber aus einer natürlichen Gegenläufigkeit zur vorausgehenden von West nach Ost zu erklären sein, Ursache nicht zuletzt ist die allmähliche Konsolidierung eines chinesischen Reiches, s. dazu Wiesner S. 80, R. Werner, Abriß 129; 1980, 575. Allgemein auch die Andeutung Plin. NH 6, 51 .. *propter numerosas vagasque gentes* .. An einer pontischen Wanderung zweifelt Jettmar 1983,bes. 40, hält aber an einer Expansion von Westen aus fest, vgl. auch 1967, 70; 224.

31 Zu den Schädelformen in solchem Zusammenhang s. Lundmann S. 89 ff.; 95. Zur Zoomorphität in den künstlerischen Darstellungen dieser Räume s. Wiesner a. a. O., zusammenfassend auch Jettmar 1964 passim

32 Zu den Kimmererzügen als Zeugnis der Westverlagerung s. bes. Kothe 1963, 14 ff.; Harmatta 1950 passim. Zum allgemeinen Übergang zu Viehzucht und Tierhaltung, damit ersten Formen einer Seßhaftigkeit s. McGovern passim, MH S. 174. Er ist in den anbaufähigen Gebieten Mittelasiens eine natürliche Entwicklung zur Verbesserung der Lebensformen; s. dazu bes. Jettmar 1953, 531 (mit der Vermutung einer rentiernomadischen Wurzel und deren Auswirkung auf Religion wie bildende Kunst) vgl. Jettmar 1964, bes. 214 ff.. Zur hunnischen Kleidung (Felle, Textilien) s. MH S. 176, vgl. Jettmar 1964, 120 als Bestätigung Ammians. Zur skythischen Vermittlerrolle s. Harmatta 1970, 13; Jettmar , Abriß 155; R. Werner das. 137, allgemein auch Rostovtzeff, Animal Style 21, mit Betonung der ethnischen Heterogenität der Träger.

33 S. bes. Flor S. 155. Zum Wagen s. Wiesner 38 ff.; MH S. 210. Zu den Handelsrouten s. Haussig S. 18 ff., allgemein auch Jettmar 1983 passim, der eine Genese des eigentlichen Reiternomadentums nicht vor dem 1. Jahrtausend v. Chr. vermutet.

34 Zum Skythenbild s. Flor S. 160. Zu den morphologischen Unterschieden s. Bona S. 236 ff.; 36; Jettmar 1948/9, 21; Abriß 159. Im Gegensatz zu den Mongolen scheint für die Unterscheidung zwischen Europoiden und Turkvölkern die Dolichokephalie als Kriterium von beschränktem Werte. Zum indoiranischen Aussehen der Wu sun s. de Groot II 123. Zur Frage nach möglicher kultlicher Stilisierung der bärtigen Gesichter schon in Abbildungen der Gräber von Minussinsk s. MH 283; 358; 366; Salmony 1935, 328 ff.

35 S. dazu Jettmar 1952, 172. Zu einer westlichen Komponente auch bereits bei den Funden im Ordosgebiet s. bes. J. Werner, Eurasia 1934, 215; vgl. Haussig S. 32; MH S. 329 ff.

36 Pohlhausen S. 45. Zur Rolle der Kurgane s. zuletzt allgemein Maczunska S. 54. Zur Verbindung einer iranischen mit einer chinesischen Wurzel in der Herausgestaltung des asiatischen Tierstils s. Rostovtzeff, Animal Style 17; 66 ff.; 83; Jettmar 1964, 166

37 R. Werner, Abriß 136. Zu den chinesischen Seidenwaren der Heuneburg als Beispiel s. Haussig S. 54; zu Minussinsk s. Jettmar 1964, 75 ff; zu Pazyryk 136. Die Verwendung chinesischer Spiegel war zweifellos bereits vor dem Auftreten der Hunnen zur Mode geworden.

38 S. de Groot II 149; R. Werner 1967, 537, vgl. auch Sinor 1963, 217 ff.; Pritsak
   1954, 240. Die als beendet geltende Auseinandersetzung um die von Deguignes postulierte direkte Abstammung der Hunnen von den Hiung nu
   nimmt in einer Reihe von Arbeiten Jettmar wieder auf, Überblick bei
   Hambis S. 59. Zu einer Verbindungslinie der Alanen mit China s. Täubler
   1909, 20. Zuletzt vor allem Anke S. 5 ff.
39 Allgemein de Groot I; II bes. 173 mit Hinweis auf Ackerbau und Seßhaftigkeit, vgl. auch McGovern S. 28, dazu Hambis S. 19; Pohlhausen S. 161.
   Zur Beeinflussung durch China McGovern S. 3 ff.
40 R. Werner 1967, 507; de Groot I passim, allgemein auch McGovern passim.
   Die Entwicklung des Hiung nu-Reiches bis auf Mao tun ist im einzelnen
   nicht zu fassen (zu den Ordosbronzen in diesem Zusammenhang s. Jettmar 1951/2, 163, vgl. 1964, 159 ff), es fehlen auch spezifisch ethnische Kriterien (vgl. R. Werner 1967, 496). Bezeichnend als Analogie zu Mao tun
   konnten die Heiratsabsichten Attilas 450 sein. Zum Zerfall des Reiches
   nicht lange danach s. Haussig S. 126, zum Phänomen s. auch Pohl, Awaren
   13. Zu einer Analogie zu 454 (Jord. Get. 261) s. F. Lošek bei Wolfram-Pohl
   149.
41 De Groot II 145 ff., vgl. Sinor 1963, 221; Vernadsky 1952, 345; R. Werner
   1967, 508 ff.; Hambis S. 14; vgl. auch bereits Tarn S. 276 ff.; Ed. Meyer,
   Geschichte des Altertums I 289. Zur Vertreibung der Saken s. McGovern
   S. 208. S. dazu auch Eberhard 1941, 226 ff.; 255 ff.; MH 374 (mit Deutung
   als Europoider), vgl. Vernadsky 1950 passim; Yetts 1934, 231. Zu Chang
   kien s. de Groot II 11; Wesendonk 1933, 357; Altheim, Hunnen I 61; 1951,
   23. Zu den Folgen der sakischen Westverschiebung s. bes. Rostovtzeff, Animal Style 46, er sieht 105 in den Yue tschi die Träger eines neuen Tierstils.
   Interessant zu den Ereignissen Tarn 1939, 276 ff.
42 Zu Strabo 11. 8. 2 s. Junge S. 59 ff.; 95; Wesendonk S. 340. Zu neuer Akkulturation mit seßhaften Völkern s. Haussig S. 32; 78; Hambis S. 17, zum politischen Zerfall Eberhard S. 256; Jettmar 1952, 177, zur sarmatischen Westbewegung als weiterer Folge Harmatta 1970, 32. An ein Hiung nu-Reich
   über ganz Ost- und Mittelasien (Jettmar 1948, 34f.) ist kaum zu denken,
   eher an chinesische Oberhoheit bis zum Tarimbecken (vgl. de Groot II
   32 ff.; s. auch R. Werner 1967, 493; 507) nach dem Zerfall.
43 S. dazu schon v. Gutschmid S. 420, Junge passim. Zur Verschmelzung von
   Kulturkreisen und Namen vgl. J. Werner 1956, 40. Hierzu gehört die Über-
   mittlung von Mythen und entsprechenden Formen der Selbstdeutung,
   vgl. dazu Haussig S. 4. Zum alanischen Vorrücken bis in den Kaukasus
   bereits im 1. Jh. v. Chr. s. Täubler S. 18 ff. (Strabo 11, 5, 8).
44 Zu Chi chi s. Haussig S. 116, vgl. Yetts S. 232, dazu bereits Drouin 1895, 287.
   Zur Schlacht s. Bona S. 36. Überblick über die weitere Entwicklung in
   Mittelasien bei McGovern passim, freilich mit Vorstellung von einem
   hunnischen Reich (bes. S. 246 ff.), dagegen plausibel R. Werner 1967, 507;
   1980, 575. Zu politischen Implikationen s. Jettmar, Abriß 159; Haussig
   1973, 43 ff.
45 S. bes. Haussig S. 54. 76; Tallgren 1932, 5; J. Werner, Eurasia 1932, 43; Bona
   S. 158. Zur chinesischen Dominanz s. de Groot II 103 ff.

46 Zu den Funden von Kenkol s. Jettmar 1957, 170 ff. (Auseinandersetzung mit den Arbeiten R. Bernstams), zum Tierstil in diesem Zusammenhang auch Rostovtzeff 1931 passim, vgl. Altheim, Hunnen I 34; Kothe 1967, 68; Sinor 1963, 212; MH S. 13. Zu chinesischen Einflüssen dabei bes. Rostovtzeff, Animal Style 83.

47 Von einer Fluchtbewegung mit konkreten politischen Folgen im einzelnen ist nichts überliefert, vgl. Vernadsky 1950, 79; 1952, 344; Altheim, Hunnen I 314; 1954 passim. Es scheint, daß die chinesische Dominanz Jahrhunderte lang eine gewisse Stabilität garantierte, vgl. McGovern S. 76. Der Alanenname hat in solchem Zusammenhang die Funktion eines Sammelbegriffes.

48 Einzelheiten ergeben sich aus der Erwähnung von Alaneninvasionen weder bei Josephus noch Arrian, vgl. auch Prokop Pers. 2, 29, 16. Zur Mittlerrolle dieses Volkes s. Jettmar; R. Werner, Abriß; Pohlhausen S. 116. Zu einer allgemeinen Bevölkerungszunahme als Folge guter Lebensbedingungen s. Jettmar 1948, 15, zur alanischen Integrationsfähigkeit als Faktor s. Bachrach S. 24, vgl. J. Werner, Eurasia 1932, 43 ff. Zu den Alanen im Kaukasus noch Sid. Ap. ep. 4, 2, 4.

49 Zu Zos. 1, 27, 1; 31, 1 s. F. Paschoud, Zosime I, Paris 1971, 148, vgl. bereits Zeuß 1837, 280 ff.; dazu MH 452 ff. Mit den Burgundern spekuliert man am besten nicht. Zu Hunnen im Kaukasus s. Kettenhofen passim. Der Name freilich ist offenkundig Sammelbezeichnung. Zu den Akatziren im Steppengebiet nördlich s. Sinor 1946, 17, 3 ff.; 1967, 2 ff.; bes. MH S. 427 ff.; 452. Altheim, Hunnen I 363; 1952, 52 ff.; Haussig 1973, 42, vgl. Bazin 134 ff. Die Deutung als ausschließlich ugrisches Turkvolk ist nicht zu erhärten.

50 S. R. Werner 1967, 586.

51 Vgl. bereits J. Werner, Eurasia 1934, 279 ff.; McGovern S. 231 ff.; 246; Pritsak 1954, 241; Jettmar 1948, 19 ff.; 21; 1951/2, 168; Haussig S. 141 ff., zu den ethnischen Verhältnissen bes. Sinor 1963, 267. Zum Weg s. auch J. Werner, a. a. O. 263 ff.; Altheim 1949, 75; Tallgren 1932, 9. Zur Bevölkerungszunahme bes. im Selengagebiet s. Jettmar 1951/2, 169.

52 Zur Sprache s. Hambis S. 23; zu den turksprachlichen Spuren Überblick bei McGovern S. 364 ff., zur Diskussion Sinor. b. BB 5 ff. Zur mongol. Typologie s. o., vgl. Claud. In Rufin. 1, 250; 323; Sid. Ap. carm. 1, 243. Zum ersten Auftreten (MH S. 451) s. Pacat. 11, 3; Oros. 7, 33, 5 (vgl. aber 2, 32, 4 ähnlich Hieronym. ep. 107, 2). Die Bartlosigkeit (Ammian. Jord. Get. 128) braucht kein ethnisches Kriterium zu sein. Zu den Turkvölkern am oberen Jenissei s. bereits Parker 1896, 435. McGovern hält nach Hirth Attila für einen Nachkommen des Chi Chi.

53 Veget. 3, 26; 3, 6, 2; 1, 10; Mulom. Prol. II. Zur Härte des Lebens s. Jettmar 1951/2, bes. 176, zur Chronologie 179.

54 Zur Kleinheit der Gruppen s. Zos. 5, 34, 1; Oros. 7, 13, 12; Altheim 1949, 81. Bussagli S. 17 nimmt Zerfall wegen der Beute an.

55 Amm. 31, 2, 9, vgl. Bona S. 17.

56 R. Werner 1967, 536 zu Jord. Get. 36, vgl. auch Vernadsky 1952, 346; Moravczik. I 57; 412 f.; Kettenhofen S. 16 ff.

57 Vgl. Zos. a. a. O., dazu Ambros. Comm. Luc. 10, 10 als Zusammenfassung, vgl. Altheim, Hunnen I 347; MH 1944, 232, s. auch Jettmar 1951/2, 178. Auch jetzt gerieten niemals ganze Ethnien in Bewegung, zu der späteren Ausbreitung der Alanen in der östlichen Ukraine s. zuletzt G. E. Aphanasew, Die Alanen vom Don (russ.), Moskau 1993 passim: Das Bild alanischer Zivilisation und Lebensformen wird eine Analogie zu dem des 4. Jhs. sein.

58 S. bes. H. H. Lamb, Climate, History and Modern World, London 1982 (zit. n. deutsch. Ausg., Klima und Kulturgeschichte, Reinbek 1994), 176.

59 Zum Vorstoß s. Thierry Kap.II, vgl. Hambis S. 32, plausibel auch Schreiber S. 38. Zu Amm. 31, 2, 1 vgl. Eunap. fr. 41; Paul. Diac. Rom. 11, 10; R. Werner 1966, 243. Altheim und Spätere bringen Ereignisse in China 311 (Eroberung von Lo Yang) damit in Zusammenhang und nehmen den Vorstoß als Teil einer allgemeinen Explosionsbewegung auch nach Westen durch die dsungarische Pforte an. Unklar ist die Zeit einer hunnisch-alanischen Verbindung: Sie muß indes eine geraume Zeit vor 376 liegen, vgl. Soz. 6, 37, 3 (.. ἐλάνθανον δὲ προσοικοῦντες ..); Jord. Get. 266, dazu Altheim, Hunnen I 347.

60 Amm. a. a. O.; Hieron. ep. 77, 8; Soz. 6, 37, 3 .. λίμνης μεγίστης ..; Prok. Got. 4, 5; Jord. Get. 123 ff.; vgl. auch Vernadsky 1952 passim; Haussig 1973 passim, anderseits aber Zos. 4, 20, 3, dazu Paschoud, Zosime II 1973, 374 ff. Die antike Überlieferung seit Ammian zeichnet gemäß der gültigen ethnographischen Kriterien die Hunnen ohne Unterschied als den Höhepunkt der Barbarei und als die Antithese zur eigenen Kultur (Unstetigkeit, Beweglichkeit, Unzuverlässigkeit, Wildheit), vgl. bes. Dauge S. 311 ff.; 476, zuletzt Chauvot passim. Aussehen und Charakter stimmen dabei überein. Für das einschlägige Attilabild erscheint eine Triebhaftigkeit als der Grundzug.

61 S. R. Werner 1967, 531 ff., dazu bereits Altheim, Hunnen a. a. O. 1952, 3; Sinor 1946, 3; Haussig 1949, 42.

62 S. MH S. 33. Zu Sapor II. s. Amm. 18, 6, 10; 19, 9, 4; R. Werner 1967, 545; Bussagli S. 219; Daffiná in: Settim. 192. Zu Hunnen = Geloni MH S. 50. Zu Sanesan s. Kettenhofen S. 18; 70; Hambis S. 36; Moravczik I 57.

63 Chrysos a. a. O. s. auch G. Wirth, JAC Erg. Bd. 11, 1984, 353 ff.; 363.

64 Thierry Kap. I, vgl. Altheim, Hunnen I 53 ff. (Identifikation mit der 2. Kenkolschicht); Pritsak 1954, 239; Bussagli S. 210; 1982/3, 28; Jettmar, Abriß 160; Widengren S. 71; R. Werner 1967, 549 ff.

65 Auf Literaturangaben für dieses Kapitel wird verzichtet. Angeführtes ist Orientierungshilfe, nicht mehr. Allgemein immer noch J. Klose, Roms Klientelstaaten an Rhein und Donau, Diss. Breslau 1934, zusammenfassend auch Demandt 1993, 387 ff. Allgemein zum Problem bereits Hieronym. ep. 123.

66 Zu den Münzfunden im barbarischen Randgebiet s. K. Horedt b. Wolfram-Daim S. 114, zu Sintana-Mureš S. 117, vgl. auch Jonita a. a. O. 128. Allgemein bezeichnend für die römische Selbstdeutung das .. *gentes barbarae quae pullulaverunt sub imperatoribus* s. Laterc. Ver. XIII.

67 Zu den Versuchen der Severer s. Bellen S. 178; Alföldy S. 140 ff.; vgl. auch Ewig II 21.

68 Vgl. bes. CTh 5, 6, 3 (409), dazu de Martino S. 465. Zur Romanisierung s. H. Castritius b. Wolfram-Pohl 71, vgl. bes. CIL III 3576: *Francus ego civis Romanus miles in armis*. Zu Gallien s. bes. Goffart 1981, 264; Pohl 1997, 4; zurückhaltend Liebeschuetz S. 13.

69 Vgl. bes. Lact. Mort. 14; Oros. 7, 21, 3; Sid. Ap. ep. 1, 5, allgemein K. Christ (Hsg.), Der Untergang des römischen Reiches, Darmstadt 1970. Zum Beispiel Italien detailliert Ruggini S. 21; 276 (zum Beispiel Tuscien).

70 De Martino S. 466; Jones S. 227; 401. Zur Frage der Reserven s. Aur. Vict.-Caes. 39, 32, dazu Boak S. 35; 81; Horstkotte S. 116. Allgemein auch Lact. Mort. 31, 1 ff.; CTh 12, 1, 6 ff.; Nov. Val. 18, 8 (a. 445) ..*raritas colonorum.*.; Alföldy S. 105 ff.; 156.

71 Horstkotte S. 61; zu den Folgen Ruggini S. 72.

72 Zu Salvian s. Fischer passim, vgl. auch C. Jullian, Histoire de la Gaule VII 1926, 183. Allgemein s. CTh 11, 1, 12; 5, 11, 8–9 dazu Ruggini S. 555.

73 S. dazu bes. Claude 1980 passim, bes. 168 ff. mit reichem Material, dazu R. van Dam b. Drinkwater-Elton 381 ff., H. Sivan, das. 122. Zur Rolle des Solidus Jones S. 265. Zu Oxyrrhynchos immer noch eindrucksvoll J. Fichman, Oxyrrhynchos. Die Stadt der Papyrusfunde, Moskau 1976 (russ.), zum Westen zusammenfassend M. Roberts b. Drinkwater-Elton 97 ff.; R. B. Hitchener, das. 122 ff.

74 Zur Villenkultur als Vorstufe s. de Martino S. 481, vgl. zur Folgezeit 455 ff. Allgemein s. immer noch D. van Berchem, Les distributions de blé et des argents à la plèbe romaine sous l'empire, Genf 1939 passim.

75 Bezeichnend das ..*servi et coloni.*. der Rechtsquellen. Anderseits s. Alföldy S. 195, vgl. CTh 2, 25, 1; 5, 11, 12; 5, 13, 4. Zum geringen Effekt der Verbindung von Sklavenarbeit und Technik F. Kiechle, Sklavenarbeit und technischer Fortschritt, Wiesbaden 1969.

76 Ruggini S. 27; 126; Alföldy S. 147; 194; Jones S. 336; 413. Ein abstoßendes Bild römischen Magnatentums ergeben die Briefe des Symmachus in ihrer eigenartigen Kombination von Bildung, Roheit und subtiler Gemeinheit. Zur Rolle des Patrons s. R. W. Mathisen b. Drinkwater-Elton 228 ff. Zu den Einkünften Einzelner s. Olympiod. fr. 44, zweifellos als Auswahl.

77 De Martino S. 446 ff.; Alföldy S. 125, dazu R. Samson b. Drinkwater-Elton 218 ff.; 221, vgl. bes. Theoderet PG 83, 556. Zu den gallischen Aufständen s. bes. Diesner 1972, 324, vgl. bes. auch J. Drinkwarter b. Drinkwater-Elton 208 ff.; Fischer S. 78. Zu einer Verbindung von Reichtum und caritativer Tätigkeit s. bes. Krumeich 70 ff.; 274 ff. S. bereits auch Ruggini S. 108; Liebeschuetz S. 223 ff. Zum Sklavenhandel als Reichtumsquelle noch später s. Claude S. 97 ff.

78 Alföldy S. 146; Horstkotte S. 12.

79 Zu Symmachus, Sid. Ap. allgemein J. Wood. b. Drinkwater-Elton 11 ff.; J. Percival, das. 156 ff., vgl. auch Stroheker S. 22 ff.; 62 ff.

80 Zu den Belastungen des Decurionenstandes s. bes. CTh 9, 31, 1 (a. 409).

81 Ruggini S. 150 ff.; 352; Claude passim.

82 Ambros. ep. 18, 20, dazu de Martino S. 517. Zur Rückkehr des Statthalters von Lugdunensis III, Valerius Dalmatius (ILS 8987) nach Pannonien noch 383 s. Moczy S. 342. Auf eine Strafversetzung läßt die Inschrift kaum schließen. Allgemein auch Ruggini S. 312 zu CTh 12, 1, 158, zu den Reisemöglichkeiten Krumeich passim, vgl. E. D. Hunt b. Drinkwater-Elton 264, s. auch Fischer S. 156, bes. dazu Hieron. ep. 130, 4. Zu Reisen mit anderen Voraussetzungen s. auch Claude S. 176 ff.

83 S. bes. Eck 1978, 564 ff., doch freilich auch Noethlichs 1972, 143 ff., Heinzelmann passim. Zur Rolle des Germanus s. noch immer W. Levison, NArch. 51, 1904, 35 ff., dazu E. A. Thompson, St. Germanus of Auxerre and the end of Roman Britain, Woodbridge, 1984 passim.

84 Greg. Nyss. PG 46, 557 gehört in den Osten. Wie weit solches Interesse für dogmatische Fragen noch im 5. Jh. gilt, ist unklar.

85 Amm. 31, 4, 2, vgl. Soz. 6, 37, 5 (.. ἐξαίφνης ..); Zos. 4, 20, 3; Jord. Get. 126; 129 (..cogitat..). Nicht zu klären ist die Frage nach dem hunnisch-alanischen Stärkeverhältnis, vgl. Amm. 31, 3, 3. Zu Ermanrich s. o., vgl. F. Dahn, Die Könige der Germanen II 1911, 84 ff.; MH S. 23. Die Gestalt bleibt obskur, s. dazu zuletzt Heather 1989, 109 ff. Zur literarischen Aufarbeitung s. Chauvot 1998, 256 ff.

86 S. dazu MH S. 21; Wolfram, Goten 80 ff.; s. auch Altheim, Hunnen I 319 ff. Zu vergrabenen Schätzen s. Bona S. 136.

87 Zum Namensdurcheinander drastisch Hauptmann 1935, 123 zu Jord. Get. 166, zuletzt Heather 1989 passim. Der Bericht bei Jordanes ist bereits von der frühen Gestaltung eines Sagenbildes bestimmt.

88 Zu Vidimer s. Jord. Get. 247, Vernadsky 1949, 281 ff.; 288; Altheim, Hunnen I 381. Zu Balamber s. Heather 1989, 106; Bona S. 17, Varady 1969, 406. Zu den Anten zuletzt R. Werner 1980 passim. Zu Alatheus und Safrac s. PLRE s. v.

89 Amm. 31, 16, 3, zu den Absichten 31, 8, 4, zum Folgenden Eunap. fr. 60; Zos. 4, 22, 2; 34, 1 ff.; Pacat. 32, 4; Oros. 7, 37, 12, allgemein auch Pohl in: Settim. 77 ff. S. auch Thompson 1948, 58

90 Zos. 4, 34, 2; Jord. Get. 140; An. Val. 48, 6; Liebeschuetz S. 87; Varady 1969, 219. S. auch Ambros. ep. 18, 21; 24, 8, dazu MH S. 42. Die Ermordung des Königssohnes nimmt Varady 1990, 186 an.

91 S. PLRE s. v. Beremud

92 Amm. 31, 16, 3; Zos. 4, 34, 5 ff., vgl. dazu Hauptmann 1935, 329; MH S. 37. S. auch Claud. 3. Cons. Hon. 148; 4. Cons. Hon. 626; Soz. 7, 4, 2; Ambros. ep. 20, 9. Hierher wird auch der Sarmtateneinfall Symm. serm. 47; ep. 10, 37 gehören, gleiches gilt anderseits für das Hilfsangebot des Usurpators Maximus an Theodosius Zos. 4, 42, 5. Allgemein Cesa 1994, 59 ff. Auch das gotische Ausweichen auf die Krim (Prok. Got. 4, 4, 9 ff.; Aed. 3, 7, 13) gehört wohl in diese Zeit.

93 Amm. 31, 3, 6; zur Volkszahl (200 000) s. Burns 1978, 178, vgl. Eunap. fr. 42; Jord. Get. 145.

94 Vgl. Ambros. De ex. fr. 1, 1, 31. Zu den folgenden Ereignissen zusammenfassend Wolfram 1990 passim. Einordnung als foederati mir unter den gegebenen Umständen undenkbar.

95 Allgemein Ambros. De fide 1, 39; ep. 18, 21. Bona S. 46 nimmt Rückzug der Hunnen nach Osten und Rückkehr erst unter Uldin an. Dies scheint schwer vorzustellen. Vgl. auch MH S. 38, dazu PLRE s. v. Promotus. An einer etablierten hunnischen Herrschaft jenseits der unteren Donau zweifle ich für diese Zeit, anders MH S. 40.

96 Alföldy 1924, 11; 74; 1926, 19. Allgemein Moczy S. 339 ff.; Pavan 1986, 7, 192; Tejral 1988 passim. Eine Fülle anderer Untersuchungen durch die ungarische Forschung bestätigten das Fortleben eines starken, wenigstens z.T. romanisierten Bevölkerungssubstrates. Spätere, die von dort aus nach Italien zogen, benutzten das Gebiet vorwiegend wohl als Sammlungs- und Durchzugsland.

97 Pacat. 11, 3; 32, 4–5. Zur Ausnutzung der hunnischen Kräfte s. Zos. 4, 57; Soz. 7, 24; Socr. 5, 67.

98 Joh. Ant. fr. 187, dazu MH S. 49.

99 Claud. In Ruf. 1, 301; 1. Cons. Stil. 94; Symm. ep. 78; dazu MH S. 255. Zu den Buccellariern Stilichos s. Soz. 8, 25, 1; Greg. T. 2, 8. Die 10 000 Hunnen als Unterstützung des Kaisers 408 sind eine rhetorische Zahl, vgl. Bussagli S. 60; Liebeschuetz S. 70.

100 Zum *hostilis metus* s. CTh 1, 32, 5 (a. 386), vgl. MH S. 38. Hierher gehört der westgotische Abzug aus den Siedlungsgebieten von 382, vgl. Liebeschuetz S. 5, vgl. MH S. 54; Thompson 1948, 26 ff. Zum Vorstoß über die Donau und der Eroberung Salonas s. Claud. In Ruf. 2, 26; Soz. 8, 25, 1; Kallinik. V. Hyp. 61; Nik. Kall. 13, 1. Der Vertrag zwischen Byzanz und Alarich ist wohl die Folge, vgl. Claud. In Eutr. 2, 214 f. Hierher gehört auch der Übertritt einer großen Gruppe von Markomannen ins Imperium, vgl. Vita Ambros. 36.

101 Vgl. Hieronym. ep. 60, 16; 77, 2, dazu Liebeschuetz S. 160. Ergiebige Nachrichten in syrischen Quellen finden sich nicht, anders die Vermutung MH S. 54. S. des weiteren auch Claud. In Ruf. 2, 36; 270; 1. Cons. Stil. 91; 154; 3. Cons. Hon. 68; Socr. 6, 1; 8, 12; Soz. 8, 1; Philostorg. 11, 8. Die Aufhetzung durch Rufin. 1, 316; 2, 325; 562; in Eutr. 2, 476; Chron. Gall. zu 395. Zu den Hunnen Basich und Kursich s. PLRE s. v., allgemein Chauvot 1998, 330; 366.

102 S. Hambis S. 38. Bar Hebraeus (p. 66 ed. Wallis Budge) spricht von Ende durch eine Naturkatastrophe. Zu Eutrop. s. Claud. In Eutr. 1, 242; 2, 222, vgl. Soz. 8, 1, 2. Die edessenische Chronik (CSCO Syr. III 4, 106) spricht von Tausenden von Gefangenen, die der Perserkönig ansiedelte. Zu den Befürchtungen wegen der heiligen Plätze s. Hieronym. ep. 60.16 (a. 396); 78.8 (a. 400) mit Hinweis auf Abwesenheit des römischen Heeres *bellis civilibus*.

103 Constantin III. (406–411), Jovinus (411–413), s. dazu PLRE s. v. Zu Gainas s. bes. G. Albert, Die Goten in Konstantinopel, Paderborn 1984 passim.

104 Zu Uldin s. PLRE s. v., MH S. 55; Liebeschuetz S. 126.

105 Liebeschuetz S. 60; Varady 1969, 128. Pannonien gilt nach Claud. 2. Cons. Stil. 184 als fest in römischer Hand.

106 Vgl. Claud. Goth. 278; Prok. Vand. 1, 22, 3, dazu Courtois S. 39. Als Grund wird eine Hungersnot überliefert, vgl. MH S. 72.

107 Zos. 5, 26, 5, dazu MH S. 60. Zum Namen s. PLRE s. v., dazu Vernadsky 1952, 273. Zu den Greueltaten s. bes. Hieronym. ep. 118.

108 Zu den Sklavenpreisen s. Paul. Diac. Rom. 321. Zum hunnischen Auftreten s. Claud. In Ruf. 1, 223 ff.; 2, 270 ff.; Sid. Ap. carm. 2, 43 ff., vgl. MH S. 360 ff.

109 Material bei Courtois S. 50 ff., vgl. auch Cesa 1994, 126; MH S. 353. Vgl. bes. Oros. 7, 37, 5; Soz. 8, 25, 1; Prosper Havn.ad. 406 (MGHAA IX 304); Hieronym. ep. 123, 15 ff.; Jord. Rom. 331. Die erwähnten Alanen müssen von Gebieten an der östlichen Grenze Pannoniens kommen, zum Aufenthalt in Gallien s. Bona S. 159 (Funde von Airan), der Aufenthalt für längere Zeit in der Normandie vermutet. Das .. hostes Pannonii .. (Hieron.) ist wohl nur Herkunfsbezeichnung, s. Chauvot 1998, 441.

110 Dies in Analogie zu Rufinus s. Oros. a.a.O.; Marc. Com. ad. 408; Chron. Gall. ad 408; Cons. It. ad 408, Soz. 9, 4; Zos. 5, 32, 1; Philostorg. 12, 1.

111 Offizielle Abtretung Valerias an Uldin 408 bezweifle ich, vgl. Tejral 1988, 223. Die Vermutung, Attila habe sich um diese Zeit als Geisel im Imperium aufgehalten (vgl. Schreiber S. 35) wird in den Quellen nicht bestätigt. Zu Generid s. PLRE s. v., vgl. MH S. 70.

112 PLRE s. v., vgl. Greg. T. 2, 8; Zos. 5, 36, 1; Merob. carm. 5, 42; Paneg. 129.

113 CTh 7, 20, 12; 13, zur Sklavenaushebung 7, 13, 16, zur Desertion und Kriegsdienstverweigerung 7, 18, 10−15 (vgl. Amm. 80), vgl. auch Stein I S. 237 ff.; vgl. CTh 7, 18, 17.

114 Dies nach den Verfahrensweisen des allgemein gültigen Erbzwangs.

115 S. dazu Soz. 9, 5, 2; 4, 1, vgl. auch Hieronym. Comm. Jes. 7, 20 ff. An einen hunnischen Einfall bereits 404 glaube ich nicht.

116 CTh 5, 6, 3 (April 409). Der Angriff müßte demnach in den Herbst 408 fallen, doch könnten die Plündereien den Winter hindurch angehalten haben. Die ἀλαξονεία des Uldin (Sozomenos) mit ihrer primitiven Formulierung eines Welteroberungsgedankens wird stilisiert sein.

117 CTh 10, 10, 25 (Dez. 408), 11, 7, 4 (April 408), unklar freilich auf welche Zeit sich das .. cum per Illyrici partes speraretur barbarorum incursus .. bezieht. Allgemein s. auch Prok. Aed. 6, 33, vgl. Varady 1969, 482.

118 Patr. Const. 1, 72; CTh 15, 1, 51; Socr. 7, 1; Georg. Monach. p. 607 de Boor. Allgemein G. Janin, Constantinople byzantine, Paris 1964, 265. Anfänge fallen wohl schon in das Jahr 408.

119 Vgl. Lütkenhaus S. 28. Zu Versuchen Ostroms, in die hunnischen Verhältnisse einzugreifen, s. Olympiod. fr. 18, vgl. MH S. 74. Unklar bleibt die Lokalisierung, die erwähnte Seereise der Gesandtschaft könnte sich auf Schwarzes Meer oder Adria beziehen. Doch müßte Byzanz die hunnischen Stämme im Vorfeld (Jord. Get. 90; Priscus fr. 1) um diese Zeit auf seine Seite gezogen haben.

120 CTh 9, 40, 24. Unklar ist die Rolle des Bischofs vom Chersones. Zum Ausfuhrverbot auch CTh 7, 16, 3 (a. 420), zur oströmischen Flottenbasis CTh 7, 17, 1 (a. 412), zur Praxis solcher Verbote s. etwa CJ 4, 41, 1 (a. 373).

121 Olympiod. fr. 27; Socr. 7, 18−21, zur Vorbereitung s. CJ 8, 10, 10 (a. 420); Theodoret 5, 36; Theophan. 590; 5918, dazu Holum passim; Altheim,

Hunnen V 271; Thompson 1948, 55. Beginnt der Perserkrieg bereits 421, so bedeutet der hunnische Angriff ein Nachstoßen wohl erst auf entsprechende Informationen hin, kam im Grunde aber zu spät.

122 Marc. Com. ad 422. Nach CTh 7, 8, 13 (März 422) müßten noch vor Kriegsende im Osten Verbände in Constantinopel bereit gestanden haben (.. *milites ex procinctu redeuntes* ..). Es könnte sich um eine vorausplanende Anordnung handeln.

123 S. dazu Priscus fr. 1. Ein Zeitpunkt für den Beginn der Zahlungen ist nicht überliefert.

124 PLRE s. v., vgl. Stein I 289 ff.; Schwarcz 1992, 56

125 Jord. Get. 114; 254, vgl. Hauptmann S. 116. Zu Theophan. 5931 s. auch Nik. Kall. 14, 5, der von ihm abhängt.

126 PLRE s.v., dazu Philostorg. 12,14; Greg. T. 2, 8. Zur Zahl s. Prosper ad 425; Chron. Gall. ad 425, dazu auch Joh. Eph. 3, 6, 13. Sie wird topisch sein.

127 Marc. Com. ad 425. Zur weiteren Karriere s. PLRE s.v.

128 S. dazu Ps. Augustin. App. (Briefwechsel mit Bonifatius, PL 33, 1095).

129 S. dazu die Kartenbeilage bei Bona 1991, vgl. auch Jettmar 1951/2, 172 als Hinweis auf Parallelen zu Noin Ula, vgl. auch MH S. 327. Allgemein Godlowski S. 156 ff.

130 Jord. Get. 166 .. *Nam duodecimo anno Valiae quando et Hunni post quinquaginta annorum invasam Pannoniam a Romanis et Gothis expulsi sund* ..; Marc. Com. ad. 425 .. *Pannoniae, quae per L annos ab Hunnis retinebantur, a Romanis receptae sunt.*.

131 Die Ansichten unterscheiden sich: Mommsen: Pannonia I, Valeria; Bona S. 50 : Pannonia II; Altheim, Hunnen V 188: Pannonia II (zu Ostrom); Schreiber S. 140: Savia. Wichtig freilich scheint das .. *Pannoniae* .. des Marcellinus Comes. Eine vertragliche Lösung ist zweifelhaft, vgl. Enßlin 1927, 846.

132 Socr. 7, 30, dazu MH S. 88, vgl. Schreiber S. 161. Die Entfernung läßt eine Analogie zu den Funden in Polen und Schlesien vermuten. Für Socrates freilich sind Bekehrung zum Christentum und der Sieg der 3000 Burgunder über 10 000 Hunnen wichtig.

133 Zum Topos der Gluttonie als Kennzeichen östlicher Völker s. die Legende des hl. Goar, vgl. Bachrach S. 36

134 S. PLRE s. v., dazu immer noch J. M. de Lepper, De rebus gestis Bonfiatii, Tilburg 1941 passim.

135 Prosper ad 432; Chron. Gall. ad 433. Zu den Territorien s. Menghin 1987, 20, vgl. Thompson 1948, 67. Zur Zession s. Chrysos 1992; 1993, vgl. dazu in anderem Zusammenhang Priscus fr. 2., vgl. auch Jos. Styl. (p. 84 ed. Wright) .. he allowed the Persians to take possession of Nisibis.. Zur Abtretung von Sirmium an Ostrom s. Bona S. 50.

136 Priscus fr. 8, vgl. Alföldi 1924, 90. Ein auffallender Mangel an Funden braucht vorerst nichts zu sagen, vgl. Bona S. 264, Hambis S. 46. Zur Pannonia Mediterranea zuletzt Bona S. 48, vgl. MH S. 257. Zur Aussöhnung des Aetius vgl. Chron. Gal. ad 434 .. *in gratiam rediit*.., vgl. auch Zecchini, Aetio 158 ff.

137 Zur Ausdehnung bis in die Räume von Aachen und Tongern s. Wais S. 41, vgl. Altheim, Hunnen V 193; Weber S. 137. Zur Vernichtung s. Prosper Chron. Gall. ad 436; Hydatius ad 436; 437.

138 Sid. Ap. carm. 7, 230.

139 Jord. Rom 329 .. *datamque pro munere soceri sui totam Illyricum* .., vgl. Alföldi 1924, 93; Moczy 1974, 350. Zur Betonung der Kontinuität auch später s. Justinian Nov. 11, vgl. Cassiod. 11, 19,

140 Priscus fr. 8 (p. 35, 17 Bornm.). Zu der späteren Gesandtschaft s. Cassiod. 1, 4, 11

141 Die Latinität könnte dabei einen Ausschlag geben, doch setzen die späteren Heiratspläne auch Griechischkenntnisse des Sekretärs voraus. S. dazu PLRE s. v. Constantius nr. 6; 7, Allgemein Priscus fr. 7 8 (p. 33; 41 Bornm.).

142 Zu den fränkischen Problemen in der Sicht Salvians s. Fischer S. 202

143 Chron. Gall. ad 432; Socr. 7, 43

144 Priscus fr. 1, dazu PLRE s. v., vgl. Altheim, Hunnen V 273 zu Theodoret 5, 37, 4; Nike ph. Kall. 14, 4. S. auch MH S. 434 ff.; 438. Zu den hunnischen Stammesnamen vgl. Jord. Get. 126, vgl. Zeuß S. 706; Moravczik II s. v. Das .. *rapuerunt* .. der Stelle bedeutet demnach keine Unterwerfung auf Dauer. Unklar auch das .. *ripae insederunt* .. Zusammenfassend Croke 1977, 351 ff.

145 Priscus fr. 1, s. bes. Zuckerman 1994, 167. Anzunehmen ist, daß Plinthas Wert auf persönliche Verbinung mit den Nachfolgern Ruas legte, mit militärischen Fragen braucht dies nichts zu tun zu haben.

146 Den Vertrag in spätere Zeit zu datieren (Maenchen-Helfen, Bayless 1977) sehe ich keinen Grund: Ich halte ihn für den Beginn einer neuen Ära, auf dessen Demonstration die Nachfolge Ruas aus vielen Gründen Wert legten. Zur Höhe der vereinbarten Subventionen s. bes. Bussagli S. 85.

147 .. βασίλειοι Σκῦϑαι ..; zur Frage der Priscus fr. 5; 8. Zur nomadischen Praxis in Mittelasien s. bes. Pohl 1992, 179.

148 Priscus fr. 1 (p. 10 Bornm.), vgl. Thompson 1948, 74. Zu .. ἔϑνει δὲ βαρβάρῳ μὴ συμμαχεῖν ῾Ρωμαίους πρὸς Οὔννους αἱρουμένους πόλεμον, τοὺς αὐτοὺς φίλους καὶ ἐχϑροὺς ἔχειν .. vgl. H. Bengtson, die Verträge der griechisch-römischen Welt II, München 1972, Ind. s. v.

149 Zu Bleda s. PLRE

150 Maenchen-Helfen nimmt Sold von Reisläufern im römischen Dienst an. Nicht zu übersehen indes ist das hunnische Interesse an Märkten und Handelsmöglichkeiten, das zu den Funden besser paßte.

151 Priscus fr. 3 .. οὐδε αὐτὸν ἔτι ἐϑέλοντα .. ἐφέξειν πλῆϑος .. wohl auf die Verhandlungen vor dem Kriegsbeginn 441 zu beziehen. Es wird um die Zahlung von φόρος gehen. Zur hunnischen Alternative s. H. Wolfram, Das Reich und die Germanen, Berlin 1990, 183 ff.

152 Nov. Val. 10 (24. 6. 440). Zur byzantinischen Stärke (1100 Schiffe) s. Theophan. 5942; Prosper ad 441, vgl. bes. Thompson 1950, 60. Sie ist indes vielleicht Topos analog zu den Ereignissen 468. Zu Geiserich s. Clover 1966, 65 ff.; 81. Nachrichten über oströmische Anwesenheit auf Sizilien 441 las-

sen Ankunft bereits 440 vermuten. An dauernder vandalischer Präsenz auf Sizilien oder vandalischer Besetzung der ganzen Insel zweifle ich, was Raids gegen Italien und Sardinien nicht auszuschließen braucht.

153 Vgl. MH S. 103 ff.; Clover S. 87

154 Mos. Chor. 3, 67; Marc. Com. ad 441; Theodoret 5, 37, 5 ff.; Prok. Pers. 1, 2, 5. Eine Christenverfolgung unter Jezdegerd II. wird Folge, nicht Anlaß sein, vgl. Croke 1981, bes. 101; MH S. 108 f. Der Krieg begann wohl 441 (vgl. Nov. Theod. 5, 1), war aber noch im gleichen Jahre beendet. Zu Anatolios s. PLRE s. v.

155 Theophan. 5949; Marc. Com. ad 441. Zu Cyrus und Aspar s. PLRE s. v., zur Mauer bes. Janin, bes. 266 ff.; G. Dagron, Naissance d'une capitale, Paris passim (s. v. Kyros).

156 Zu den Verhandlungen s. Priscus fr. 2; 3. Sie müssen sich eine Zeitlang hingezogen haben. Joh. v. Nikiu 84, 49 erwähnt eine Hungersnot: Sie könnte für die Hunnen der Anlaß zum Krieg gewesen sein.

157 Joh. Ant. fr. 206.; Prosper ad 441. S. bes. MH S. 108 ff.; 111; Bussagli S. 100; Zuckerman 1994, 166; Zecchini, Aetio 177; Pohl 1992, 179. Marcellinus Comes faßt die Ereignisse der Kriege 441 und 447 zusammen. Ein Beginn der Kämpfe ist 441 anzunehmen, an einem Waffenstillstand gegen Ende des Jahres mochte beiden Seiten liegen. Ein Neubeginn der Kämpfe Ende 442 scheint zweifelhaft. S. auch Chron. Edess. CSCO Syr. III 4, 7; Leo ep. 7, der 444 ein Ende aller Not sieht. Nach Zachar. Rhet. 1, 2 wurde Johannes im Auftrag des Areobindus getötet.

158 Zur Rolle des Nomus s. Croke 1981, dazu PLRE s.v. Vgl. auch Thompson 1948, 80.

159 Bona S. 56 zu Priscus fr. 3. Zu Sirmium und Viminacium s. Nov. Just. 11, 1 allgemein Mocsy 1974, 349.

160 Priscus fr. 8; 11 (p. 46, 11 Bornm.)

161 Prosper ad 442; Theophan. 5942 (freilich zu 447); Marc. Com. ad 441

162 Nov. Theod. 23–25 (a. 443), vgl. Thompson 1948, 28; MH S. 114 ff. S. dazu auch die Steuererleichterung Nov. Theod. 26, 1, vgl. Bona S. 81. Der Kaiser hatte sich wohl Anfang 443 auf eine Kleinasienreise begeben und kehrte um den 27. August wieder zurück, vgl. Nov. Theod. 23, 1; Malalas 365 Bonn, Marc. Com. ad 443, dazu Bussagli S. 108; MH S. 115; Seeck Reg. S. 373.

163 Thompson 1958, 219

164 Zum Schatz von Szikancz s. Bona S. 64; K. Biro Sei in: Caen 43 ff.; Flagellum 110 ff. Die jüngsten der Goldmünzen stammen von 443

165 Zu Nov. Val. 15 s MH S. 103.

166 Priscus fr. 37, zusammenfassend zum Akatzirenproblem MH S. 427 ff. Zur Sekundogenitur des Ellac (Priscus fr. 8) s. PLRE s. v.

167 S. Chron. Gall. ad 446; Prosper ad 444; Marc. Com. ad 445; Jord. Get. 181; Theophan. 5942, dazu Thompson 1948, 88; Wolfram b. BB 40. Zu Attila als Herrscher über die östliche Hälfte s. Priscus fr. 4.

168 Gewaltsame Unterordnung der neuen Untertanen deutet Prosper an (ad 444 .. *eiusque populos sibi parere compellit* ..), zum Schatz von Szikancz in diesem Zusammenhang (Anm. 164) s. Bierbrauer 1988, 667; Bona zeichnet

das Bild eines großangelegten, mit germanischer Hilfe durchgeführten Putsches. Die vermutete Verschiebung germanischer Verbündeter nach Westen könnte mit dem Ereignis zu tun haben, es handelte sich um eine geplante gezielte Landnahme, vgl. auch Bierbrauer 1994, 135. Einschlägige Funde (S. 137) freilich erlauben eine ethnische Zuweisung nicht.

169 Thompson 1948, 84.

170 Priscus fr. 4

171 Bachrach a. a. O., Hambis S. 51

172 Zu carm. 1; paneg. 2, 1 s. Clover, Merobaudes S. 74.

173 Marc. Com. ad 447; Nikeph. Kall. 14, 46 (6 Monate Zeit zum Neuaufbau), vgl. Croke 1983, 302; Janin a. a. O. Eingestürzt waren von 92 Türmen 52.

174 S. dazu Bona bes. 163 ff.; 190; Bierbrauer 1988, 673, vgl. auch Schmauder passim, Tejral 1997, 335 ff.; 342; 1988, 223; zuletzt Anke passim, bes. S. 60. Für das südliche Pannonien war Pecs zweifellos ein Zentrum. Zum Vordringen auch nach Slovenien s. T. Knific in : Flagellum 110 ff.

175 MH S. 157 ff.

176 Eindrucksvoll Lindner passim.

177 Zu den Verbündeten s. Jord. Rom 331, vgl. Thompson 1948, 91; MH S. 118; 447. Bezeichnend ist die den Skiren überlassene Plünderung von Noviodunum (Thompson 1948, 218) wohl erst 447.

178 Theophan. 5942; vgl. Landulf 14, 2. Zu den 70 Städten als Topos (Chron. Gall. ad 447, anders Kallinik. 138 .. πλείους ἑκατὸν .). S. auch Chang kien bei F. Hirth, JAOS 1909, 35. Zu Isidor v. Antiochien s. MH S. 122. Zu den Naturbedingungen in Thrakien s. Beschevliev S. 2 ff. Zum Vormarsch wurde demnach wohl das Straßennetz bevorzugt, was auf die Verwendung von Troß und Fußvolk schließen läßt. Zu Funden auch im Donaukanal von Iatrus s. Anke S. 61

179 Vgl. auch Bona S. 71

180 S. dazu Priscus fr. 5; Thompson 1948, 80; Bussagli S. 102. Das Ende der Affäre ist nicht überliefert.

181 Priscus fr. 8 berichtet von 19 Ausgelieferten, wieviele 447−449 diesen Weg bereits gegangen waren, ist nicht zu erkennen, fr. 5 ist als Hinweis sehr vage. Zur hunnischen Friedensinitiative s. Schwarcz 1992, 151, zu den Zahlungen Theophan. 5942. Sie würden 447 eine oströmische Konzession bedeuten, auf die man sich bewußt einließ. Eine hunnische Überlegenheit auch bereits 443 vermag ich nach Rückkehr der oströmischen Armeen nicht zu erkennen.

182 Die Erhöhung der Subvention um das Dreifache erklärt sich aus der Erkenntnis von ihrer Notwendigkeit. Für die oströmische Staatswirtschaft war sie zu verkraften.

183 Chron. Gall. ad 447 rügt deutlich das Ausbleiben westlicher Hilfe. Ich gehe davon aus, daß von oströmischer Seite solche als unnötig abgelehnt worden war, und halte für möglich, daß die Mission Carpilios (Cassiod. 1, 1, 12, vgl. Thompson 1948, 129) hierher gehört. Eine Abtretung der Provinz Savia an die Hunnen zu diesem Zeitpunkt (Bona S. 81) ist nicht zu begründen.

184 Priscus fr. 7, dazu Byz. Zeitschr. 60, 1967, 41 ff.; dagegen MH, dies. Zeitschr. 61, 1968, 270 ff.; Varady 1969, 459 ff.; vgl. auch Alföldi 1924, 64. Die Priscusstelle läßt eine nachträgliche Forderung (.. αὖϑις ..) vermuten.

185 PLRE s. v. Constantius nr. 6 und zu den anderen Namen. Das Anliegen des Romulus ist nicht bekannt, für möglich halte ich Verhandlungen immer noch wegen der in Rom an Silvanus verkauften Beute: Daß Attila aus ihr wirklich einen Kriegsgrund konstruierte, glaube ich nicht.

186 Priscus fr. 8. Unklar ist der Zeitpunkt der Verleihung des Titels, es müßte dies nach dem Tod Bledas gewesen sein.

187 PLRE s. v. Pulcheria, Chrysaphios, Eudocia 2

188 PLRE s. v. Fl. Zenon 6. Die Stärke Zenons beruht zweifellos auf einer starken isaurischen Klientel. Die Verdienste bei der Verteidigung Constantinopels 447 (Priscus fr. 8; 63, 18 Bornm.) müssen die Voraussetzung seiner Rolle als Wortführer der Rigorosen gewesen sein, vgl. Thompson 1946, 18 ff.

189 PLRE s. v. Identität mit dem Skirenhäuptling und Vater des Odoakar ist fraglich, für die Herkunft des Namens gibt es nur Spekulationen: Verschreibung oder bewußte Verwischung ist anzunehmen, allgemein dazu Moravczik II s. v., mit Recht auch MH S. 377; 388. Zu den Ereignissen s. Priscus fr. 7; 8.

190 Priscus fr. 12. Zur Gleichgültigkeit Attilas des weiteren s. auch Thompson 1948, 61.

191 Dies gilt selbst vielleicht für die Witwe Bledas, Priscus fr. 8 (40, 17 Bornm.)

192 Priscus fr. 8 (54, 10 Bornm.)

193 Zu Jord. Get. 183; Priscus fr. 8 s. bes. Bona S. 71. Zum skythischen Vorbild s. Herodot 4, 62: Die Genese der Verwendung bei den Hunnen ist nicht bekannt, Spekulationen mit einer speziell alanischen Wurzel helfen nicht weiter.

194 Zum Rang des Maximinus s. PLRE s. v., vgl. Priscus fr. 8 (57, 13 Bornm.) Fl. Senator (Priscus fr. 4) war immerhin ein ehemaliger Consul, s. dazu PLRE s. v. 4.

195 Priscus fr. 8 (52, 1 Bornm.), zur Begegnung mit dem ehemaligen Gefangenen (46, 1 ff. Bornm.) s. bes. Blockley 1981, 55 ff.

196 Priscus fr. 8 (43, 20 Bornm.). Das Bild des angetroffenen entwurzelten Gefangenen ist nicht neu, vgl. etwa Amm. 24, 1, 10. Zur Residenz als Zentrum s. Jettmar 1983, 39.

197 Priscus fr. 13; 14, vgl. Joh. Antioch fr. 198; 199. Daß Attila ernsthaft die Auslieferung des Chrysaphius wünschte, ist schwer zu glauben.

198 Priscus fr. 5; Joh. Antioch. fr. 194. Zusammenfassend Thompson 1948, 191; MH S. 182, vgl. auch Bierbrauer 1994, 36. Die merkwürdige Nachricht bei Joh. Lydos Mag. 3, 43 über bereitstehende Geldmengen ist als hypothetisch zu denken. Die Erklärung der Barbarenpolitik mit der Mentalität des Kaisers (Joh. Antioch. a.a. O.) gehört hierher als natürliche Simplifikation.

199 Priscus fr. 8 (65, 23 Bornm.). Zu Aspar, Areobindus und Marcian s. PLRE s. v.

200 S. Theod. Lect. fr. 353; Theophan. 5943; Marc. Com. ad 450; Prosper ad 450; Cons. It. ad 450; Malalas 368 Bonn; Leo ep. 53. Allgemein dazu Bleeker 1980, 26 ff.

201 Zur allgemeinen Mißliebigkeit s. bes. Priscus fr. 13

202 Priscus fr. 15

203 Weiterer Zustrom aus dem Osten blieb aus oder aber wurde verhindert. Offensichtlich errichtete Attila mit der Vereinnahmung der Akatziren eine Sperre zur Sicherung: Akatziren werden bezeichnenderweise bei den Zügen nach Westen nicht erwähnt; Flors Deutung (S. 156) als finno-ugrischer Stamm legt eine weitere gesuchte Distanz zum Umfeld nahe. Zu Priscus fr. 8 s. Thompson 1948, 56; 82; Mohay 1979, 129, zusammenfassend MH 427 ff.

204 Priscus fr. 5, allgemein zur Diplomatie s. auch Jord. Get. 184 ff. Dazu kommen Drohungen Marcians, man sei in der Lage, den Hunnen in gleicher Stärke entgegenzutreten.

205 Chron. Gall. ad 452; dazu PLRE s. v. Zu den Bagaudenaufständen zusammenfassend J. F. Drinkwater b. Drinkwater-Elton 208 ff.: Die Flucht des Eudoxius erscheint damit als ein Ende nach der Bereinigung der Verhältnisse durch Aetius.

206 Die Silvanusaffäre müßte eine Zeitlang zurückliegen, der zweite Constantius scheint bereits 449 fest etabliert. Die Gesandten, die Priscus antraf, könnten indes damit noch zu tun haben.

207 S. bes. Jord. Get. 194 f. Das .. Γιξερίχου χάριν .. Priscus fr. 15 drückt lediglich eine Absicht aus, die ebenfalls trog. Vgl. Clover 1966, 114.

208 S. dzu MH S. 130; 457.

209 Material PLRE s. v. Honoria; Herculanus. Vgl. auch Priscus fr. 15–16; Jord. Get. 223 ff.; Rom. 328 f.; Joh. Antioch. fr. 199; Theophan. 5943; Marc. Com. ad 434; Chron. Gall. ad 451.

210 S. Thompson 1948, 132, der eine heimliche Ehe der „lüderlichen Prinzessin" (Mommsen, Ges. Schr. 6, 541) vermutet. Hohlfelder S. 55 nimmt die Absicht an, den Geliebten zum Kaiser zu machen. Nach Zecchini in: Flagellum 97 ff. geht der Heiratsplan auf eine Intrige Galla Placidias zurück, die sich, unterstützt durch Theodosius, gegen Aetius richtet.

211 S. dazu bes. Bury 1919, 6 (Aufenthalt 343–449 in Byzanz)

212 CIL X 276; 226 (ILS 817; 818), Cohen VIII 219 f., vgl. auch Merobaud. carm. 1, 19, dazu Clover 1971, 22.

213 .. Δακτύλιον .. Priscus fr. 16. Joh. Antiochenus und Priscus gehen von der Aufforderung Honorias an Attila erst nach der Eheschließung aus. Mit dem Hinweis auf den Ring wartete Attila demnach als letztem Trumpf offensichtlich bis zuletzt. Unklar ist auch der Zeitpunkt des Verfahrens gegen Hyakinthos. Zur nomadischen Heiratspraxis s. bes. Pohl 1992, 180, ich gehe davon aus, daß Attila sich allen Ernstes durch die Heirat eine Verbesserung des Verhältnisses zu Westrom versprach.

214 Nach Rom wurden von Attila mindestens 3 Aufforderungen geschickt: Priscus fr. 15 (bereits als zweite); fr. 16. Früh begonnen haben müßte auch das Bemühen des Aetius um die Hilfe der Gallier (.. astu Aetii .. Prosp. Havn. ad 451).

215 Jord. Get. 224. Demnach müßte für Rom die Frage im Herbst 450 als erledigt gegolten haben. Eine letzte Forderung ähnlich der von 452 widerspricht dem nicht.

216 Jord. Get. 184 ff., vgl. Prosper ad 451. Eine spontane Entscheidung der Westgoten wie Jordanes sie beschreibt, ist dennoch zu bezweifeln.

217 Sid. Ap. carm. 7, 319 ff. Ein historischer Kern des mythifizierenden Namensdurcheinanders ist unverkennbar, zu entsprechender Freigiebigkeit des Dichters s. auch 5, 470 ff. Auf eine frühe Planung Attilas wiederum wiese die Erzählung vom Schwert des Kriegsgottes Prisc. fr. 8 (56, 22 Bornm.) hin.

218 S. bes. Joh. Antioch. fr. 199; Priscus f. 16

219 S. dazu Fredegar 3, 11; Dahn, Könige VII 1, 1894, 48; Bona S. 127 ff. Das ..πρὸς τοὺς φράγγους πόλεμον .. Priscus fr. 16 wird Vereinfachung sein.

220 S. dazu Jord. Get. 194 f.; Bachrach S. 93, zu Sangiban S. 65. Zum alanischen Abfall kam es nicht.

221 MGH Scr. Rer. Meroving. III (Vita Servatii; Aniani; Lupi; Genovevae; Memorii) s. bes. Demougeot 1958, 27.

222 Hambis S. 72; Thompson 1948, 143; MH S. 131 f.; vgl. auch Mansi VI 557 A; 560 E. In Chalcedon nahmen Bischöfe aus den Provinzen Thracia III, Rhodope, Haemimontus und Illyricum teil (ACO II II, 2, 66).

223 Anders Bona in: Severin 1982, der hunnische Hilfeleistung annimmt. Vgl. dazu B. Grousset, Histore de l'Armenié, Paris 1973, 199 zu Elisaeus Vardapet und Lazarus v. Phar bi. Vgl. auch Stefan v. Taron (ed. Gelzer-Burckhardt 1902) S. 55. Ein Vertrag Vardans vielleicht mit nahe lebenden Hunnen bezog sich kaum auf Untertanen Attilas.

224 Die von Priscus geschilderten Zweifel Attilas, gegen wen er sich zuerst wenden solle, sind dichterische Ausmalung. Zum Aufbruch s. Bona S. 94 ff.; 130 ff.

225 Zur Stärke s. Jord. Get. 182; zur Kampfkraft 180, vgl. dazu MH S. 143; Varady 1969, 503.

226 S. bes. Bona S. 97 ff.

227 Dies wohl als Demonstration auch gegenüber den Franken. Zur Eroberung Triers s. bes. Ewig II 39 f.; vgl Hambis S. 84 ff.; Loyen S. 51. S. bes. Jord. Get. 190; Hydat. ad 451; Greg. T. 2, 5 ff.

228 S. Vita An. 10; vgl. Vita Servat. 1, 2

229 Lex. Burgund. 17, 1, vgl. auch Schmidt. Ostgermanen 139. An einer Unterwerfung der rechtsrheinischen burgundischen Reste ist nicht zu zweifeln. Sie könnte in die vorausgehenden Jahre fallen.

230 Vita An. 7, vgl. Loyen 1963, 14. Zu Anianus auch Sid. Ap. 2, 15; Greg. T. 2, 7. Agrippinus als Magister Militum für Gallien hatte zweifellos die gesamte Verteidigung Galliens zu leiten, eine Teilnahme am Kampf um Orleans wird nicht erwähnt (s. PLRE s. v.)

231 Vita Genov. 12; 34. Zu Lupus s. die Vita passim. An einem guten Willen Attilas, die künftigen Untertanen nicht übermäßig zu terrorisieren, ist kaum zu zweifeln, vgl. etwa Vita Lupi 5 (.. *simulatae pacis arte* ..), allzu

streng vielleicht Demougeot a. a. O. Exzesse wie in Reims (zu Nicasius s. MGH SS 13, 417 ff.), waren eher Zeichen von mangelnder Kontrolle.

232 Die Aufforderung Marcians zur Synode erging im November 450 (s. Leo ep. 76, vgl. auch ep 39; vom 24. 6. 451). Deutlich wird, daß der Papst über die sich abzeichnende kriegerische Entwicklung einigermaßen orientiert war. Vgl. dazu MH S. 130; (die zeitliche Einordnung ist unklar, das Martyrium ließe sich gut auf 406 beziehen), mit der Verwunderung, daß Attila nicht gleich nach Italien zog: Zu erklären ist dies damit, daß die Heirat der Prinzessin nur ein Teil seines Planes war, jedoch die Gewinnung Galliens Priorität besaß.

233 S. auch die Kritik bei Gregor v. Tours, vgl. Sid. Ap. 7, 329 .. *rarum sine milite robur* .., vgl. auch Jord. Get. 215; Prosper ad 451 ..*raptim congregatis undique militibus*.. Zu den Ereignissen 447 s. o., s. auch Jord. Get. 184; 224. Bereits 440 war nach Nov. Val. 9 die Bevölkerung der westlichen Imperiumshälfte zur eigenen Sicherheit auf Selbsthilfe verwiesen worden, vgl. auch Stein I 325. Zu den Hilfstruppen des Aetius kommen auch bisherige Gegner (Luticani MGH SS VI, 126, vielleicht Kontingent aus Paris).

234 Greg. T. 2, 7; Jord. Get. 194; Vita An. 8; Sid. Ap. ep 1, 12, 3; 8, 15 (.. *irruptio nec direptio* ..), vgl. dazu auch Bona S. 246, allgemein dazu Zecchini, Aetio 267. Entsatz von anderer Seite wird nicht überliefert, vgl. Banniard S. 16.

235 Einen Überblick gibt Schreiber S. 222 ff. Betroffen waren von der Überlieferung nach Metz (Greg. T. Mir. mort. 3) Reims, Chalons, Troyes, St. Mesmin (Brolium).

236 Zur Lokalisierung s. Demougeot 1958, 34 ff.; vgl. auch Schreiber S. 240 ff.

237 Jord. Get. 197 ff. Altheim, Hunnen V 324 nimmt die Schlacht von Salamis als Stilmuster an. Allgemein auch R. Klein, Röm. Quart. Schr. 83, 1988, 105.

238 Vgl. Jord. Get. 199; 209 ist moralische Qualifizierung, aber wohl nicht Kritik. Zur Schlacht zwischen Franken und Gepiden s. 217. Die Verlustzahlen (165 000) entsprechen der fiktiven Stärkeangabe, vgl. Schreiber S. 243. Eine heroisierende Legendenbildung setzte zweifellos früh ein, vgl. bereits Damascius Vita. Isid. fr. 63. ed. Zintzen (Phot. cod. 181, 126 b 40) zum Geisterkampf der Toten, dieser allerdings auf eine Schlacht vor Rom bezogen. Zum hunnischen Fürstengrab von Pouan b. Troyes s. Bona S. 195. Es könnte sich gut um einen vor der Schlacht Gestorbenen handeln, Zeit für Begräbnisfeierlichkeiten war vorhanden.

239 Hambis S. 90, zur Rolle des Aetius s. Hydat. ad 451; Prosper ad 451 .. *Aetii providentia* .. Sie gerät früh auch in den Bereich mythisierender Erzählung vgl. Nik. Kall. 15, 57

240 Jord. Get. 202, zur Heftigkeit des Kampfes 208, zum Tode Theoderichs 209 ff., vgl. auch PLRE s. v. Theodericus 2

241 Prosper .. *amissa fiducia* .., zur Lokalisierung des Lagers bei St. Menehoult s. Schreiber a. a. O., der nachweisbare Umfang läßt auf eine Vorbereitung des Schlachtfeldes schließen, die einige Zeit in Anspruch nahm.

242 Vita Lupi passim; Isid. Hist. Got. 41; Chron. Caesaraug. ad 450.

243 So Jordanes und die meisten westeuropäischen Chroniken, dazu bes. Cassiod. Chron. ad 451. Zu Thorismud s. Jord. Get. 215; Greg. T. 2, 7. Die

Zurücksendung auch der Franken begründet Gregor mit der Absicht des Aetius, die Beute zu behalten. Zu Aetius s. auch Stroheker S. 50.

244 Jordanes; Gregor von Tours.

245 Zur Beuteverteilung s. Bona S. 103. Anzunehmen ist eine große Zahl Gefangener und möglicherweise auch Befreiter. Zum Auftreten des Apollonios wohl als Folge der hunnischen Niederlage s. Priscus fr. 15; 18: Anhaltspunkte für eine zeitliche Festlegung gibt es nicht. Allgemein s. auch Bona S. 98; Bierbrauer 1994, 175. Zu den Operationen Marcians s. Theod. Lect. fr. 360.

246 S. bes MH S. 159 zu ACO II V 24.

247 Selbst Jordanes läßt Attila von Gallien direkt nach Italien vorstoßen.

248 Zu einer allgemeinen Flucht s. Maxim. Taur. Hom 86–92 (PL 57, 450 ff.), Zecchini, Aetio 103; M. Calzolari in: Flagellum 118 ff.; F. Bertini das. 232 f.; vgl. Pohl 1992, der besondere Beleidigung Attilas durch das Consulat des Herculanus vermutet. Zur Nachlässigkeit des Aetius s. Hydat. ad 452, vgl. Prosper ad 452, dazu Vict. Tonn. ad 449.

249 S. dazu Prosper Havn. ad 452; Paul. Diac. Rom. 14, 9. Zum Itinerar s. Calzolari a. a. O. Die italienische Selbstdeutung weitet den Zug Attilas aus, s. dazu Cordt passim: Den Po indes überquerte Attila nicht. Zur fiktiven Einnahme von Florenz s. auch AASS 4. Aug. 539 ff. Zur Bedeutung Aquilejas s. Jord. Get. 220, dazu MH S. 134, Ruggini passim. Zum archäologischen Fundbestand zuletzt Scarel passim, bes. S. 39 ff. (versch. Autoren), dazu auch Flagellum 154 ff. Zehnjährige Belagerung (Paul. Diac. Rom. 14, 9) wird Verwechslung sein.

250 Jord. Get. 220 ff. (nach Priscus); Prok. Vand. 1, 4, 30; Cassiod. Chron. ad 452; Greg. T. 2, 7; Chron. Gall. ad 452; Marc. Com. ad 452, dazu Thompson 1948, 144 ff.; MH S. 100 ff.; 139 ff.; Wolfram b. BB 16; Daffiná in: Flagellum 16; Schreiber S. 293: Zur Zerstörung auch von Emona (Laibach) s., Anke S. 66.

251 Suda s. v. Μεδιολανόν; κόρυκος, s. dazu MH S. 138. In Mailand wurde der Dom zerstört (Max. Taur. Hom. 92)

252 Hyd. a. 452 Hunni, qui Italiam praedabantur aliquantis etiam civitatibus inruptis divinitus partim fame partim morbo quodam plagis caelestibus feriuntur .. Missis etiam per sedibus suis et caelestibus plagis et per Marcianum subiguntur exercitum et ita subacti pace facta cum Romanis proprias universi repetunt sedes, ad quas rex eorum Attila mox reversus interiit.. Die Stelle scheint ein Durcheinander auch in ihren Wiederholungen, Isid. Hist. Got. 27 vereinfacht. Auxilia und exercitus sind variatio, sicher nicht korrekte Terminologie. Nach Maenchen-Helfen handelt es sich um einen zwischen Byzanz und Aetius ausgearbeiteten Plan der Doppelstrategie, indes finden sich sonst Nachrichten über militärische Aktivität des Aetius in Italien nicht. Anders Zecchini in: Flagellum 106. Zu dem Comes Aetius s. PLRE s. v. nr. 8. Valentinian befand sich am 29. 6. in Rom.

253 Thompson 1950, 70

254 Zu Hunger und Seuchen s. o. Anm. 252. der Vergleich mit Alarich (vgl. Zecchini a. a. O. 107) könnte auf Attila selbst zurückgehen. Zu den Gesandten s. PLRE s. v. , Bussagli S. 171. Die Absichten des Papstes bezie-

hen sich zweifellos auf den Loskauf von Gefangenen, zu Leo ep. 166 s.
MH S. 142

255 S. etwa Mansi VII 363. Zur Desinformation Leos s. ep. 54 (22. 5. 452); ep.
114, vgl. auch ep. 115; 106; 107. Die Bemühungen um die Verhältnisse im
Osten, turbulent genug, sind verhalten formuliert, bedeuten aber ein
Suchen nach den alten Positionen. S. dazu bes. Grillmeier-Bacht II (L.
Hofmann, Th. O. Martin, E. Herrmann).

256 S. dazu bes. MH S. 131, dazu zuletzt Heinzelmann S. 73 ff., vgl. ders. b.
Drinkwater-Elton 237 ff. Hilarius war 449 gestorben, hier geht es um
die Aufarbeitung der Folgen.

257 Leo ep. 159, zu Attilas Reaktion s. bes. Vict. Tonn. ad 449; Prosper ad 452.
Zur Wundererzählung, die bes. die Bildende Kunst beschäftigt (zu
Raphael s. bes. M. Rey-Delque in: Caen 161 f.), vgl. Paul. Diac. Rom. 14,
12; u. a. auch mittelalterliche Chroniken (s. etwa Chron. Wirzb. MGH
SS 6, 126).

258 So plausibel Seeck VI 313 (nach Maxim. Taur. Hom. PL 57, 477 a – 478 a).
Zum Alanenkrieg des Thorismud s. Prosp. Havn. ad 453; Greg T. 2, 7,
vgl. auch Jord. Get. 227. Für Thorismuds Verhältnis zu Rom bezeichnend
sind seine Operationen auch gegen Arles im gleichen Jahr. Allgemein
Zecchini in: Flagellum 98 ff.

259 Jord. Get., 225, vgl. Priscus fr. 19

260 Jord. Get. 254; Marc. Com. ad 453, vgl. T. Paroli in: Settim. 581. Eine
Hunnin nimmt Moravczik, Studia 68 an.

261 Zur *strava* als Terminus für die Leichenfeier s. bereits Jak. Grimm, Kl.
Schr. III, Berlin 1961, 135 ff.; Kritik an den Ableitungsversuchen bei MH
S. 174 ff.; 425 ff.; vgl. auch Thompson 1948 S. 148 ff.; Schramm 1976, 77 zu
Jord. Get. 257 ff. Zum Ritual auch Altheim Hunnen I 251; 1951, 148;
Bona S. 203 ff., vgl. Sinor b. BB 7; Moravczik, Studia 63. Zum vermute-
ten Grab Attilas wohl in der Gegend von Szeged vgl. Bierbrauer 1988,
668, zum Traum Marcians s. Jord. Get. 255; Oströmische Propaganda
liegt nahe. Allgemein auch Moravczik, Studia 13 ff.

262 S. dazu bes. Thierry Kap. II, vgl. auch Bescheliev S. 67 ff. Nachwirkungen
hatte zweifellos auch die oströmische Offensive 452. Zum Streit der
Söhne angesichts vielfach ungeklärter Verhältnisse s. Jord. Get. 229 ff.,
Für die Germanen und ihre Reaktion mochte das persönliche Verhältnis
zu Attila eine Rolle spielen, das zu erneuern sie sich weigerten. Zweifel
bei Hauptmann 1935, 221. S. bes. auch MH S. 146; Pohl b. Wolfram-
Daim 258. Eine klare Erkenntnis darüber, auf welcher Seite bei den folgenden Auseinandersetzungen die Goten standen, gibt es nicht, doch
sind auch Aktionen der Sieger gegen sie nicht bekannt.

263 Dies in einzelnen Gruppen und zweifellos nicht auf einen Schlag. S. dazu
bereits Zeuß S. 710. Altheim, Hunnen I 17; 1951, 134; MH S. 150; Pohl b.
Wolfram-Pohl 113; Bescheliev S. 67 ff.

264 Jord. Get. 264 ff.; Priscus fr. 28; 39, vgl. Altheim, Hunnen I 19; Schwarcz
1992, 34

265 Zu Marcellinus s. Priscus fr. 29, allgemein auch MacCartney 1933, 107. Zu
Tuldila (Sid. Ap. carm. 5, 475 ff.; 488) MH S. 162; 405

266 Bona a. a. O. Zur neuen Landnahme s. Jord. Get. 264 ff.; Priscus fr. 39;
Eugipp. 5, 1; Prok. Vand. 1, 2, 39. Menghin nimmt eine allgemeine Westbewegung an, vgl. dazu auch Alföldi 1924, 93; Altheim, Hunnen V
331 ff.; MH S. 144 ff.; Wolfram 1990, 259 ff.; Schwarcz a. a. O.; Pohl b.
Wolfram-Daim 269; Schmauder S. 23 ff.; zusammenfassend auch Sinor
1946/7, 1 ff. Zu den Skiren zwischen Donau und Theiß, vielleicht schon
vor 454, Kiss 1983 passim

267 PLRE s. v., vgl. Priscus fr. 39; Jord. Get. 268 ff.; dazu MacCartney S. 108;
Hambis S. 106; MH S. 152; 455; Varady 1969, 358; 507; Bona S. 209. Zu
Hunnen in der Koalition des Hunimund noch 469 s. Jord. Get. 275; hier-
her gehören die Sadagen die sich offenkundig der ostgotischen Herr-
schaft entzogen und danach in der Scythia Maior begegnen (Rom. 343).
Zu den Alanen s. PLRE s. v. Candac, vgl. Vernadsky 1952, 369 zu Jord.
Get. 265. Zu den thrakischen Goten s. Priscus fr. 35; PLRE s. v. Theodori-
cus Strabo; MH S. 149 ff.

268 Priscus fr. 42; Euagr. 2, 14; Marc. Com. ad 463, dazu Schwarcz 1992, 62. Zu
Mundo (Jord. Get. 301) s. PLRE s .v.

269 Zu den Versuchen, Gallien zu halten, dies auch durch die Usurpatoren, s.
Zos. 4, 37, 1, zur offiziellen Seite vgl. CTh 7, 13, 16 (a. 406) dazu Goffart
bei Chrysos-Schwarcz 88.

270 Vgl. Clover 1971, 22 ff.; 36

271 Zusammenfassend der Überblick bei Jones passim

272 Carm. 7, 590

273 S. dazu Holum S. 58, vgl. Zecchini, Aetio 125

274 Zecchini passim

275 S. ber. Thompson 1948, 195 f.; zu Nov. Val. 15, 1 – 2 s. de Martino S. 479,
zum Phänomen des *princeps clausus* Stroheker S. 44. Zur Rolle der Kirche
s. Ruggini S. 105. Dem entsprechen Klagen über Positionsverluste auch
Roms selbst, vgl. Salvian 4, 30; 5, 21, 37, Commodian v. 805. Allgemein
dazu Fischer S. 106 ff.

276 S. bes. Zecchini, Aetio 15; 106, Lütkenhaus passim

277 Courcelle S. 57, Ewig II 39, ders. in: Festschr. W. Schlesinger 1974, 67. Zum
merkwürdigen Verhalten der Bevölkerung Triers s. Salvian 6, 35, zur gallischen Aristokratie (Jullian VIII 146 .. tyrannie fonciere ..) s. Stroheker
passim

278 S. Fischer S. 34 zu Salvian 6, 18; 7, 39; vgl. Greg. T. 2, 6. S. auch de Martino
S. 488

279 S. Holum S. 151; MH 476; Elton b. Drinkwater – Elton 167

280 Zu Herodot 4, 1 s. MH S. 259. Zu Justin. 2, 2; 41, 3, s. zuletzt F. Winkel-
mann b. Chrysos-Schwarcz 232 ff. Zur barbarischen Treulosigkeit s.
Amm. 31, 2, 11. Sie gehört zur einschlägigen Topik. Die .. *feritas* .. (31, 2,
1) als Grundeigenschaft des Barbarischen hält sich zur Bezeichnung der
Hunnen in allen Quellen. Zum hunnischen Aussehen s. selbst Hieronym. Comm. Is. 3, 8.

281 Vgl. allgemein Jord. Get. 127; Claud. In Rufin. 1, 3; 23, dazu Sid. Ap.
carm. 2, 243; 7, 338 ff., vgl. dazu MH S. 361 ff.; 378.

282 Amm. 31, 2, 6; Justin 41, 3, 4, dazu bes. Sinor 1981, 139, Altheim, Hunnen I 112; V 28; MH S. 203 ff.; vgl. Kothe 1963, 12 zu Veget. 3, 6, 1

283 S. bes. G. Györffy in: Settim. 622, dazu Bona S. 37; MH S. 172 f. Zu Jagd, Pelzen, Fellen s. Priscus fr. 14, vgl. Daffiná in: Settim. 202 ff. Zum Verhältnis zum Tier s. King S. 80; MH S. 15. Dazu gehört das Pferd als Teil des Totenopfers (s. Bona S. 150, vgl. Jettmar 1964 zu Pazyryk) wie anderseits der Schmuck des reiterlichen Zubehörs (S. 100). Zur Ausgestaltung des Barbarenbildes mit entsprechenden Kriterien s. Amm. 31, 2, 3 (Weichreiten rohen Fleisches), Hieroym. Comm. Jes. 2, 7, vgl. MH S. 23 (vgl. 1955 passim); Pohl 1992, 165.

284 Amm. 31, 2, 17; Sid. Ap. carm. 2, 234. Zu entsprechenden Funden bereits in Pazyryk s. MH S. 215, vgl. Jettmar a. a. O., der den Prozeß der Entwicklung eines eurasischen Tierstils um die Hunnenzeit in Europa bereits für beendet hält (s. ber. 168 ff.)

285 Bussagli S. 76; Thompson 1948, 178, vgl. auch Harmatta 1952, bes. 284

286 S. dazu Thompson 1948, 168; Harmatta passim, Avenarius in: Settim. 148; MH S. 179 ff.; Pritsak 1954, 240; Bartha in: Settim. 164 Bona S. 144

287 S. R. Werner 1967, 519; Bona S. 167 ff.; Sinor 1981, 140, vgl. Thompson 1948, 198. zu Amm. 31, 2, 6; Zos. 4, 20, 2; MH S. 221 ff. zu Jord. Get. 225. Zum Kompositbogen s. J. Werner, Eurasia 1934 passim, Bona S. 165. Vgl. Anke S. 55 ff., mit Hinweis auf Anfänge im Neolithikum. Zum Panzerhemd s. MH S. 240 ff.; Bona S. 167. Die Kleidung ist den Lebensbedingungen angepaßt. Zur Filzherstellung in Mitelasien s. bes. McGovern S. 48 ff.

288 S. dazu bes. Harmatta 1952 passim; Laszlo 1951 passim

289 MH S. 200; Bona S. 15 zu Claud. In Rufin. 1, 329. Wichtig ist in der Taktik der terrorisierende Schock, vgl. Eunap fr. 42

290 5, 45, 6, allgemein dazu Thompson 1948, 46. Zu den Bundesgenossen und ihrer Koordination aus strategischen wie politischen Gründen s. Lindner S. 98; Thompson 1948, 92; MH S. 117.

291 Zu Chelchal s. PLRE s. v. Karriere und Funktion sind unbekannt.

292 MH S. 365 f.; Vernadsky 1952, 209; Jettmar 1951/2 passim; Bona S. 269; J. Werner 1956, 15 ff. Zu den Gepiden s. Pohl b. Wolfram-Daim 240, vgl. auch Schramm 1976, 84. Vorkommen selbst in der Normandie lassen die Mode vermuten, vgl. A. Alduc-le Bagousse, in: Caen. 109, zur Mode bei den Sarmaten bereits vor Auftreten der Hunnen s. Jettmar 1964, 55 ff.

293 Zu einer Definition der Fundarten zuletzt Schmauder S. 84 ff. (Grabopfer, Totenopfer, Depot- und Verwahrfund, Hortfund, Schatz). Totenopfer sind die Funde von Jedrychowice (Höckricht) und Jakusowice, was auf eine feste Ansiedlung schließen läßt. Allgemein S. Bona S. 77, 190; Bakay 1978, 167; Maczunska S. 87; Anke passim

294 Jord. Get. 262, vgl. dazu Jettmar, Abriß 159; J. Balacz in: Settim. 656; Altheim, Hunnen I 213; V 321; MH S. 268; Bussagli in: Settim. 744 f. Allgemein dazu auch: Schamanismus und andere Welten. Ausstellungskatalog des Wiener Museums f. Völkerkunde 1998 (zit. Kat.) behandelt freilich ist nur ein Teil der Exponate. Zu den mit dem Schamanismus verbundenen Rausch- und Entrückungszuständen s. bes. Bussagli S. 49, zu κέγχρος als Rauschmittel (Priscus fr. 8) s. Thompson 1948, 170, Roux 1938, 5. Zur

Zoomorphie in diesem Zusammenhang bes. Wiesner S. 86. Tierorakel, gesucht oder ungesucht, gehören hierher: Zur Schamanenrolle auch des Herrschers als deren Deuter s. Bussagli S. 166, der auf chinesische Wurzeln verweist, vgl. zur Diskussion um die Göttlichkeit des Herrschers (Priscus fr. 8) R. Werner 1967, 508. S. bes. auch Altheim 1951, 53; MH S. 287; Haussig S. 360.

295 Hieronym. ep 107, 2. Zu solchen Gedanken etwa auch Asterius v. Amaseia (Anm. 2) zu Joh. Chrysost. Hom. 8 und Contra Jud. (PG 63, 501; 48, 814) s. Chauvot S. 432.

296 Überblick einander ergänzend zuletzt bei Schmauder passim, Anke passim neben Bona 1991 passim, sämtlich mit Zurückhaltung vor allzu voreiliger ethnischer Zuweisung. Zum Wechsel im Zivilisationsbild im südöstlichen Europa mit Beginn der Völkerwanderung s. bes. Tejral 1988, bes. 343. Allgemein auch Harmatta 1952, 279; J. Werner 1956 passim. MH passim, zusammenfassend bes. auch Bierbrauer 1988, 660 ff.

297 S. dazu bes. MH Introduction XXIV ff., zur Zurückhaltung s. auch Bierbrauer 1988, 668

298 Bona S. 186 ff.; 232; 287. Zu Untersiebenbrunn in diesem Zusammenhang s. Bierbrauer b. Wolfram-Daim 191 ff. Zu den pontischen Wurzeln und deren Weiterentwicklung unter mittelasiat. Bedingungen s. Rostovtzeff 1931, 148. Zum Verhältnis von Gebrauch und Repräsentation s. MH S. 297 (zu Asterius v. Amaseia PG 40, 313): Der Palastbau gehört dazu, vgl. Bona S. 277, Haussig S. 134. Zu Genese und Vorformen des Tierstils s. Jettmar 1966, 8.

299 Zusammenfassender Überblick bei Schmauder bes. 33 ff.; vgl. Bona S. 227, vgl. auch J. Werner 1956, 86. Zur Pferdezucht s. bes. Sinor 1972, 178 ff. (vgl. Hieronym. ep. 40, 16; 77, 8)

300 Zum Schatz von Szikancz s. Bona S. 200, vgl. auch J. Werner 1956, 86

301 S. Bona S. 112; 134; Zu den Spiegeln bereits in Noin Ula S. 143, s. auch J. Werner 1956, 33; Altheim, Hunnen I 82; MH S. 337; Bona S. 136, zu den pontischen Beziehungen Rostovtzeff 1931, 178; Anke S. 30.

302 S. dazu immer noch den Versuch einer historischen Gliederung bei Rostovtzeff 1929 passim, dazu Altheim 1949, 83; Vernadsky 1950, 80 ff.; R. Werner 1967, 515 ff.; Bona S. 140, dazu bereits Rostovtzeff 1931, bes. 301 ff.; 554; 586; MH S. 170. Zusammenfassend Jettmar 1964. Zu den chinesischen Wurzeln s. bereits Tallgren 1932, 12. Zur schamanischen Wurzel s. Kat. 38. In diesem Zusammenhang von Totenkult wird der Zikadenschmuck gehören. Zu den iranischen Stoffmustern in den Gräbern von Pazyryk s. G. Stacul in: Flagellum 20 f.

303 S. dazu Bona S. 140 ff.; MH S. 324 ff. zu den Funden von Chalons und Münstermaifeld Bona S. 153; J. Werner 1956, 86. Zur Tiergestalt als Motiv und Muster s. Bona S. 270; MH S. 339, vgl. Katalog 62, zuletzt s. Anke S. 48

304 Altheim, Hunnen I 196; MH S. 321; Bona S. 192; 261; J. Werner 1956, 100. Zur mythischen Funktion der Schmiederolle s. auch Sinor in: Settim. 144. Zum Raub geeigneter Menschen als Praxis s. noch Eugipp. Vita Sev. 8, vgl. auch Vernadsky 1950, 38 ff.

305 Zusammenfassend Schmauder passim, bes. 60 ff., dazu Bona passim, bes. S. 148; 235 ff.; 284; Menghin S. 98; 76. Zum sassanidischen Einfluß s. J. Werner 1956, 62, dazu schon Eurasia 1932, 46, Zu Zeugnissen im Altai-gebirge s. bes Rudenko S. 7. Zu den Fibeln im einzelnen Bona S. 152. Material bes. aus Osteuropa aufgearbeitet in den Untersuchungen Bier-brauers.

306 So die angedeutete Abbildung auf einer Stele neben einem skythischen Kurgan, Exponat der Wiener Ausstellung (im Katalog nicht abgebildet). Ähnlich zum Totenkult werden die Zikadenfibeln gehören, deren Her-kunft in den Osten führt, vgl. Bierbrauer 1988, 670, s. auch S. Scarel b. Scarel 80 ff.; vgl. auch P. Tomka in: Flagellum 32, s. zuletzt Anke S. 31 ff.; Tejral 1988, 265

307 Zu den Funden in Niederösterreich s. bereits Kubitschek 1911 passim, vgl. auch Harmatta 1952; 290; Bierbrauer b. Wolfram-Daim 131 ff.; Pohl das. 246, allgemein Bona S. 152 ff.; 247 ff.; Menghin 1988, 224 ff.; Schmauder S. 46. Zum Vorfeld s. Bona S. 140; MH S. 327. Nicht zu erklären ist die ver-hältnismäßig geringe Menge an Fundmaterial in der h. Slowakei. Zur Leiche eines mongolischen Typs in einem Wiener Grabfeld s. J. Werner, 1932, 48, zu einer Parallele in der Slowakei Tejral 1988, 252, vgl. ders. b. Vallet-Kazanski 142 ff.

308 Zum Childerichgrab s. Bona S. 128 ff.; 231, vgl. Menghin S. 24 ff. Zu Fun-den hunnischer Herkunft in Deutschland und Frankreich Überblick in: Caen 55 ff. (versch. Autoren). Historische Zuweisung oder genaue chrono-logische Einordnung ist kaum möglich, s. dazu bes. S. Takáts 1955 passim.

309 Horedt b. Wolfram-Daim 118; Bierbrauer das. 158 ff.; Menghin bes. auch S. 297

310 Bona S. 159 ff.; 270, zuletzt Kiss 1994, 168, auch zur alanischen Verbindung. Für die Teppiche im Hause Krekas nimmt Bona iranische (S. 40), Haussig chinesische Herkunft an (S. 66).

311 Zu Jord. Get. 255 s. MH S. 387, vgl. auch Moravczik II s.v.; T. Löfsted b. BB 71

312 Pritsak 1956 passim, das Deminutiv „Väterchen" hat zeitlosen Charakter. Zur Zwiespältigkeit der Deutung s. Prosper ad 451 .. salvissimos impetus .., anderseits Priscus fr. 1; 8; 12, vgl. auch Cassiod. 1, 4, 11

313 S. bes. MH 31; 136, vgl. dazu das .. ἡγεμὼν Οὔννων .. Zum Durchein-ander von Titeln und Bezeichnungen s. etwa Zos. 5, 22, 1; 4; Oros. 7, 37, 12 (dux hunnorum); Priscus fr. 1 (Οὔννων βασιλεῦς); 5 (Σκυϑῶν βασιλεῦς). Vgl. auch Jord. Get. 183; 193 (mit Zügen des Wahnsinnigen), dazu MH 1944, 208. Zur Herkunft solcher Zeugnisse s. nicht zuletzt auch Priscus fr. 12 .. εὖ δὲ καὶ αὐτὸν φύντα .. διαδεξάμενον διαφυλάξαι τὴν εὐγένειαν .. Die Verständnislosigkeit für das Phäno-men freilich ist zeitlos.

314 S. Bona S. 54, vgl. auch Harmatta 1970 passim, bes. zur Frage der Flücht-linge.

315 Vgl. An. Val. 37, dazu Altheim, Hunnen I 366. Die Entwicklung wird als selbstverständlich dargestellt, s. bes. Prosper ad 445; Marc. Com. ad 445; Chron. Gall. ad 450

316 Zu Basich und Kursich s. Priscus fr. 8, unklar dabei allerdings das .. βασίλειοι Σκῦθαι .. Zu Donatus und Charaton s. Olympiod. fr. 18: Das .. τῶν ῥηγῶν πρῶτος .., wenn nicht Phrase, läßt auf eine herausgehobene Rolle nach dem Verschwinden Uldins schließen. Mehr freilich geht aus der Bezeichnung nicht hervor. Zur Expedition gegen die Sorosger s. Priscus fr. 1, dazu bereits Zeuß S. 698 ff.

317 Zu einem Prozeß der Mediatisierung s. Priscus fr. 8 (64, 12 Bornm.) Harmatta 1952, 300; Altheim 1951, 53; Hunnen V 281; Thompson 1948, 164; MH S. 165 ff.

318 Jord. Get. 198 ff.; 200; 253; Paul. Diac. Rom. 14, 2, s. dazu MH S. 193 ff.; vgl. Pohl, Awaren 136. Zu den λογάδες als festem Element der Stabilisierung s. bes. McGovern S. 118, vgl. Altheim, Hunnen IV 280 ff. Zweifellos handelt es sich um ein Allerweltswort, nicht einen festumrissenen Terminus.

319 PLRE s. v., zum Schicksal allgemein Bona S. 106 ff. Zur Loyalität des Onegesios s. Priscus fr. 8 (52, 1 Bornm.) .. μείξονα ἡγεῖσθαι τὴν παρὰ Ἀττίλα δουλείαν τοῦ παρα Ῥωμαίοις πλούτου .. Spekulationen über die Herkunft des Zweiten Mannes im Reich indes von hier aus führen zu nichts, vgl. auch MH S. 192 ff.

320 Priscus fr. 8 (41 Bornm.); 9 (67 Bornm.), vgl. dazu Haussig. S. 132; Bona S. 41; Altheim 1949, 78. Zur Holzkonstruktion s. zuletzt Timpe 1997, 255 ff.; 265.

321 Τέκτονες Socr. 7, 30, dazu selbst BarHebraeus (p. 67 Wallis Budge); vgl. auch Sinor 1983, 143; Thompson 1948, 180

322 Jord. Get. 182; Priscus passim. Zu verweisen ist auch hier auf den Schatz von Szikanczs, vgl. bes. Pohl b. Wolfram-Daim 245, vgl. Croke 1981, 160 ff.

323 Zu Onegesios s. o., in diesem Zusammenhang bes. Roux 1938, 18 vgl. auch Priscus fr. 8 (s. 27 Bornm.)

324 Priscus fr. 8; 17, vgl. auch 14 (73 Bornm.). So wohl auch Attilas Sichgierieren anlässlich der Carpiliommission (Cassiod. var. 1, 4, 12).

325 Zur Tradition seit Herodot 4, 62 s. Amm. 31, 2, 23 vgl. Jord. Get. 182; 262; Priscus fr. 8. Zu den alanischen Wurzeln s. bes. Bachrach S. 22; vgl. MH S. 444, allgemein auch E. Ewig, Rhein. Vierteljahresbl. 62, 1998, bes. 3. Zum schamanischen Selbstverständnis s. Roux 1938, 525; Thompson 1948, 184; MH S. 259 ff.;

326 Zum politischen Zusammenhang der Rolle s. die Affäre des Bischofs von Margus 441. Zur Freizügigkeit s. das Beispiel des Theotimos Soz. 7, 26, 1; vgl. MH S. 262. Auf die offizielle Voraussetzung einer Schutzlosigkeit für christliche Geistliche weist die Anekdote nicht hin.

327 S. bes. die Freundschaft mit Aspar und Areobindus Prisc. fr. 8 (65 Bornm.), die sentimentale Züge hat, dazu die Heirat des Constantius fr. 13 (73 Bornm.), vgl. auch Krautschick 1986, 356.

328 So dezidiert MH 1968, 270 ff. (wohl als verständlicher Niederschlag erschütternder eigener Erlebnisse), allgemein auch Thompson 1938, 190. Zur Habgier als Naturanlage, durch Jahrhunderte zur Lebensform entwickelt, s. Bona S. 32, vgl., auch Sinor b. BB 12. Zur Tradition hieraus s. bs. Pohl, Awaren 190.

329 Thompson 1948, 178.

330 Für eine medizinische Erklärung des Blutsturzes gibt es viele Anhaltspunkte: Aus einigen freilich unzureichend überlieferten Symptomen würde ich auf eine Zirrhose schließen. Das Beispiel Alarichs bei Priscus fr. 17 (77 Bornm.); Jord. Get. 224 halte ich für eine bewußte Ausrede, um den Rückzug zu motivieren.

331 Pohl in: Flagellum 85, allgemein auch bereits Thompson 1948, 277; Clover 1973, 192 ff. Hierher vielleicht gehört auch das Bemühen um Handelsplätze und wirtschaftliche Beziehungen vgl. MH S. 187; Bona S. 274; Liebeschutz S. 84; Iluk 74 ff.; 99. Zur hunnischen Münzprägung nach römischen Vorbildern s. bereits Lemerle 1954, 265. Sie läßt auf die Absicht eines Geldverkehrs auch mit außerhalb des Imperiums gelegenen Ländern schließen.

332 Vgl. dazu Priscus fr. 8 (56 Bornm.) .. ἀντὶ φίλου δεσπότης .. Zur Sklavenoptik s. Kothe 1963, 71, vgl. auch Zecchini , Aetio 264, dazu 1993, 135. Zur Rolle des θεράποντας περιφανῶς ἡγησάμνον s. Priscus fr. 5 (19 Bornm.) .. ὑπακούειν εἰς φόρου ὑπαγωγὴν .. Zum Gedanken des räumlich begrenzten Reiches s. MH S. 126; 322; Altheim 1951, 140; Pritsak in: Settim. 643.

333 Vgl. Cassiod. 1, 4, 11 (nur .. videbatur ..), s. auch Thompson 1948, 57; Roux 1938, 515, dazu die Hinweise auf eine Selbstdeutung bei Pritsak 1956, 410 ff. Konkret besagt eine solche nichts. Die Kräftekonzentration 451 halte ich nicht für die Dokumentation eines Herrschaftswillens , sondern bereits für ein Zeichen von Schwäche. Beides braucht sich allerdings nicht zu widersprechen. Vgl. auch Altheim, Hunnen I 356; V 373; Croke 1977, 351. Schramm 1976, bes. 86 glaubt Spuren einer hunnischen Germanisierung wahrzunehmen; zur Abhängigkeit Attilas vom guten Willen der Verbündeten s. bes. Priscus fr. 39.

334 Im Folgenden kann es weder um eine vollständige Übersicht über die erhaltenen Erzählungen noch um einen Überblick der Forschungsprobleme gehen. Zusammenfassend dazu die einschlägigen Referate in den angeführten Kongreß- und Sammelbänden, dazu bes. die Arbeit von Williams mit den herausgearbeiteten, für die gesamte europäische Literatur des Mittelalters bestimmenden drei Komplexen Hunnische Invasion, Tod Attilas und Verbindung Attilas mit der Dietrichsage, letztere aus der Geschichte Theoderichs d. Gr. herausentwickelt (S. 261 ff.). Lokalhistorische Ausdeutung wie in Italien ist darüberhinaus ein Fortspinnen des in den zeitgenössischen Quellen Überlieferten.

335 Allgemein auch Paroli in: Settim. 385. Bezeichnend sind die Nachrichten über den frühmittelalterlichen der zeitgenössischen Chroniken (Prosper, Hydatius, Chron. Gall., Isidor v. Sevilla). S. bes. auch Moravczik, Studien 59

336 S. bes. MH S. 3 ff.; Bona S. 8 zu Isid. Hist. Goth. 28. Zur allgemeinen Verbindung mit einem gültigen Barbarenbild s. auch Ambros De fide 2, 4. Zur virga furoris dei s. bes. Oros. 7, 23; Greg. T. 2, 6 – 7 und selbstverständlich etwa die Vita Servatii, vgl. auch bereits Leo ep. vom 15. 3. 453), allgemein J. Ward b. BB 38 ff. Zu CIL V 8373 s. bes S. Scarel bei Scarel 30. Zur entsprechenden Vorstellung bes. in der italienischen Attiladeutung s. Cordt S. 55 ff.

337 Zur Genese der Ursulalegende s. noch immer W. Levison. Das Werden der Ursulalegende, Köln 1928, dazu G. de Tervarent, La legende de S. Ursula dans la litterature et l'art du moyen age, Paris 1932, zuletzt dazu Williams S. 113 ff. Nach einem historischen Kern sucht man besser nicht, als östliche Analogie s. u. a. etwa die Chronik des Seert, PO IV 225. Zu Memorius (MGH Scr. Mer III 102) allzu drastisch Schreiber S. 242, ein gepidischer Flankenschutz gegen gallischen Zuzug zu den Gegnern als historischer Kern wäre denkbar.

338 Marc. Com. ad 453; Malalas 359 Bonn .. ὑπενοήϑη .. Hyd. ad. 453 .. *mox reversus interiit* ..; Chron. Gall. ad 453 .. *Attila occiditur* .., ähnlich Vict. Tunn. ad. 453. Zu Judithkomplex und Rosamnundetopik s. Bona S. 34, vgl. auch Moravzik, Studia 66 ff.; 72. Der Weg von hier zum Gudrunbild der Edda ist nicht lang. Diese Deutung bestimmt direkt wie indirekt die mittelalterliche Überlieferung, vgl. Cordt passim; Williams S. 27 ff., 133 ff.

339 Von den Haliurnae des Jordanes (Get. 121) führt der Weg zu dem Attila mit dem Hundekopf (vgl. de Boor 8) und den späteren Abbildungen. Es wäre möglich, daß die Überlieferung schon bei Jordanes von Sagenelementen mit bestimmt ist, die sich inzwischen Attilas bemächtigt hatten. Zu anderen Übermittlungswegen s. bes. Brady S. 282 ff.

340 Zu Damascius s. o. Anm. 238, zur Transformation s. bes. auch A. Heusler, Die altgermanische Dichtung, Berlin 1923, 135 ff.; dazu jetzt Williams S. 21 ff. als Überblick über Interpretationsprobleme und Variationsmöglichkeiten zum Thema. Die Beziehung auf eine Hunnenschlacht vor Rom wird aus Unkenntnis und Gleichgültigkeit gegen Regionen zu erklären sein, die dem alexandrinischen Gesichtskreis nur noch wenig besagten.

341 De Boor S. 13. Zum Nibelungenlied des 13. Jhs. zusammenfassend U. Scholz, LMA s. v., Williams S. 55; 177 ff. Nach Homan ist der Komplex als geschlossenes Ganzes im 10. Jh. bereits herausgebildet, zu ungarischen Sagenelementen dabei s. S. 24. Auf ein Wechselverhältnis weist Williams S. 244 hin.

342 Ein einheitliches Bild der mittelalterlichen deutschen Chroniken ergibt sich nicht, Historisches und Sagenelement fließen ineinander über, dort, wo sachliche Kritik vorherrscht (Frutolf v. Michelsberg; Otto v. Freising), ist Jordanes als Grundlage unverkennbar. S. zusammenfassend Cordt S. 14 ff. (mit Überblick über einschlägige Zeugnisquellen S. 55), Williams S. 142 ff.

343 De Boor a. a. O., vgl. auch Paroli in: Settim. 531

344 Zusammenfassend Williams, Überblick über die Probleme bei H. Beck, LMA s. v. Atli. Zu den mittelalterlichen Versionen auch Brady S. 28, 285 .. the German attitude toward the Huns .. decidedly sympathic.. Zum ruhenden Herrscher s. F. Bäuml b. BB 61 ff.: Das Bild ist vielfach variiert und geht bis zur Darstellung offenkundiger Feigheit, vgl. auch Williams S. 7.

345 M. Birnbaum b. BB 82 ff., allgemein auch Sinor 1946/7, 30 ff. In der mittelalterlichen Sagengenese gehen die Motive eigene Wege, die als

Kausalitäten nicht zu erfassen sind: Ein Beispiel etwa für die Entwicklung der ungarischen Gründungssagen bringt Homan S. 33, vgl. Györffy in: Settim. 623, allgemein auch Williams S. 253. So betont in einem neuen Zusammenhang Simon von Keza um 1280 die Rolle Attilas als Gründer eines ungarischen Reiches mit eigenen, ihrer Herkunft nach schwer zu erkennenden Sagenelementen, vergißt aber dennoch nicht zugleich das Bild von der Gottesgeißel. Nach Jan Thuroczy wird Attila zum Vorbild eines Matthias Corvinus: Janos Pannonius wiederum feiert diesen als einen zweiten Attila . Zu rex Hungarorum in der italienischen Darstellung als Folge der Ereignisse des 10. Jhs. s. Cordt S. 15; 33. Zu einer Entwicklung des Attilabildes s. insbes. die Beiträge in den Sammelwerken, zu den regionalen Kriterien s. auch Williams S. 100 ff.; 125 ff., zusammenfassend auch Moravczik, Studia 76 ff.

346 S. bes. Biro Sei b. BB 82

347 Zu Frankreich s. T. Löfsted b. BB 65 ff., Williams S. 99; zu Italien F. Bertini in: Flagellum 233; 236, dazu die Arbeiten b. Scarel passim, Williams S. 83. Zu Nicola di Cassola s. bes. R. Benedetti b. Scarel 105 ff.; Th. Vesce b. BB 75 ff.; Cordt S. 28 mit Hinweis auf die verarbeiteten italienischen Sagenmotive.

348 Zusammenfassend die verschied. Autoren b. Scarel, bes. 32 ff.; 95 ff. Wichtig zur Selbstdeutung auch Ph. Callimachus, Vita Attilae, Turin 1423. Zur diabolischen Existenz Attilas in der italienischen Deutung s. Cordt S. 36 ff.; Williams S. 92 ff.

349 Zu Mailand, Florenz, Rimini, Ravenna, Mutina, neben Aquileja s. Thompson 1948, 212; Cordt 30 ff.; 36.

350 S. bes. E. Chino b. Scarel 113 ff., zu den Drucken des Attila mit Faunskopf oder diabolischen Formen s. bes. A. Grossi, das. 123 ff. Zur Genese des tierköpfigen Attila, soweit ersichtlich, aus der florentinischen Deutung, s. Cordt S. 22 ff.; 26; vgl. de Boor S. 17.

Literaturauswahl

Aalto, P.; Pekkanen, T.	Latin Sources on North-Eastern Eurasia I, Wiesbaden 1975
Alföldi, A.	Der Untergang der Römerherrschaft in Pannonien I, Berlin 1924; II 1926
Alföldi, A.	Funde der Hunnenzeit und ihre ethnische Sondierung, AArchHung 9, 1932, 72 ff.
Alföldy, G.	Römische Sozialgeschichte[2], Wiesbaden 1979
Altheim, F.	Die Krise der Alten Welt III, Berlin 1943
Altheim, F.	Literatur und Geschichte im ausgehenden Altertum, Berlin 1948
Altheim, F.	Die Wanderung der Hunnen, La Nouvelle Clio 1, 1949, 71 ff.
Altheim, F.	Aus Spätantike und Christentum, Tübingen 1951
Altheim, F.	Das Auftreten der Hunnen in Europa, AArchHung 2, 1951, 269 ff.
Altheim, F.	Attila und die Hunnen, Baden Baden 1951 (zit. 1951)
Altheim, F.	Der Niedergang der alten Welt, Frankfurt 1952
Altheim, F.	Geschichte der Hunnen I–V, Berlin 1959–1962 (zit. Altheim, Hunnen)
Altheim, F.; Haussig, W.	Die Hunnen in Osteuropa. Ein Forschungsbericht, Baden Baden 1958
Altheim, F.; Stiehl, R.	Das erste Auftreten der Hunnen, Baden Baden 1953
d'Ancona, A.	La leggenda di Attila Flagellum dei, in: Italia, Studi di critica e storia letteraria, Bolognia 1880, 351 ff.
d'Ancona, A.	Attila Flagellum dei, in: Poemati popolari Italiani, Bologna 1889
Anke, B.	Studien zur reiternomadischen Kultur des 4.–5. Jhs., Weißbach 1998
Arnheim, T. W.	The senatorial aristocracy in the later Roman empire, Oxford 1972
v. Arnim, O.	Bemerkungen zum Hunnischen, Ztschr. f. slav. Philologie 13, 11936, 100 ff.
Avenarius, A.	Struktur und Organisation der europäischen Steppenvölker, in: Settim. 1988, 125 ff.
Babelon, E.	Attila dans la numismatique, RN 18–19, 1914, 297 ff.
Bachrach, B. S.	A History of the Alans in the West, Minneapolis 1973
Bäuml, F. H.	Attila in medieval German literature, b.: BB 57 ff.
Baesecke, G.	Vorgeschichte des deutschen Schrifttums, Halle 1940
Bakay, K.	Bestattung eines vornehmen Kriegers vom 5. Jh. in Lengyeltoti, AArchHung 36, 1978, 156 ff.

Balaczs, J.   Elementi orientali della Sciamanismo ungherese, in: Settim. 1988 649 ff.

Balduci, C. A.   L'opposizione dinastica-politica alla morte di Onorio, RFIC 63, 1935, 243 ff.

Baldwin, B.   Priscus of Panium, Byzantion 50, 1980, 18 ff.

Banniard, M.   L'amenagement de l'Histoire chez Gregoire de Tourse à propos de l'invasion de 451, Romanobarbarica 3, 1978, 5 ff.

Barnes, T.   Patricii under Valentinian III., Phoenix 24, 1975, 164 ff.

Barnish, S.   Old Kaspars . Attila's invasion of Gaul in the literary sources, b.: Drinkwater-Elton 38 ff.

Bartha, A.   The typology of Nomadie empires, in: Settim. 1988, 151 ff.

Bartholet, A.   L'Asie ancienne centrale et sud-orientale après Ptolemée, Paris 1930

Basilov, V. u.a.   Nomads of Eurasia, Washington 1989

Bayless, W.   The treaty with te Huns of 443, AJPh 97, 1976, 176 ff.

Bayless, W.   The peace of 439 a. D. Avitus and the Visigoths, AncW 1, 1978, 140 ff.

Bazin, L.   Appartenances linquistiques. Les envahisseurs altaiques de la Chine du nord aux IV et V s.a.D., CHM 1, 1953/4, 129 ff.

Beck, H. M.   Attilalieder, RGA I 1983, 464 ff.

Bellen, H.   Grundzüge der römischen Geschichte. Die Kaiserzeit von Augustus bis Diokletian, Darmstadt 1998

Benone, L.   Stirpi barbariche e Impero sul Reno e Danubio, Firenze 1977

Bertini, F.   Attila nelle storiografia antica et altomedioevale, in: Settim. 1988, 539 ff.

Bertini, F.   Attila nei cronisti e negli storici del medioevo latino, in: Flagellum 229 ff.

Beschevliev, V.   Die protobulgarische Periode der bulgarischen Geschichte, Amsterdam 1980

Bierbach, K.   Die letzten Jahre Attilas, Diss. Berlin 1906

Bierbrauer, V.   Römisches Kaisertum und ostgermanisches Königstum, in: Wolfram-Daim 131 ff.

Bierbrauer, V.   Rezension Kaltofen, BJ 188, 1988, 665 ff.

Bierbrauer, V.   Die Goten von 1.–7. Jh. n. Chr. Siedelgebiet und Wander-bewegung auf Grund der archäologischen Quellen, in: Peregrinatio Gotica III, Oslo 1992, 9 ff.

Bierbrauer, V.   Archäologie und Geschichte der Goten vom 1.–7. Jh., FMS 28, 1994, 51 ff.

Birnbaum, M. D.   Attila's renaissance in the 15th and 16th centuries, b: BB 82 ff.

Biro-Sei, K.   Der frühbyzantinische Fund von Szikancz, Jb. d. staatl. Kunstsammlungen Dresden 1970/71, 177 ff.

Bleeker, R.   Aspar and Attila. The rôle of Flavius Ardaburius Aspar in the Hun wars of the 440Os., AncW 3, 1980, 23 ff.

Bleichsteiner, R.   Zermonielle Trinksitten und Raumordnung bei den turko-mongolischen Nomaden, Archiv f. Völkerk. 6/7 1951/2, 181 ff.

Bloch, M.	La conquête de la Gaule romaine par les rois francs, RH 1954, 1927, 161 ff.
Blockley, R.	The fragments classicising historians of the later Roman empire, Liverpool 1981
Blockley, R.	Constantius the Gaul, secretary to Attila and Bleda, EMC 31, 1987, 355 ff.
Boak, E.	Manpower shortage and the fall of the Roman empire, Ann Arbor 1955
Böhme, H. W.	Der Frankenkönig Childerich zwischen Attila und Aetius, Marb. Stud. z. Vor- u. Frühgeschichte 19, 1994, 69 ff.
Boer, R. C.	Untersuchungen zur Nibelungensage, Halle 1906
Bona, I.	Die Hunnen der Hunnenzeit, Act. ArchHung 23, 1973, 266 ff.
Bona, I.	Gepiden in Siebenbürgen, Gepiden an der Theiß, A Arch-Hung 31, 1979, 9 ff.
Bona, I.	Die Hunnen in Noricum und Pannonien, in: Severin zwischen Römerzeit und Völkerwanderung, Katal. Ausstellung Enns 1982, 179 ff.
Bona, I.	Das Hunnenreich, Stuttgart 1992 (zit. Bona)
de Boor, H.	Das Attilabild in Geschichte, Legende und heroischer Dichtung, Bern 1932
Borovka, G.	Scythian Art, London 1928
Bracher, A.	Der Reflexbogen als Beispiel gentiler Bewaffnung, b.: Wolfram-Pohl 137
Brady, C.	The legend of Ermanric, Berkeley 1943
Brioni, A.	La leggenda di Attila con speciale riferimento di Istria, Studi goriziani 6, 1928, 49 ff.
Browning, R.	Where was Attila's camp? JRS 43, 1953, 1 ff.
Burgess, R. W.	A new reading for Hydatius Chr. 177 and the defeat of the Huns in Italy, Phoenix 42, 1988, 307 ff.
Burns, Th.	Calculating ostrogothic army and population, AncW 1, 1978, 178 ff.
Burns, Th.	Persuing the early gothic migrations, A ArchHung 31, 1979, 189 ff.
Burns, Th.	A History of the Ostrogoths, Bloomington 1984
Bury, J. B.	Justa Grata Honoria, JRS 9, 1919, 1 ff.
Bury, J. B.	History of the Later Roman empire, London 1924
Bussagli, M.	Osservazioni sul problema degli Unni, RAL 5, 1950, 212 ff.
Bussagli, M.	Riflessioni sul valore sacro del fungo, Romanobarbarica 7, 1982/3, 23 ff.
Bussagli, M.	Attila, Mailand 1986 (zit. Bünagli)
Bussagli, M.	Definizioni dell' concetto di arte della steppe, in: Settim. 1988, 735 ff.
Calzolari, M.	L'itinerario di Attila nelle pianura padana. Aspetti topografici in: Flagellum 118 ff.
Cameron, A.	Barbarians and politics at the court of Arcadius, Berkeley 1993

Cardone, G.   Sistemi simbolici e circolazione communicativa, in: Settim.
                     1988, 709 ff.

Carile, A.   I nomadi nelle fonte bizantine, in: Settim. 1988, 59 ff.

Cesa, M.   Impero tardoantico e barbari. La crisi militare da Adriano-
                     poli al 418, Como 1994

Chauvot,   Opinions romanes face aux barbares au IV s. ap. J. C.,
A.M.   Strasbourg 1998

Christ, K.   Römer und Barbaren in der hohen Kaiserzeit, Saeculum 10,
                     1959, 273 ff.

Christ, K.   Der Untergang des römischen Reiches, Darmstadt 1970
(Hsg.).

Chrysos, E.   The title Basileus in early byzantine international relations,
                     DOP 32, 1978, 31 ff.

Chrysos, E.   Von der Räumung der Dacia Traiana zur Entstehung der
                     Gothia, BJ 192, 1992, 175 ff.

Chrysos, E.   Räumung und Aufgabe von Reichsterritorien. Der Vertrag
                     von 363, BJ 193, 1993, 165 ff.

Clark, L.;   Aspects of Altaic civilization, Bloomington 1978
Draghi, A. P.

Claude, D.   Untersuchungen zu Handel und Verkehr der vor- und
                     frühgeschichtlichen Zeit in Mittel- und Nordeuropa,
                     Göttingen 1980

Claude, D.   Formale Beziehungen zwischen Kaiser und barbarischem
                     Herrscher, b.: Chrysos–Schwarcz 25 ff.

Clover, F.   Geiseric the statesman, Diss. Chicago 1966

Clover, F.   Flavius Merobaudes. A Translation and historical commen-
                     tary, Philadelphia 1971

Clover, F.   Geiseric and Attila, Historia 22, 1973, 110 ff.

Clover, F.   The family and early career of Anicius Olybrius, Historia 27,
                     1978, 169 ff.

Cordt, E.   Attila. Flagellum dei. Etzel-Atli, Triest 1984

Courcelle, P.   Histoire littéraire des grandes invasions germaniques[2], Paris
                     1964

Courtois, Ch.   Les Vandales d'Afrique, Paris 1955

Croke, R.   Evidence for the hun invasion of Thrace 422, GRBS 18,
                     1977, 347 ff.

Croke, B.   Anatolius an Nomus, envoys to Attila, Byzantinoslavica 42,
                     1981, 159 ff.

Croke, B.   The context and date of Priscus fr. 6, CPh 78, 1983, 297 ff.

Czegledy, K.   Ps. Zacharias on the Nomads. Stud. Turcica L. Ligeti,
                     Budapest 1971, 133 ff.

Czegledy, K.   From East to West. The age of nomadic migrations in
                     Europe, Arch. Med. Aevi 3, 1983, 22 ff.

Daffiná, P.   Gli unni e gli alteri. Le fonte letterarie e la loro interpreta-
                     zione moderna, in: Settim. 1988, 181 ff.

Daffiná, P.   Stato presente e perspettive de la questione unnica, in:
                   Flagellum 5 ff.
Daffiná, P.   Il nomadismo centroasiatico, Rom 1992
Dauge, Y. A.   Le barbare. Recherche sur la conception romaine de la
                   barbarie et de la civilisation, Brüssel 1981
Deguignes, H.   Histore generale des Huns, des Turcs et des Mongols, Paris
                   1756–58 (dt. 1770)
Demandt, A.   Der spätrömische Militäradel, Chiron 10, 1981, 608 ff.
Demandt, A.   Die Spätantike, München 1989
Demandt, A.   Die westgermanischen Stammesbünde, Klio 75, 1993, 387 ff.
Demiéville, P.   Quelques traits des moeurs barbares dans une chantefable
                   cinoise des T'ang, AOrHung 15, 1962, 7 ff.
Demougeot, E.   La préfect Rufin et les barbares, Mél. H. Gregoire, Brüssel
                   1950, 185 ff.
Demougeot, E.   Attila et les Gaules. Mem. Soc, Agric. comm. scienc.et art de
                   Maine, 73, 1968, 7–42 (zit. n. L'empire romain et les barbares
                   d'occident, Paris 1988, 215 ff.
Demougeot, E.   La Gaule nordorientale à la veille de la grande invasion
                   germanique en 407, RH 90, 1966, 17 ff.
Demougeot, E.   La formation de l' Europa et las invasions barbariques II,
                   Paris 1979
Diculescu, E.   Die Gepiden I, Leipzig 1923
Dill, S.   Roman society in the last centuries of the Western Empire[2],
                   London 1906
Doerfer, G.   Zur Sprache der Hunnen, Centr. As.Journ. 17, 1973, 2 f.
Dittrich, U. B.   Die Beziehungen Roms zu den Sarmaten und Quaden im
                   4. Jh. n. Chr., Diss. Bonn 1984
Drouin, E.   Memoirs sur les Huns Ephthalites dans leurs rapports avec
                   les rois Perses sassanides, Le Muséon 14, 1895, 73 ff.
Duval, P. M.   La Gaule jusqu'au milieu du V s., Paris 1971
Duval, P. M.   Aquilée sur la route des invasions 356–452, Antich.
                   Altoadriat. 9. 1976, 237 ff.
Dvornik, T.   The Making of central Eastern Europe, London 1949

Eberhard, W.   Die Kultur der alten zentral- und westasiatischen Völker
                   nach chinesischen Quellen, Ztschr. f. Ethnologie 73, 1941
                   (ersch. 1944) 215 ff.
Ecsedy, I.   The oriental background to the Hungarian tradition about
                   Attila's tomb, AOrHung, 38, 1982, 129 ff.
Enoki, K.   Sogdiana and the Hs iung nu, Centr. As. Journ. 1, 1955, 43 ff.
Enßlin, W.   Maximinus und sein Begleiter, der Historiker Priscus , Byz.
                   Neugr. Jb. 5, 1926, 1 ff.
Enßlin, W.   Rez. Alföldi 1924; 1926, Philol. Wochenschr. 97, 1927, 846 ff.
Enßlin, W.   Die Ostgoten in Pannonien, Byz. Neugr. Jb. 6, 1928, 146 ff.
Ewig, E.   Probleme der fränkischen Frühgeschichte in den Rhein-
                   landen, in: Hist. Forschungen f. W. Schlesinger, Köln 1974,
                   47 ff.

Ewig, E.	Spätantike und fränkisches Gallien. Ges. Aufsätze, Zürich 1979 (zit. Ewig)
Fasoli, G.	Unni, Avari e Ungari nelle fonti occidentali e nella storia dei paesi d'occidente, in: Settim. 16 ff.
de Ferdinandy, M.	Die nordeurasischen Reitervölker und der Westen bis zum Mongolensturm, Historia Mundi 6, 1956, 181 ff.
Fettich, N.	Archäologische Studien zur Geschichte der späthunnischen Metallkunst, Budapest 1951
Fischer, J.	Die Völkerwanderung im Urteil der zeitgenössischen kirchlichen Schriftsteller Galliens unter Einbeziehung des hl. Augustinus, Heidelberg 1948 (zit. Fischer)
Fischer, Th.	Zur Archäologie des 5. Jhs. in Ostbayern, in Friesinger-Daim, II 101 ff.
Flor, F.	Haustiere und Hirtenkulturen. Wiener Beitr. z. Kulturgesch. u. Linguistik 1, 1930, 1 ff.
Fontanini, P.	L'uomo a cavallo. Un aspetto dello scontro tra la cultura delle steppe e l'impero romano d'oriente, Labirinto 24, 1995, 319 ff.
Franke, O.	Beiträge aus chines. Quellen zur Kenntnis der Turkvölker u. d. Skythen, Berlin 1904
Franke, O.	Die Wiedergabe fremder Volksnamen durch die Chinesen, Ostas. Ztschr. 9, 1920 – 22, 145 ff.
Franke, O.	Geschichte des chines. Reiches I – V, Berlin 1930 – 1952
Gibbon, E.	The History of the Decline and Fall of the Roman empire, London 1774 - 1974 (4. ed. v. J. B. Bury 1924)
Ghirshman, R.	Les Chionites-Hephthalites, Kairo 1948
Godlowski, K.	Das Fürstengrab des 5. Jhs. und der Fürstensitz in Jakusovice in Südpolen, in: Vallet-Kasanski 155 ff.
Goffart, W.	Rom's Fall and after, London 1988
Gordon, C. D.	The age of Attila, Ann Arbor 1960
Griazanow, M.	Die frühe Kunst des Altaigebietes, Leningrad 1958 (russ.)
Grillmeier, A.; Bacht, H.	Das Konzil v. Chalcedon I – III, Würzburg 1953
de Groot, J. J. M.	Die Hunnen der vorchristlichen Zeit. Chinesische Urkunden zur Geschichte Asiens, I Berlin 1921, II 1926
Grousset, R.	L'empire des steppes. Attila, Genischan, Tamerlan, Paris 1939 (dt. 1970)
Gschwantler, O.	Ermanrichs Selbstmord und die Hamdirsage von Ermanrichs Ende. Jord. Get. 24, 119 ff., in: Wolfram-Daim 187 ff.
Gutschmied, A. v.	Die Skythen, Kl. Schr. III 1891, 421 ff.
Györffy, G.	Nomads et seminomads. La naissance de l'état hongroise, in: Settim. 1988, 621 ff.
Haloun, G.	Zur Ue tsi-Frage, ZDMG 91, 1937, 249 ff.

Halphen, L.	Les barbares[4], Paris 1940
Hambis, L.	Attila et les Huns, Paris 1972
Hancar, F.	Das Pferd in prähistorischer und früher historischer Zeit, Wien 1955
Harmatta, J.	Studies on the history of the Sarmatians, Budapest 1950
Harmatta, J.	The dissolution of the hun empire. Hunnic society in the age of Attila, AArchHung 2, 1952, 277 ff.
Harmatta, J.	The golden bow of the Huns, AArchHung 1, 1951, 114 ff.
Harmatta, J.	Studies in the history and language of the Sarmatians, Szeged 1970
Harmatta, J.	L'apparition des Huns en Europe orientale, AArchHung 24, 1976, 277 ff.
Harmatta, J. (Hsg.)	Studies in the sources on the history of pre-islamic central Asia, Budapest 1979
Haseloff, G.	Germanen und östliche Tierornamentik, in: Settim. 1988, 681 ff.
Hauptmann, L.	Kroaten, Goten und Sarmaten, Germanoslavica 3, 1935, 95 ff.; 316 ff.
Haussig, H. W.	Theophylakts Exkurs über die skythischen Völker, Byzantion 23, 1953, 276 ff.
Haussig, H. W.	Zur Lösung der Avarenfrage, Byzantinoslavica 34, 1973, 173 ff.
Haussig, H. W.	Die ethnischen Verhältnisse der Spätantike und des frühen Mittelalters in Südrußland, Göttingen 1987
Haussig, H. W.	Die Geschichte Zentralasiens und der Seidenstraße in vor-islamischer Zeit[2], Darmstadt 1992 (zit. Haussig)
Haussig, H. W.	Das Problem der Herkunft der Hunnen, Mat. Turc. 3, 1977, 1 ff.
Haussig, H. W.	Byzantinische Quellen über Mittelasien und ihre historische Aussage, in: Harmatta 1979, 41 ff.
Heather, P.	Cassiodorus and the rise of the Amals, JRS 79, 1989, 103 ff.
Heine-Geldern, R.	Das Tocharerproblem und die pontische Wanderung, Saeculum 2, 1951, 225 ff.
Heinzberger, F.	Heidnische und christliche Reaktionen auf die Krisen des weströmischen Reiches in den Jahren 395–410, Diss. Bonn 1976
Heinzelmann, M.	Bischofsherrschaft in Gallien, Zur Kontinuität römischer Führungsschichten vom 4.–7. Jh., München 1976
Henning, W. B.	Herodots Weg zu den Issedonen, Klio 28, 1935, 242 ff.
Henning, W. B.	The date of the Sogdian ancient letter, BSOAS 12, 1948, 60 ff.
Herbert, A.	Attila. King of the Huns, London 1842
Herrera Cayas.	Les rélations internationales de l'empire byzantin a l'époque des grandes invasions, Bordeaux 1968
Herrmann, A.	Die alte Seidenstraße zwischen China und Syrien, Leipzig 1910
Hertz, R.	Kaiser und Basileus im Osten, RhM 111, 1958, 192 ff.
Hirth, F.	Die Ahnentafel Attilas. Bull. Ac.Imp des Sc. St. Petersburg 1900, 200 ff.

Hirth, F.	The story of Chang Kien, JOAS 37, 1917, 1984
Hodgkin, T.	Italy and her invaders, Oxford 1892–1899
Hohlfelder, R.	Marcian' gamble. A reassessment of eastern imperial policy toward Attila a. D 450–453, AJAH 9, 1988, 54 ff.
Holum, K.	Pulcheria's crusade and the ideology of imperial victory, GRBS 18, 1977, 169 ff.
Holum, K.	Theodosian empresses, Berkeley 1982
Homan, B.	Geschichtliches im Nibelungenlied, Berlin 1924
Homeyer, H.	Attila. Der Hunnenkönig von seinen Zeitgenossen dargestellt, Berlin 1951
Horedt, K.	Wandervölker und Romanen im 5.–6.Jh. in Siebenbürgen, in: Wolfram-Daim 117 ff.
Horstkotte, H. J.	Die Theorie vom spätrömischen Zwangsstaat und das Problem der Steuerhaftung, Königstein 1981
Huntingford, G. W. B.	Who were the Scythians?, Anthropos 30, 1935, 785 ff.
Huszar, L.	Attila dans la numismatique, Budapest 1947
Iluk, J. W.	The export of gold from the Roman empire to the barbarican countries from the 4th to the 6th centuries, MBAH 4, 1985, 79 ff.
Jettmar, K.	Hunnen und Hsiung nu. Ein archäologisches Problem, Arch. f. Völkerk. 5–7, 1951–52, 166 ff.
Jettmar, K.	Seit wann gibt es Reiternomaden in Zentralasien?, Umschau 53, 1953, 590 ff.
Jettmar, K.	Les plus anciennes civilisations des steppes d'Asie centrale, CHM 1, 1953, 760 ff.
Jettmar, K.	Die Entstehung der Reiternomaden, Saeculum 17, 1966, 1 ff.
Jettmar, K.	Urgeschichte Innerasiens, in: Oldenbourgs Abriß der Weltgeschichte. Abriß der Vorgeschichte, München 1975, 150 ff. (zit. Abriß)
Jettmar, K.	Woher kamen die Hunnen? Neue Grabungen in Kasachstan und die bisherigen Hypothesen, Umschau 61, 1961, 491 ff.
Jettmar, K.	Die frühen Steppenvölker, Baden-Baden 1964
Jettmar, K.	Frühe Nomaden und nördliche Nomaden. Mittlgn. d. anthropolog. Gesellsch. Wien 113, 1983, 334
Jones, A. H. M.	The Later Roman empire, Oxford 1964
Junge, K.	Saksastudien. Der ferne Nordosten im Weltbild der Antike, Leipzig 1939
Kaltofen, A.	Studien zur Chronologie der Völkerwanderungszeit im südöstlichen Mitteleuropa, Oxford 1984
Kaegi, W.	Byzantine military unrest, Amsterdam 1981
Kasanski, M.	Les arctoi gentes et l'empire d' Hermanric, Germania 70, 1992, 74 ff.

Kaufmann, G.	Über die Hunnenschlacht des Jahres 451, Forschgn. z. deutsch. Gesch. 8, 1868, 115 ff.
Kaufmann, G.	Das Hildebrandslied. Festschr. G. Sievers, Halle 1896, 124 ff.
Keil, J.	Die Familie des Prätorianerpräfekten Anthemius, AAW 79, 1942, 197 ff.
Keller, R.	Stilicho oder die Geschichte des weströmischen Reiches von 395–408, Berlin 1884
Kettenhofen, E.	Trdáˊd und die Inschrift von Paikuli. Kritik der Quellen zur Geschichte Armeniens im späten 3. und frühen 4. Jh. n. Chr., Wiesbaden 1995
King, C.	The veracity of Ammianus Marcellinus' description of the huns, AJAH 12, 1987, 77 ff.
Kiss, A.	Ein Versuch, die Funde der Siedlungsgebiete der Ostgoten in Pannonien zwischen 456 und 471 zu bestimmen, AArch-Hung 31, 1979, 329 ff.
Kiss, A.	Die Skiren im Karpathenbecken, ihre Wohnsitze und ihre Hinterlassenschaft, AArchHung 55, 1983, 95 ff.
Kiss, A.	Die barbarischen Könige des 4.–7.Jhs. im Karpathenbecken als Verbündete des römischen und byzantinischen Reiches, AArchHung 63, 1991, 115 ff.; vgl. auch Vallet-Kazansky 181 ff.
Kiss, A.	Stand und Bestimmung archäologischer Denkmäler der gens Alanorum in Pannonien, Gallien, Hispanien und Afrika, AAntHung 35, 1994, 167 ff.
Klein, R.	Das südliche Gallien in spätantiker Zeit, Gymnasium 98, 1991, 352 ff.
Krader, L.	Social organization of the mongol turcic pastoral nomads, den Haag 1963
Kollautz, A.	Der Schamanismus der Avaren, Palaeologia 4, 1955, 283 ff.
Köhalni, K.	Der Pfeil bei den innerasischen Reiternomaden und ihren Nachbarn, AOrHung 6, 1956, 109 ff.
Korkannen, J.	The peoples of Hermanric. Jord. Get. 116, Ann. Scient. Fenn 187, 1975, 21 ff.
Kothe, H.	Die Herkunft der kimmerischen Reiter, Klio 41, 1963, 5 ff.
Kothe, H.	Pseudoskythen, Klio 48, 1967, 61 ff.
Krautschick, St.	Zwei Aspekte des Jahres 476, Historia 35, 1986, 344 ff.
Krautschick, St.	Hunnensturm und Germanenflut, Byz. Ztschr. 92, 1999, 10 ff.
Krumeich, Chr.	Hieronymus und die christlichen feminae clarissimae, Diss. Bonn 1993
Kubitschek, W.	Grabfunde aus Untersiebenbrunn auf dem Marchfeld, Jb. f. Altert. Kunde 5, 1911, 32 ff.
Kurth, G.	Etudes critiques sur la vie de St. Geneviève, RHE 14, 1913, 5 ff.
Laszlo, G.	The significance of the hun golden bow, AArchHung 1, 1951, 91 ff.
Lemerle, P.	Invasions et migrations dans les balkans, RH 111, 1954, 265 ff.

Liebeschuetz, J. H. W. G.	Barbarians and bishops. Army, state and church in the age of Arcadius and Chrysostomus, Oxford 1990
Ligeti, L.	Die Ahnentafel Attilas und die hunnischen Tanshu-Namen, Asia Maior 2, 1925, 130 ff.
Lindner, R. P.	Nomadism, horses and huns, Past & Present 32, 1981, 3 ff.
Lippold, A.	Theodosius der Große und seine Zeit², München 1980
Löfsted, L.	Attila the saintmaker in medieval french vernacular, b.: BB 65 ff.
Losek, F.	Ethnische und politische Terminologie bei Jordanes und Einhard, in: Wolfram-Pohl 147 ff.
Lounghis, T. C.	Les ambassades byzantines en occident, Athen 1980
Loyen, A.	La rôle de St. Aignan dans la defense d'Orleans, CRAJ 1969, 64 ff.
Loyen, A.	L'oeuvre de Fl. Mérobaude et l'histoire de l'occident de 430 à 450, REA 84, 1972, 152 ff.
Lütkenhaus, W.	Constantius III. Studien zu seiner Tätigkeit und Stellung im Westreich 411–421, Diss. Bonn 1998
Lukman, N.	Skjöldinge und Skalfinge. Hunnen- und Herulerkönige in ostnordischer Überlieferung, Kopenhagen 1943
Lukman, N.	The Catalaunian battle a.D. 451 in medieval epics, CHM 10, 1949, 60 ff.
Lundmann, B.	Einige kriegerische Bemerkungen zur Anthropologie Vorderasiens, Or. Suec. 4, 1953, 87 ff.
Luschin, A.	Die Attila-Medaillen, Wien 1881
Maczynska, M.	Die Völkerwanderung. Geschichte einer ruhelosen Epoche, Düsseldorf 1993
McBain, B.	Odoacer the hun, ClPhil. 78, 1983/4, 323 ff.
McCartney, E. A.	The end of the huns, Byz. Neugr., Jb. 10, 1933/4, 106 ff.
McCormick, M.	Odoacer, emperor Zeno and the Rugic victory-legation, Byzantion 57, 1977, 212 ff.
McGovern, W.	The early empires of central Asia. A study of the Scythians and the Huns and the part they played in history, Chapel Hill 1939
McMullen, R.	Soldier and civilian in the later Roman Empire, Harvard 1963
Maenchen-Helfen, O.	Huns and Hsiung nu, Byzantion 17, 1944–45, 222 ff.
Maenchen-Helfen, O.	The legend of the origin of the Huns, Byzantion 17, 1944/45, 244 ff.
Maenchen-Helfen, O.	The Yue tschi-problem re-examined, JAOS 65, 1945, 71 ff.
Maenchen-Helfen, O.	The date of Ammianus Marcellinus' last books, AJPh 76, 1955, 384 ff.
Maenchen-Helfen, O.	The ethnic name Hun. Festschr. B. Karlgren, Kopenhagen 1959, 230 ff.

Maenchen-Helfen, O.	Pseudo Huns, Centr. As. Journ. 1, 1955, 101 ff.
Maenchen-Helfen, O.	Germanic and hunnic names of Iranian origin, Oriens 19, 1957, 280 ff.
Maenchen-Helfen, O.	The date of Maximus of Turin's sermo XVIII, Vig. Chr. 18, 1964, 114 ff.
Maenchen-Helfen, O.	Attila. Lestarches oder Staatsmann mit höheren Zielen?, Byz. Ztschr. 61, 1968, 270 ff.
Maenchen-Helfen, O.	The world of the Huns, Berkeley 1973 (zit. MH)
Marquardt, J.	Eranšahr, Göttingen 1903
Marquardt, J.	Wehrot und Arang. Untersuchungen zur mythischen und geschichtlichen Landeskunde von Ostiran, Leiden 1938
Marrou, H. J.	Décadence romain ou antiquité tardive? Paris 1977
de Martino, F.	Storia economica di Roma antica, Firenze 1980 (zit. n. deutsch. Übers. v. Brigitte Galsterer, München 1985)
Matthews, J.	Western aristocracies and Imperial court, Oxford 1975
Mattaei, G.	Die baierische Hunnensage und ihr Verhältnis zur Amelungen- und Nibelungensage, Ztschr. f. deutsch. Altert. u. deutsch. Lit. 46, 1902, 1 ff.
Mazzarino, S.	Stilicone. La crisi imperiale dopo Teodosius, Rom 1942
Mazzarino, S.	La fine del mondo antico, Milano 1959
Mazzarino, S.	Aezio, la Notitia Dignitatum e i Burgundi di Worms, Atti Conv. Acc. Lincei 1976, 297 ff.
Menghin, W.	Das Schwert im frühen Mittelalter, Stuttgart 1983
Menghin, W.	Zur Chronologie der frühen Völkerwanderungszeit im mittleren Donauraum, Arch. Austr. 72, 1988, 223 f.
v. Merhart, G.	Bronzeit vom Jenisei, Wien 1926
Meuli, K.	Scythica, Hermes 70, 1935, 153 ff.
Minns, E.	The art of the northern nomads, London 1942
Moczy, A.	Pannonia and Upper Moesia, London 1974
Mohay, A.	Priskos' Fragment über die Wanderungen der Steppenvölker, b.: Harmatta 1979, 129 ff.
Mommsen, Th.	Aetius, Hermes 36, 1901, 516 ff. (Ges. Schr. IV 1905, 531 ff.)
Moravczik, G.	Byzantinoturcica², Berlin 1983 (zit. Moravczik)
Moravczik, G.	Attilas Tod in Sage und Geschichte, in: Studia byzantina, Budapest 1967, 59 ff.
Moravczik, G.	Die hunnische Hirschsage, Festschr. F. Altheim II, Berlin 1978, 114 ff.
Morin, G.	Deux petits discours d'un evêque Petronius du 5s., Rev. Ben. 14, 1897, 3 ff.
Moss, J. R.	The effectes of the politics of Aetius on the history of Western Europe, Historia 21, 1973, 711 ff.
Nagy, T.	Recuperation of Pannonia from the Huns in 427, AAnt Hung 15, 1967, 159 ff.

| Nioradze, G. | Der Schamanismus bei den sibirischen Völkern, Stuttgart 1925 |
| Noethlichs, K. | Material zum Bischofsbild aus den spätantiken Rechtsquellen, JAC 16, 1973, 28 ff. |

Oost, S. J.	Galla Placidia Augusta, Chicago 1958
Oost, S. J.	Aetius and Marcian, CPh 59, 1964, 23 ff.
Opelt, I., Speyer, W.	Barbar, JAC 10, 1967, 251 ff.
Ozoezo Collodo, S.	Attila e la origine di Venezia nella cultura veneta tardo-medioevale, Att. Ist. Ven. di Scienze, Lett. ed Arte 135, 1972/3, 530 ff.

Panzer, F.	Nibelungen-Problematik, Heidelberg 1954
Parducz, M.	Archäologische Beiträge zur Geschichte der Hunnenzeit in Ungarn, AArchHung 11, 1959, 309 ff.
Parducz, M.	Die ethnischen Probleme der Hunnenzeit in Ungarn, Budapest 1963
Parker, E. H.	Origin of the Turcs, EHR 11, 1896, 431 ff.
Parker, E. H.	The Ephthalitic Turcs, Asiat. Quarterl. Rev. 14, 1902, 131 ff.
Paroli, T.	Attila nelle lettature germaniche antiche, in: Settim. 1988, 553 ff.
Paulson, J.	Die primitiven Seelenvorstellungen der nordeurasischen Völker, Stockholm 1958
Pavan, M.	St. Ambrogio e i Barbari, Romanobarbarica 3, 1978, 166 ff.
Pavan, M.	Romanesimo christianesimo e immigrazione nei territori pannonici, Romanobarbarica 9, 1986, 161 ff.
Paganiol, A.	L'empire chrêtien, Paris 1972
Pohl, W.	Gepiden und Gentes an der mittleren Donau nach Zerfall des Attilareiches, in: Wolfram-Daim 230 ff.
Pohl, W.	Die Awaren. Ein Steppenvolk in Mitteleuropa, München 1988
Pohl, W.	Verlaufsformen der Ethnogenese. Awaren und Bulgaren, in: Wolfram-Pohl, 113 ff.
Pohl, W.	Konfliktverlauf und Konfliktbewältigung. Römer und Barbaren im frühen Mittelalter, FMS 26, 1992, 165 ff.
Pohl, W.	La sfida attilana, in: Flagellum 69 ff.
Pohl, W.	(Hsg), Kingdoms of the empire. The integration of barbarians in the late antiquity, Leiden 1997
Pohlhausen, H.	Das Wanderhirtentum und seine Vorstufen, Braunschweig 1954
Popescu, M.	Attila. Enzyklopädie des Märchens I 1977, 956
Prevost, G.	Les invasions barbares in Gaule au Vs. et la condition des Gallo-Romains, Rev. Quest. Hist. 26, 1879, 131 ff.
Pritsak, O.	Ein hunnisches Wort, ZDMG 104, 1954, 124 ff.
Pritsak, O.	Kultur und Sprache der Hunnen, Festschr. f. D. Czyzevsky, Berlin 1954, 238 ff.

Pritsak, O.   Der Titel Attila, Festschr. M. Vasmer, Wiesbaden 1956,
               404 ff.
Pritsak, O.   The hunnic language of the Attila clan, Harvard Ukrain.
               St. 6, 1982, 428 ff.
Pritsak, O.   The distinctive features of the pax nomadica, in: Settim.
               1988, 749 ff.

Richter, W.   Die Darstellung der Hunnen bei Ammianus Marcellinus,
               Historia 23, 1974, 360 ff.
Reszu, G.   Pictorial types of Attila Iconography, b.: BB 20 ff.
Romano, D.   Due storici di Attila. Il greco Priscus e il goto Jordanes,
               Antiquitas 2, 1947, 63 ff.
Rostovtzeff, M. Iranians and Greeks in South Russia, Oxford 1922
Rostovtzeff, M. The animal style in South Russia and China,
               Princeton 1929
Rostovtzeff, M. Scythien und der Bosporus, Berlin 1931
Roux, J. P.   Le réligion des peuples de la steppe, in: Settim. 1988, 513 ff.
Rudenko, S. J. Der 2. Kurgan von Pazyryk. Vorläufiger Bericht, Berlin 1951
Rudenko, S. J. Die Kultur der Bevölkerung im Altaigebirge in skythischer
               Zeit, Moskau 1953 (russ.)
Rudenko, S. J. Die Kultur der Hunnen und die Kurgane von Noin Ula,
               Moskau 1962 (russ.)
Ruggini, L.   Economia e societá nell Italie annonaria², Bari 1995

Salin, E., France Le trésor d'Airan en Calvados, Fond. E. Piot, Mon. et. Mem.
Lanord, A.   49, 1949, 119 ff.
Salmony, A.   Eine chinesische Schmuckform und ihre Verbreitung in
               Eurasien, Eurasia 9, 1934, 323 ff.
Salmony, A.   Sino Siberian Art, Paris 1935
Schaffran, E. Das geschichtliche Bild Attilas, Arch. f. Kult. Gesch. 36,
               1954, 60 ff.
Schmauder,   Oberschichtgräber und Verwahrfunde in Südosteuropa im
M. R. W.   4. u. 5. Jh., Diss. Bonn 1998
Schmidt, L.   Die Ostgoten in Pannonien. Ungar. Jb. 6, 1927, 459 ff.
Schmidt, L.   Aus den Anfängen des fränkischen Königtums, Klio 24,
               1941, 306 ff.
Schramm, G.   Die nordöstlichen Eroberungen der Rußlandgoten, FMS 8,
               1974, 1 ff.
Schramm, G.   Hunnen, Pannonier, Germanen. Sprachliche Spuren der
               Völkerbeziehungen im 5. Jh. n. Chr., Ztschr. f. Balkanologie
               11, 1975, 71 ff.
Schreiber, G. Das Volk der Hsien pi zur Han-Zeit, Mon. Serica 12, 1947,
               145 ff.
Schreiber, H. Die Hunnen. Attila probt den Weltuntergang, Augsburg
               1997 (zit. Schreiber)
Schröder, E.   Die Leichenfeier für Attila, Ztschr. f. dt. Altert. 59, 1922,
               240 ff.

Seiler, M.   Zur Chronologie der Herrschaftszeit Attilas, Specimina
                    nova 4, 1952, 43 ff.
Schuster, M.   Die Hunnenbeschreibungen bei Ammianus, Sidonius und
                    Jordanes, WSt 58, 1940, 129 ff.
Schwarcz, A.   Die Goten in Pannonien und auf dem Balkan nach dem
                    Ende des Hunnenreiches bis zum Italienzug des Theode-
                    richs d. Gr., MIÖG 100, 1992, 50 ff.
Shaw, B. D.   Eaters of flesh and drinkers of milk, AncS 13/14, 1982/83, 1 ff.
Simonyi, D.   Die Bulgaren des 5. Jhs. im Karpatenbecken, AArchHung
                    10, 1957, 227 ff.
Sinor, D.   Autour d'un migration des peuples au Vs., JA 235, 1946, 1 ff.
Sinor, D.   Introduction à l'étude de l' Eurasic centrale, Wiesbaden 1963
Sinor, D.   Horse and pasture in Inner-Asian History, Or.Extr. 19, 1972,
                    171 ff.
Sinor, D.   The historical Attila, b: BB 3 ff.
Sinor, D.   The greed of Northern Barbarians, in: Aspects of Altaic
                    Civilization b.: Clark-Draghi 1978, II 171 ff.
Solari, A.   Attila e i Unni, Pisa 1916
Sirago, V. A.   Galla Placidia e la trasformazione politica dell'occidente,
                    Löwen 1962
Solzbacher, J.,   Die Legende der hl. Ursula, Köln 1963
Hopman, V.
Soraci, R.   Roma e i Burgundi, Att. Accad. Lincei 45, 1977, 225 ff.
Stacul, G.   Continuitá di tradizioni nell area di Steppe, in: Flagellum
                    18 f.
Stein, E.   Histoire dü bas-empire I, Brügge 1959
Sternberg, L.   Der Adlerkult bei den Völkern Sibiriens, Arch. f. Rel.
                    Wschft. 28, 1930, 129 ff.
De Ste.   The class struggle in the ancient world, Oxford 1981
Croix, G.
Straub, J.   Die Wirkung der Niederlage bei Adrianopel auf die Dis-
                    kussion über das Germanenproblem in der spätantiken
                    Literatur, Philologus 95, 1943, 255 ff. (zul. in: Regeneratio
                    Imperii I, Darmstadt 1972, 195 ff.)
Stroheker, K. F.   Um die Grenze zwischen Antike und abendländischem
                    Mittelalter, Saeculum 1, 1950, 433 ff.
Szekely, G.   Die Permanenz der Römer in Pannonien, in: Settim. 1988,
                    151 ff.
Szukin, M.,   L' origine du style cloissonné de l'époque des grandes
Bazin, J.   migrations, in: Vallet-Kazanski 63 ff.
Szörenyi, L.   Attila's image in the poetry and historiography of the central
                    European baroque, in: b. BB 59 ff.

Täckholm, U.   Aetius and the battle of the Catalaunian fields, Op. Rom. 7,
                    1979, 260 ff.
Täubler, E.   Zur Geschichte der Alanen, Klio 9, 1909, 14 ff.
Takáts, S.   Chinesisch-hunnische Kunstformen, Sofia 1925

Takáts, S.   Catalaunischer Hunnenfund und seine ostsibirischen Ver-
                  bindungen, AOrHung 5, 1955, 143 ff.

Tarn, W.   The Greeks in Bactria and India, Oxford 1939

Tallgren, A. M.   Etudes archéologiques sur la Russie orientale durant l'ancien
                  age du fer, Eurasia 7, 1932, 7 ff.

Tejral, J.   Zur Chronologie der frühen Völkerwanderungszeit im
                  mittl. Donauraum, ArchAustr. 72, 1988, 23 ff.

Tejral, J.   Neue Aspekte der frühen völkerwanderungszeitlichen
                  Chronologie im Mitteldonauraum, in: J. Tejral,
                  H. Friesinger, M. Kazanski, Neue Beitr. zur Erforschung der
                  Spätantike im mittl. Donauraum, Bern 1997, 321 ff.

Tejral, J.   Archäologische Beiträge zur Erkenntis der völkerwande-
                  rungszeitlichen Ethnostrukturen nördlich der mittleren
                  Donau, in: Friesinger-Daim 1990 f.

Tejral, J.   Die Verbündeten Roms nördlich des pannonischen Limes
                  und ihre Nobilität während der Spätantike in: Vallet-
                  Kazanski 139 ff.

Thierry, A.   Histoire d'Attila, Paris 1856 (6, 1884)

Thomas, E.   Die Romanität Pannoniens im 5. u. 6. Jh., b.: Menghin 1988,
                  284 ff.

Thompson,   A History of Attila and the Huns, Oxford 1948
E. A.

Thompson,   The foreign politics of Theodosius II and Marcian,
E. A.   Hermathena 71, 1950, 58 ff.

Thompson,   Romans and barbarians, Wisconsin 1982
E. A.

Ticeliou, J.   Über Nationalität und Zahl der von Theodosius dem
                  Hunnenkhan Attila ausgelieferten Flüchtlinge, Byz. Ztschr.
                  29, 1923, 84 ff.

Timpe, D.   Hausen und Häuser der Nordbarbaren in den Augen der
                  mediterranen Kulturwelt, in: Haus und Hof in ur- und
                  frühgeschichtlicher Zeit, hsg. v. H. Beck u. H. Steuer,
                  Göttingen 1997, 255 ff.

Tomaschek, W.   Kritik der ältesten Nachrichten über den skythischen
                  Norden, Sitz. Ber. Wiener Akad. d. Wischftn. 116, 1888,
                  750 ff.; 117, 1888, 1 ff.

Tomka, P.   Der hunnische Fürstenfund von Pannonholma,
                  AArchHung 38, 1986, 423 ff.

Tomka, P.   Relazioni sui materiali archeologici unnici in Ungheria, in:
                  Flagellum 24 ff.

Toth, E.   La survivance de la population romaine en Pannonie Alba
                  Regia 15, 1972, 108 ff.

Traeger, J.   Die Begegnung Leos d. Gr. mit Attila. Planungsphase und
                  Bedeutungsgenese in: Raffaello a Roma, Rom 1986, 97 ff.

Traina, G.   Aspettando i barbari, Romano barbarica 9/1986/7, 247 ff.

Trever, K.   Kušan, Chioniten und Hephthaliten nach armenischen
                  Quellen des 4.–7. Jhs., Sov. Arch. 21, 1954, 191 ff. (russ.)

Twyman, W. L.   Aetius and the aristocracy, Historia 19, 1970, 430 ff.

Udalzowa, S.   Die Weltanschauung des byzantinischen Historikers im
                5. Jh. Priscus von Pannonien, Viz. Vrem. 33, 1972, 47 ff. (russ.)
Ulrich, J.   Barbarische Gesellschaftsstruktur und römische Außenpo-
                litik zu Beginn der Völkerwanderung, Diss. Bonn 1995

Vamos, F.   Attilas Hauptlager und Holzpaläste, Sem. Kondakov. 45,
                1932, 131 ff.
Varady, L.   Stilicho proditor arcani imperii, A AntHung 16, 1968, 413 ff.
Varady, L.   Das letzte Jahrhundert Pannoniens, Amsterdam 1969
                (zit. Varady)
Varady, L.   Pannonica. Ergänzende Notizen zum letzten Jh. Panno-
                niens, BJ 190, 1990, 173 ff.
Vernadsky, G.   Goten und Anten in Südrußland, SOF 3, 1938, 265 ff.
Vernadsky, G.   Flavius Ardaburius Aspar, SOF 6, 1941, 38 ff.
Vernadsky, G.   The making of central and eastern Europe, London 1949
Vernadsky, G.   The eurasian nomads and their art in the history of civiliza-
                tion, Saec. 1, 1950, 74 ff.
Vernadsky, G.   Der sarmatische Hintergrund der germanischen Völker-
                wanderung, Saec. 2, 1951, 340 ff.
Vesce, E.   La guerra d'Attila. Maker of heroes in the Quattrocento,
                b.: BB 75 ff.

Wais, K.   Frühe Epik Westeuropas und die Vorgeschichte des Nibe-
                lungenliedes, Tübingen 1953
Warners, E.   Die Völkerwanderungszeit im Spiegel der germanischen
                Heldensagen, b: Menghin 1988, 69 ff.
Ward, D.   Attila, King of the huns in narrative lore, b. BB 38 ff.
Wasson, R. G.   Soma. Divine mushrooms of immortality, New York 1958
Weisleder, W.   The nomadic alternative. Modes an models of interaction in
                the African and Asian deserts and steppes, La Hague 1978
Werner, J.   Bogenfragmente von Carnuntum und von der unteren
                Wolga, Eurasia 7, 1932, 34 ff.
Werner, J.   Zur Stellung der Ordosbronzen, Eurasia 9, 1934, 259 ff.
Werner, J.   Beiträge zur Archäologie des Attilareiches, München 1956
Werner, R.   Geschichte des Schwarzmeerraumes im Altertum, in: Abriß
                der Geschichte antiker Randkulturen, hsg. v. W. D.
                v. Barloewen, München 1961, 83 ff. (zit. Abriß)
Werner, R.   Zur Geschichte der Hunnen, Jb. Gesch. Osteur. 14, 1966,
                243 ff.
Werner, R.   Das früheste Auftreten des Hunnennamens. Yue ci und
                Hephthaliten, JWGesch. Osteur. 5, 1967, 487 ff.
Werner, R.   Zur Herkunft der Anten. Ein ethnisches und soziales
                Problem der Spätantike, in: Studien zur antiken Sozialge-
                schichte, Festschr. f. Fr. Vittinghoff, hsg. v. W. Eck,
                H. Galsterer, H. Wolff, Köln 1980, 573 ff.

Wesendonk, O. von	Kušan, Chioniten und Hephthaliten, Klio 1933, 341 ff.
Widengren, G.	Chosrau Anuširwan, les Hephthalites et les peuples turcs, OrSuec. 1, 1951, 69 ff.
Wiesner, J.	Fahren und Reiten in Alteuropa und im alten Orient[2], Hildesheim 1971
Williams, J.	Etzel der riche, Bern 1981
Wirth, G.	Attila und Byzanz, Byz. Ztschr. 60, 1967, 40 ff.
Wolfram, H.	Die Goten[3], München 1990
Wolfram, H.	Das Reich und die Germanen, Berlin 1990
Wolfram, H.	The Huns and the germanic peoples b.: BB 16 ff.
Wozniak, F. E.	East Rome, Ravenna and western Illyricum, Historia 30, 1981, 351 ff.
Yetts, P.	The horse, a factor in chinese history, Eurasia 9, 1934, 231 ff.
Zecchini, G.	Aezio. L'ultima difesa dell occidente romano, Rom 1983
Zecchini, G.	I Gesta di Xysti purgatione e le fazione aristocratiche a Roma alla metá del Vs., Riv. Stor. della chiese in Italia 34, 1985, 60 ff.
Zecchini, G.	Attila in Italia. Ragioni politiche e sfondo „ideologico" di un'invasione, in: Flagellum 92 ff.; Aevum 67, 1995, 189 ff.
Zecchini, G.	Il terremoto di Constantinopoli del 447 d.C. e la secunda guerra unnica, in: M. Sordi, Fenomeni naturali e ovvenimenti storici nell'antichitá, Milano 1989
Zeuß, K.	Die Deutschen und ihre Nachbarstämme, München 1837
Zöllner, E.	Geschichte der Franken bis zur Mitte des 6. Jhs., München 1970
Zuckerman, C.	L'empire d' orient et les Huns. Notes sur Priscus, Trav. et Mem. 12, 1994, 161 ff.

Sammelwerke

Friesinger, H.;   Die Zeit der Völkerwanderung in Niederösterreich,
Adler, H. (Hsg.) St.Pölten-Wien 1979

Wolfram, H.;   Die Völker an der mittleren und unteren Donau im 5.–6.Jh.,
Daim, F. (Hsg.) Wien 1980 (zit. Wolfram-Daim)

Bertolini, E.   I barbari. L'invasioni barbariche nel racconto dei contem-
(Hsg.)   poranei, Milano 1982

Menghin, W.   Germanen, Hunnen und Avaren. Schätze der Völkerwan-
u. a. (Hsg.)   derungszeit, Nürnberg 1988

Menghin, W.;   Die Völkerwanderungszeit im Karpathenbecken, Nürnberg
Pülhorn W.   1988
(Hsg.)

    Popoli die steppe. Unni, Avari Ungari, Settimane di studi
    del centro italiano di studi sull alto medioevo 35, 1988
    (zit. Settim. 1988)

Chrysos, E.;   Das Reich und die Barbaren, Wien 1989
Schwarcz, A.
(Hsg.)

Wolfram, H.,   Typen der Ethnogenese unter besonderer Berücksichtigung
Pohl, W.   der Bayern I, Wien 1990
(Hsg.)

Friesinger, H.;   Typen der Ethnogenese unter besonderer Berücksichtigung
Daim, F. (Hsg.) der Bayern II, Wien 1990

Marin, J. Y.   Attila. Les influences danubiennes dans l'ouest de l'Europe
(Hsg.)   au Vs., Caen 1990 (zit. Caen)

Drinkwater, J.;   5th century Gaul. A crisis of identity, Cambridge 1992
Elton, H.   (zit. Drinkwater-Elton)

Bäuml, F. H.;   Attila. The Man and his age, Budapest 1993 (zit. BB)
Birnbaum M. D.
(Hsg.)

Scarel, S. B.   Attila. Flagellum dei. Convegno internaz.di studi storici
(Hsg.)   sulla figura di Attila e sula discesa degli Unni in Italia nel 452
    d. C., Rom 1994 (zit. Flagellum)

Scarel, A. (Hsg.) Attila e i Unni. Mostra itinerante, Catalogo Roma 1995
    (zit. Scarel).

Vallet, F.;   La noblesse romaine et les chefs barbares du II au VII s.,
Kazanski, M.   Paris 1995
(Hsg.)

Zeittafel

27 v. Chr. – 14. n. Chr.	Augustus
160–180	Germanische Einbrüche ins nördliche Imperium unter Mark Aurel (2. Völkerwanderung)
232	Neuer germanischer Einbruch (3. Völkerwanderung)
268	Germanische Invasion in Kleinasien über das Schwarze Meer
284–305	Diokletian
306–337	Constantin der Große
330	Gründung von Constantinopel
332	Vertrag mit den Westgoten an der unteren Donau
338–361	Constantius II. 338–350; 358–383 Krieg mit Persien
350–357	Kriege Sapors II. an der Nordostgrenze des persischen Reiches
376	Hunnisch-alanischer Einbruch in das ostgotische Reich, Auflösung des ostgotischen und dann des westgotischen Reiches, germanische Flucht über die untere Donau
378	Schlacht bei Adrianopel, Tod des Kaisers Valens
379	Theodosius I., Stabilisierung der Verhältnisse im Ostreich
380	Ansiedlung von Germanen, Alanen und Hunnen in Pannonien durch Gratian
382	Ansiedlung der Ostgoten als Dediticier in Thrakien durch Theodosius
388	Vernichtung des Usurpators Maximus durch Theodosius mit Hilfe gotischer und hunnischer Truppen
394	Vernichtung des Usurpators Eugenius durch Theodosius
395	Tod des Theodosius, Nachfolger Arkadius (Ost-), Honorius (Westreich), Erhebung Alarichs zum König der Westgoten. Kämpfe mit Stilicho. Vernichtung des Rufinus in Constantinopel.
395	Übertritt von Markomannen aus Böhmen nach Pannonien
397	Ernennung des Alarich zum Magister Militum für Illyricum durch den oströmischen Kaiser Arcadius, hunnische Invasion an der Ostgrenze des Imperiums (–399)
399	Aufstand des Gainas, Bedrohung des oströmischen Reiches.
400	Uldin. Einigung der hunnischen Stämme. Angliederung germanischer, in ihren Sitzen gebliebener Germanen. Vorschieben der hunnischen Grenzen an die mittlere Donau
401	Tötung des Gainas durch Uldin. Uldin Verbündeter Ostroms

Orts- und Personenregister

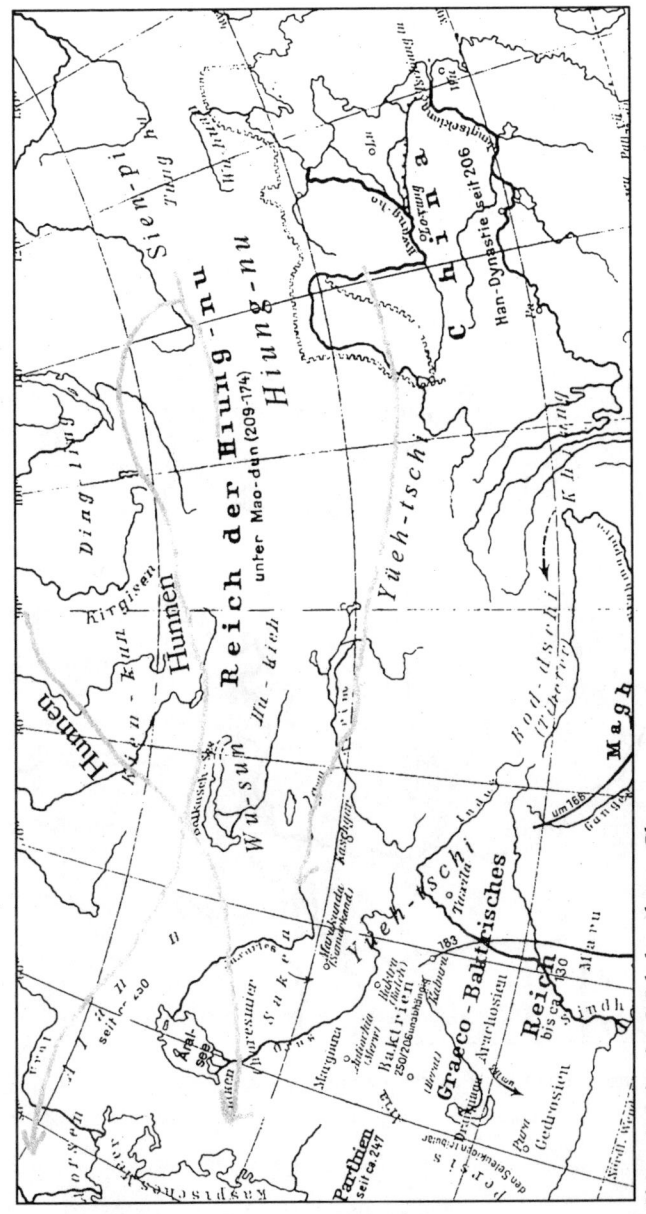

Skizze 1: Asien im 2. Jahrhundert v. Chr.

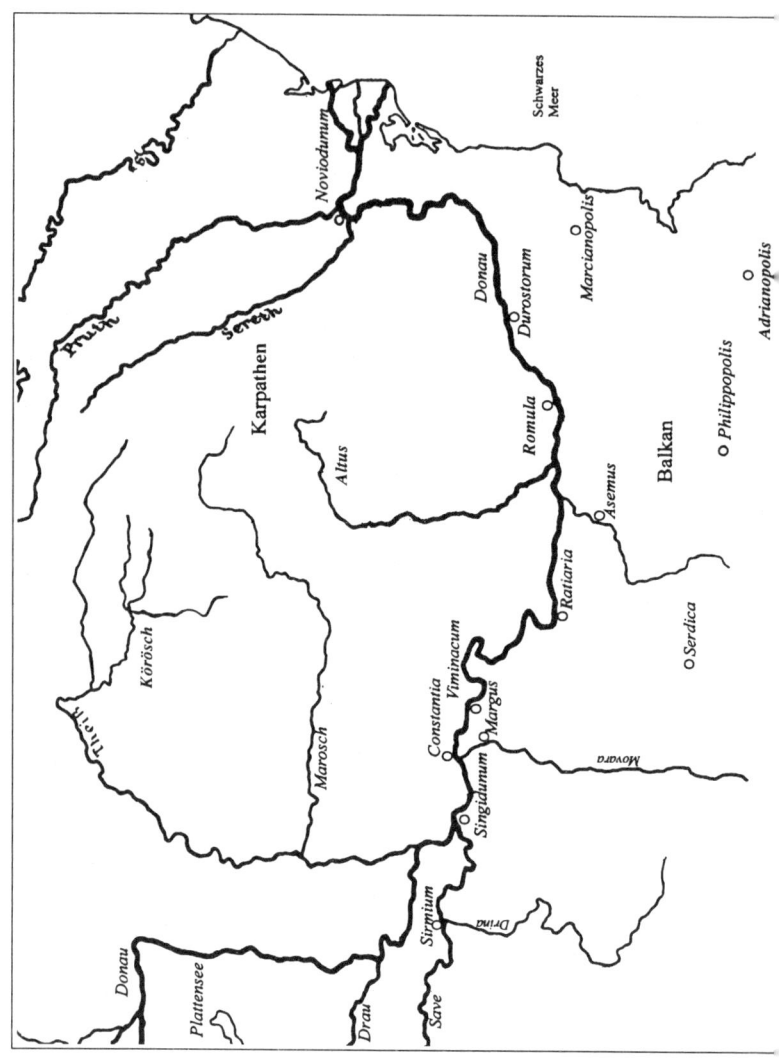

Skizze 2: Das Gebiet an der unteren Donau